Jacinth‹

D0684599

Le défi
des pratiques démocratiques
dans les
groupes de femmes

Catalogage avant publication de la Bibliothèque nationale du Canada

Vedette principale au titre :

Le défi des pratiques démocratiques dans les groupes de femmes

Comprend des réf. bibliogr.

ISBN 2-89035-332-X

1. Groupes de femmes – Québec (Province) – Gestion. 2. Féminisme – Québec (Province) – Associations – Gestion. 3. Démocratisation – Québec (Province). 4. Participation sociale – Québec (Province). 5. Autonomie. I. Guberman, Nancy. II. Titre.

HQ1909.Q8D43 2004   305.4'06'0714   C2004-940382-6

Les Éditions Saint-Martin bénéficient de l'aide de la SODEC pour l'ensemble de leur programme de publication et de promotion.

Les Éditions Saint-Martin sont reconnaissantes de l'aide financière qu'elles reçoivent du gouvernement du Canada qui, par l'entremise de son Programme d'aide au développement de l'industrie de l'édition, soutient l'ensemble de ses activités d'édition et de commercialisation.

Édition : Vivianne Moreau

Dépot légal : Bibliothèque nationale du Québec, 3ᵉ trimestre 2004
Imprimé au Québec (Canada)

EDITIONS SAINT-MARTIN
©2004 Les Éditions Saint-Martin
5000, rue Iberville, bureau 203
Montréal (Québec) H2H 2S6
Tél. : (514) 529-0920
Téléc. : (514) 529-8384
st-martin@qc.aira.com
www.editions-saintmartin.com

Tous droits réservés
Aucune partie de ce livre ne peut être reproduite ou transmise sous aucune forme ou par quelque moyen électronique ou mécanique que ce soit, par photocopie, enregistrement ou par quelque forme d'entreposage d'information ou système de recouvrement, sans la permission écrite de l'éditeur.

NANCY GUBERMAN
JOCELYNE LAMOUREUX
JENNIFER BEEMAN
DANIELLE FOURNIER
LISE GERVAIS

Le défi des pratiques démocratiques dans les groupes de femmes

ÉDITIONS
SAINT-MARTIN

TABLE DES MATIÈRES

INTRODUCTION

Pourquoi ce livre?

Tu essaies de les faire participer [les participantes du groupe], de les faire s'impliquer dans leur propre affaire, mais en quelque part, elles s'en foutent, ce qu'elles veulent ce sont des activités.

Travailleuse dans un groupe de femmes

J'aimerais qu'on réponde aux besoins [des participantes]... mais j'ai l'impression que ça n'a pas été entendu, n'a pas été écouté. C'est les intervenantes qui décident. Ça devrait être décidé avec les usagères.

Participante dans un groupe de femmes

Je me sens isolée puis j'ai l'impression que je suis le martien....Je trouve ça dur d'être la seule usagère.

Participante siégeant au conseil d'administration d'un groupe de femmes

Ces trois citations, tirées d'entrevues réalisées sur le terrain, résument bien l'état des pratiques démocratiques discutées et observées dans les groupes de femmes, et mettent en évidence chacune à leur manière les problèmes du partage du pouvoir entre les diverses actrices dans ces groupes et notamment la place des simples participantes. Le but de cet ouvrage est en effet de soulever des questions et de présenter des analyses sur la place des usagères/participantes/membres des groupes de femmes dans leurs structures et leurs pratiques démocratiques.

Cette terminologie employée peut sembler un peu lourde mais les femmes qui fréquentent ces groupes ne sont pas nécessairement des membres, et notre préoccupation porte justement sur ces femmes, c'est-à-dire celles qui font appel aux services et participent aux instances et aux activités offertes par les groupes de femmes, tout cela afin d'analyser leur rapport au processus décisionnel et au pouvoir à l'intérieur de ces groupes. Qui en effet prend les décisions sur les orientations et actions du groupe? Quel est le rapport de pouvoir entre l'équipe de travail et les autres actrices participant à la vie du groupe? D'où le mouvement des femmes tire-t-il sa légitimité? Qui représente-t-il au juste?

Afin de répondre à ces diverses questions, cet ouvrage se fonde sur des recherches que nous avons menées. Il porte sur les représentations et les pratiques de la démocratie qui traversent des groupes de femmes au Québec. Plus spécifiquement, on y analyse le rôle et la place des membres de la base. À partir du discours et des pratiques observées chez ces femmes interrogées et observées, nous explorons une réalité complexe toujours mouvante sur le plan des idéaux ainsi que sur le plan des stratégies visant leur réalisation.

D'ailleurs, ce n'est pas la première fois au Québec que des auteures explorent le rapport des femmes au pouvoir en tentant de saisir ses multiples aspects: de la sous-représentation des femmes dans les parlements aux cultures organisationnelles féministes; des expériences propres aux élues aux analyses plus théoriques des idéologies de la domination et du contre-projet féministe; de la prise en compte ou non du système démocratique et bureaucratique avec les idéaux du mouvement; du dilemme entre les politiques sociales et le pouvoir politique et des difficultés à assumer la dimension critique et radicale du féminisme[1]. Plus spécifiquement, eu égard au pouvoir tel que pensé et pratiqué par des militantes des groupes de femmes, Tardy donnait la définition suivante: «l'ensemble des processus et rôles sociaux par lesquels sont effectivement prises des décisions qui engagent un groupe ou des personnes à les réaliser[2]».

Le thème du pouvoir a aussi été exploré de diverses manières: notion de la capacitation (capacité d'agir), de l'appropriation individuelle et collective du pouvoir (*empowerment*); vertus et dangers de la démocratie directe ou participative, du mode de décision par consensus; conception de la féminité en tant que stratégie pour à la fois critiquer et agir dans des relations de pouvoir; conception égalitariste ou consensuelle de la démocratie ou, encore, captation par les travailleuses ou permanentes des groupes des situations de direction et de représentation d'une base qui, plus souvent qu'autrement, est réduite à la simple consommation de services.

En fait, toutes ces questions de pouvoir, de participation, de structure et de fonctionnement ont été au cœur des débats et des analyses depuis la seconde vague du mouvement féministe et des nouveaux mouvements sociaux dans les années 1970. Ce faisant, afin de bien situer l'apport de notre livre dans ces débats, nous avons décidé de faire au préalable un bref survol de ceux-ci. Dès l'émergence du mouvement féministe, les questions concernant les structures organisationnelles étaient aussi importantes que celles liées aux problèmes abordées par les jeunes organisations. Leurs fondatrices rêvaient de faire autrement et tentaient ainsi de créer de nouvelles façons de fonctionner qui seraient conformes aux idées et aux valeurs mises de l'avant, éléments de la préfiguration d'une société nouvelle à construire. Le mouvement féministe était donc fortement attaché à l'idéologie des nouveaux mouvements sociaux. La forme même du mouvement se devait donc d'être un défi lancé aux modèles dominants en offrant la possibilité d'expérimenter les rapports au temps et à l'espace et les relations sociales de façon novatrice[3].

Les structures et le fonctionnement organisationnels féministes s'inventaient donc en réaction au modèle patriarcal où l'accent était mis sur le résultat plutôt que sur le processus, sur la hiérarchie plutôt que l'égalité, sur la centralisation plutôt que la participation, sur la chaîne de commandement plutôt que la facilitation, sur la technique plutôt que l'intuition, sur le contrôle plutôt que le partage et sur la conformité plutôt que la diversité[4]. Sur le plan organisationnel, le féminisme visait ainsi la création d'organisations humanisées et démocratiques de même que de structures égalitaires non hiérarchiques[5]. Cette égalité devait être substantielle et non simplement formelle[6]. Il n'était plus suffisant d'affirmer l'égalité des droits, les organisations féministes avaient la responsabilité d'offrir aux femmes «opprimées» un lieu où elles pourraient s'exprimer.

Les différentes façons de faire ont donc abouti à des pratiques riches et diversifiées en matière de structures et de fonctionnement. Des tentatives pour mettre le féminisme en pratique ont par exemple donné naissance aux collectives de membres et de travailleuses. Cette forme d'organisation était considérée comme un moyen subversif de faire face à l'hégémonie bureaucratique[7]. On devait aussi y expérimenter d'autres initiatives visant à mettre en place des formes nouvelles de démocratie représentative.

L'institutionnalisation de la différence

Par ailleurs, devant la complexité des problématiques et l'absence de réponses publiques face aux problèmes vécus par les femmes, plusieurs groupes ont étendu leurs activités, notamment par la multiplication des services (par exemple au sein des maisons d'hébergement, des Centre de luttes contre les agressions à caractère sexuel (CALACS), des centres de santé, des groupes de réinsertion en emploi, etc.). Conséquence à la fois logique et inattendue, le mouvement féministe commence maintenant à être reconnu comme un interlocuteur privilégié détenant une expertise sur les questions de l'intervention et de l'analyse concernant les femmes. Ces avancées sont à la fois une grande victoire pour le mouvement et un sérieux défi pour ses pratiques radicales autres. Certaines auteures comme Couillard[8] avancent que les processus de structuration des compétences en système expert risquent même de mener à la dépolitisation du mouvement féministe québécois et de favoriser avant tout l'avancement de certaines étoiles montantes.

Plusieurs groupes connaissent en effet une croissance rapide. Avec cette expansion, des pressions à la fois externes (exigences des bailleurs de fonds, exigences de la concertation et des consultations, etc.) et internes (salarisation, hausse des compétences requises pour participer, impossibilité de fonctionner en organisation collective, etc.) ont amené le développement de structures plus formelles et l'introduction d'une certaine hiérarchie ou spécialisation des fonctions. Certaines parlent même d'une institutionnalisation bien que toute relative du mouvement.

Fortin[9], qui s'intéresse à l'évolution des organismes communautaires au Québec (dont les groupes de femmes) a constaté que, depuis les années 1980, ceux-ci se concentrent de plus en plus sur leurs activités de services offerts à des populations cibles. De plus, l'auteure constate qu'ils sont davantage gérés par des petites collectivités qui fonctionnent de façon démocratique. Grâce à la formalisation accrue, les organismes sont mieux équipés pour atteindre leurs objectifs, mais le contrôle des travailleuses sur le groupe s'est accru aux dépens du pouvoir des participantes.

Cette analyse semble confirmée par un survol de la littérature nord-américaine actuelle traitant des pratiques organisationnelles des groupes de femmes. Nous constatons que la discussion sur la démocratie au sein des groupes est presque toujours alimentée par le point de vue des employées des organismes, et ce, peu importe le cadre théorique de référence (théories de la mobilisation de ressources, théories des mouvements sociaux ou théories organisationnelles). La plupart de ces textes portent effectivement sur la distinction entre les organisations collectives et bureaucratiques[10] ou entre les organisations hiérarchiques et celles plus participatives[11]. Mais ces analyses définissent les membres comme des employées salariées et des bénévoles[12]. Les auteures ne semblent pas distinguer les concepts d'autogestion (assurée par les travailleuses), de cogestion (gestion conjointe assumée par le conseil d'administration et l'équipe d'employées) et de gestion par la base (gestion par un conseil d'administration composé majoritairement de membres-usagères). Les femmes touchées par les services ou les participantes aux activités semblent quasi absentes des analyses des pratiques organisationnelles.

Outre quelques études (comme celle de Srinivasan et Davis[13] portant sur une maison d'hébergement pour femmes battues où l'on observe l'existence d'une double structure – collectiviste pour les intervenantes et hiérarchique entre les intervenantes et les résidentes – et celle de Tom[14], relative à un programme de réinsertion en emploi dans une institution bancaire féministe où toutes les décisions sont prises uniquement par les intervenantes), on s'interroge peu sur la place des membres de la base dans les structures décisionnelles. Baxter, une chercheure canadienne[15] qui a étudié le degré de démocratie organisationnelle dans dix groupes de femmes à Calgary, arrive aux mêmes conclusions. Les groupes étudiés s'interrogent sur la démocratie et la prise de décision seulement en fonction des employées et des membres du conseil d'administration, excluant d'office les membres-usagères et les bénévoles.

Le transfert du pouvoir des participantEs vers les travailleurs-travailleuses apparaît aussi au cœur des préoccupations de Godbout[16]. Ce dernier porte un regard particulièrement critique sur les pratiques de participation qui remplacent la démocratie dans des organismes communautaires qui se disent pourtant démocratiques. Selon Godbout, les rapports démocratiques sont fondamentalement instables, puisqu'ils supposent des négociations constantes et la présence d'acteurs-actrices changeantEs à l'intérieur de conditions fluctuantes. La participation, à l'inverse, crée un rapport stable entre ceux et celles qui gouvernent une organisation et ses participantEs, une situation qui ne fait toutefois que traduire une forme de récupération en réduisant la possibilité des participantEs de contester le système. Les nouveaux membres des structures démocratiques du groupe (notamment le conseil d'administration) sont choisis par ceux et celles qui sont déjà au pouvoir, ce qui menace l'exercice même de la démocratie car le rôle des participantEs est né. Godbout observe ainsi dans divers organismes le conflit qui peut exister entre les tendances autogestionnaires des producteurs-productrices de services et les intérêts légitimes des usagers-usagères des services à participer aux structures démocratiques.

Fortin et Hamel[17] soulèvent quant à eux des problèmes liés au niveau d'expertise et de spécialisation exigé pour participer pleinement aux prises de décisions dans les groupes communautaires, ce qui a pour effet d'exclure les membres-usagères. Couillard, dans ses recherches sur les groupes de femmes québécois[18], pose la question du pouvoir, mais se limite aux rapports de pouvoir entre les militantes non rémunérées et les salariées, et n'aborde pas le point de vue des membres à la base.

La conjoncture actuelle

Aujourd'hui, le mouvement se retrouve dans une situation para-doxale. Il est sollicité par tous les secteurs de la société et est consi-déré comme un acteur incontournable. Il a développé une forme de syndicalisme féministe, c'est-à-dire qu'il représente et défend les droits des femmes et parle au nom d'une multitude de femmes. Lamoureux[19] s'interroge d'ailleurs sur les conséquences de la consti-tution des femmes en groupe d'intérêt et sur les limites consistant à restreindre le féminisme en « politique des femmes ». Le mouvement demeure toutefois encore et toujours un creuset pluriel où des femmes passent de statut d'objet à celui de sujet qui pense, décide et agit. Un lieu où s'incarnent des pratiques et réflexions non seule-ment contre le sexisme, mais aussi contre d'autres formes d'oppres-sion et d'exploitation.

Au Québec, on a vu éclore au cours de la dernière décennie des interrogations sérieuses sur la pluralité des composantes du mouve-ment des femmes, sur la pluralité aussi des identités de sujet des per-sonnes qui le composent. Interpellées par les lesbiennes, les femmes immigrantes ou d'autres origines ethnoculturelles et les travailleuses du sexe, qui se sentaient à l'étroit et même à l'index, plusieurs fémi-nistes ont exploré la problématique de la démocratie et plus particu-lièrement sa visée inclusive. Comme nous le verrons dans le prochain chapitre, une volonté de remise en question plus globale de la démo-cratie, de la citoyenneté et du politique orientera fortement nos réflexions sur les pratiques démocratiques internes dans les groupes de femmes.

Et notre livre…

Cet ouvrage se veut donc une contribution réfléchie en rapport avec certaines questions soulevées depuis les années 1970 sur l'exercice et le partage du pouvoir à l'intérieur des nouveaux mouvements sociaux et notamment le pouvoir des participantes dans ces groupes. Nous avons choisi de considérer plus particulièrement les groupes locaux du mouvement féministe en raison de leur dynamisme, de leur diversité, de leur ouverture face aux remises en question et aussi quant à leur souci manifesté envers les rapports entretenus avec les participantes.

Pour ce faire, nous nous sommes largement inspirées de la relecture féministe des théories de la démocratie pour explorer la perspective des femmes, membres à la base des groupes, et l'espace démocratique qu'elles y occupent et la place qui leur est faite. Notre porte d'entrée n'est cependant pas théorique mais pratique, sous forme d'une longue étude sur le terrain. Notre réflexion et nos analyses se sont d'ailleurs construites en interaction constante avec les actrices du mouvement. La grande capacité de remise en question des femmes rencontrées était étonnante. Notre livre fait d'ailleurs état de certains paradoxes, incongruités et contradictions dénotés dans les pratiques des groupes du mouvement, mais aussi de réalisations inédites et riches en leçons. Ces éléments éclairent des aspects du débat actuel.

Qui sommes nous?

Disons d'abord, pour nous présenter, que nous sommes une collective de recherche composée de femmes universitaires et de femmes[20] préoccupées par les questions qui touchent à la citoyenneté, à l'appropriation du pouvoir et à la démocratie ainsi qu'à la façon dont ces questions se traduisent concrètement. Notre intérêt pour les pratiques internes des groupes de femmes remonte à une quinzaine d'années environ. Nos préoccupations rejoignent alors celles du Centre de formation populaire (CFP) qui sollicitait, par l'entremise du Service aux collectivités de l'Université du Québec à Montréal, des chercheurEs pour l'aider à interpréter les résultats d'un sondage mené auprès de ses membres. Selon ce sondage, la majorité des travailleurs et travailleuses des groupes communautaires expriment un très haut degré de satisfaction, malgré leurs conditions de travail assez pénibles (précarité, bas salaires, fortes exigences, problématiques complexes et difficiles, rapports ardus avec l'État). Le CFP désirait comprendre ce qui pouvait expliquer de tels résultats.

Dans un premier temps, afin d'expliquer ces résultats, nous avons d'abord retenu le concept de culture organisationnelle et adopté une perspective critique. La perspective critique ne réduit pas la culture organisationnelle au seul système d'idées et de représentations mais met plutôt en évidence une matérialité qui demeure étroitement liée aux contextes d'interaction sociale existant au sein de l'organisation, reflétant ainsi les rapports de pouvoir dans la société[21]. Comme les organismes communautaires sont enracinés dans un mouvement politique et social orienté vers la transformation des structures sociales et de leurs modèles, nous voulions mettre en lumière leur(s) culture(s) alternative(s). Un travail préliminaire (à partir de quelques subventions de départ), nous a permis une première exploration qui a d'abord donné lieu à la publication d'un article[22] et de deux monographies[23].

Dans un second temps, (ayant obtenu une subvention dans le cadre du programme «Femmes et changements» du CRSH), nous avons axé notre objet d'étude sur les groupes de femmes au Québec. Cette deuxième étude allait nous permettre d'identifier plusieurs éléments constitutifs de la culture organisationnelle de ces groupes. Sur le plan de l'organisation du travail et des relations de pouvoir au sein des équipes de travail, nous avons ainsi noté le peu de hiérarchie, et ce, malgré une nette différence dans les mandats poursuivis. Cela se traduit notamment par un fonctionnement par consensus, une circulation de l'information, des mécanismes de résolution de conflits et même une organisation de l'espace qui témoignent de la non-subordination des unes aux autres[24]. Sur le plan des rapports au travail, on remarque également des efforts évidents pour humaniser les relations et assurer le travail en misant sur l'autonomie, l'initiative et la créativité[25]. La complicité et l'entraide sont ainsi fréquentes et on vise à créer un niveau d'appartenance élevé à l'équipe et à l'organisme[26]. Un système de valeurs (l'identification à la cause des femmes, au mouvement des femmes et aux luttes sociales ainsi que le changement individuel et collectif), largement partagé, facilite le tout et donne une coloration particulière à la culture organisationnelle et aux pratiques d'éducation, de service et de mobilisation.

Dans le cas particulier de la place des membres-usagères dans les prises de décisions et la gestion des groupes, les composantes de la culture organisationnelle des groupes de femmes nous sont apparues cependant plus difficiles à cerner. Cette difficulté découlait, en partie, de l'angle à partir duquel nous observions la culture organisationnelle des groupes, soit celui des productrices de services et des intervenantes. En effet, notre porte d'entrée était les équipes de travail des groupes. Avec cette perspective, nous nous sommes vite aperçues de la place centrale qu'occupent les équipes d'intervenantes et du pouvoir qu'elles détiennent. Ceci nous a amenées à nous interroger sur l'articulation et l'arrimage de ce pouvoir aux membres de la base. Notre recherche a révélé que les pratiques de démocratie représentative varient et que les pratiques de démocratie participative concernent presque uniquement des salariées et, à l'occasion, des militantes actives. Dans plusieurs groupes, nous avons remarqué une faible représentation des membres de la base dans les instances formelles de gestion des groupes (assemblée générale et conseil d'administration). Par contre, ces groupes avaient des pratiques d'accompagnement des femmes dans leur cheminement afin qu'elles acquièrent de l'autonomie et prennent en main leur situation personnelle. Les intervenantes nous ont d'ailleurs parlé d'autres lieux de pouvoir à l'intérieur même des groupes.

Enfin, dans un troisième temps, afin de prolonger et approfondir nos réflexions sur les pratiques de participation, le pouvoir et la démocratie, nous avons entamé une troisième et dernière étude, qui allait être à l'origine de cet ouvrage. L'originalité de ce projet consistait à mettre les membres de la base au centre de l'analyse du pouvoir et des pratiques démocratiques dans les groupes de femmes. De plus, il visait à documenter les pratiques de pouvoir autres mises en place par les femmes ainsi qu'à déterminer les conditions permettant d'assumer différentes formes et lieux de pouvoir des membres. Notre préoccupation centrale a donc consisté à privilégier les participantes au sein des groupes du mouvement féministe, de comprendre leur rôle et leur place dans ce mouvement.

En somme, notre équipe soulève des questions sur un « nous » pluriel qui doit aussi inclure les femmes de la base dans ces groupes. Ainsi, les exclues qui nous préoccupent sont habituellement les femmes invisibles et surtout inaudibles dans les lieux du pouvoir du mouvement féministe.

Le terrain de recherche

Les recherches sur la culture organisationnelle et les pratiques démocratiques

Nos deux premières recherches ont d'abord porté sur la culture organisationnelle. La première s'est faite auprès d'un centre de femmes et d'une maison de jeunes et la seconde auprès de dix groupes de femmes. Dans les deux cas, nous avons défini la culture organisationnelle comme étant la division du travail et le statut des diverses actrices; leur place dans l'organisation et les rapports entre elles; la distribution du pouvoir et le processus de prises de décisions ainsi que le système symbolique – valeurs, représentations, idéaux, croyances et significations[27]. Pour comprendre et saisir la culture organisationnelle des groupes, nous avons eu recours à une approche multiméthode.

Dans le cas de la troisième recherche, nous voulions mieux cerner les enjeux, les apports et les problèmes entourant les pratiques de participation, de pouvoir et de démocratie dans les groupes de femmes au Québec, notamment la place des membres de la base. Nous cherchions à comprendre à la fois les représentations, les perceptions et les pratiques concrètes de démocratie. Nous avons eu recours à diverses techniques de collecte des données : groupes de discussion (*focus-group*), entrevues individuelles et de groupe, observation participante et analyse documentaire.

Les groupes de discussion ont été constitués afin de comprendre comment les différentes actrices dans les groupes de femmes perçoivent ou se représentent la démocratie, le pouvoir et la participation des membres. Un tiers des groupes était composé de membres de la base, un tiers de militantes actives dans les instances décisionnelles et un tiers de travailleuses. Nous avons organisé des groupes de discussion jusqu'à ce que nous ayons un portrait complet de la situation sous enquête. En tout, nous avons réunis douze groupes. Une série de trois groupes s'est réunie à Montréal et trois autres séries ont eu lieu dans des régions périphériques et plus éloignées. Nous avons rejoint des femmes provenant de groupes comme les centres de femmes, les CALACS, les maisons d'hébergement, les groupes de réinsertion en emploi, les groupes travaillant auprès des jeunes femmes, les entreprises d'économie sociale issues de groupes féministes.

À la suite de l'analyse des groupes, l'étape suivante consistait à en sélectionner quelques-uns pour fins d'observation. L'objectif était d'établir le plus précisément possible les pratiques concrètes de participation et de démocratie et la façon dont elles se vivent au quotidien. Le choix devait se faire parmi les groupes ayant fait appel à des pratiques novatrices de démocratie pendant les groupes de discussion. Or, parmi la vingtaine de groupes ayant participé aux quatre séries de groupes de discussion, plusieurs étaient essentiellement de même nature et nous voulions diversifier l'échantillon observé pour mieux comprendre le phénomène du pouvoir chez les membres-bénéficiaires. Nous avons donc choisi d'observer un seul groupe dans chacune de ces catégories (c'est-à-dire un centre de femmes et une entreprise d'économie sociale). Parmi les autres types de groupes ayant assisté aux groupes de discussion, seulement deux semblaient avoir des expériences pertinentes. Malheureusement, l'un de ces groupes n'a pas voulu participer aux observations et une courte observation du second nous a permis de constater que les pratiques décrites plus tôt dans les groupes de discussion n'étaient plus en vigueur. Ainsi, pour élargir notre échantillon, nous avons dû chercher à l'extérieur, dans notre propre entourage, des cas d'expérience novatrice de démocratie impliquant des membres-participantes. Nous avons pu ainsi trouver quatre nouveaux groupes : deux groupes mixtes[28], un centre de femmes dans un quartier défavorisé et un groupe travaillant à l'intégration des femmes dans des métiers non traditionnels.

Finalement, en tout six groupes ont été observés sur une période s'étendant de six mois à un an. Les observations ont été concentrées autant que possible sur les lieux mêmes et aux moments où les membres-participantes étaient directement engagées dans les processus décisionnels : réunions du conseil d'administration, réunions des comités de travail, assemblées générales, actions collectives et certaines activités régulières.

L'observation participante nous a donc permis de prendre connaissance directement des interactions dans leur contexte, permettant d'aller au-delà de la représentation qui avait été évoquée lors des groupes de discussion. Finalement, pour valider et approfondir notre compréhension des processus observés, au cours et à la fin de nos observations, nous avons mené des entrevues avec des participantes siégeant aux conseils d'administration ou d'autres participantes, ainsi qu'avec certaines intervenantes.

Grâce à ces trois études, nous avons côtoyé un grand nombre de groupes de femmes québécois et les centaines de femmes qui les composent. Nous ne pourrons jamais exprimer suffisamment notre reconnaissance à leur égard. Nous avons été accueillies avec ouverture et chaleur. Les femmes nous ont laissées pénétrer dans l'intimité de leurs pratiques et de leurs actions quotidiennes. Comme nous l'avons écrit en 1997 :

> *Nous observons que les groupes de femmes sont actuellement des pépinières ou des laboratoires d'expérimentation de nouvelles valeurs et de pratiques découlant de l'idéologie féministe et façonnant leur culture organisationnelle et leurs pratiques auprès et avec des femmes. Devant les contraintes, et elles sont certes prégnantes, ce qui nous intéresse, c'est d'être attentives aux stratégies qui représentent des compromis entre les pressions exogènes et les matrices référentielles des groupes de femmes, entre la réalité fort douloureuse et fragile souvent des personnes participantes et la tentative d'atteindre à long terme les objectifs du projet alternatif. Ce qui nous intrigue ce sont des stratégies employées pour contrer et détourner les tendances bureaucratiques, pour élaborer et renouveler un contre-discours [et une contre-pratique] féministe. Ce qui nous captive, c'est de repérer dans les espaces réels et potentiels de démocratie, de créativité des connotations de subversion et de déplacement, là précisément où se logent des tenaces résistances, où les brèches s'élargissent, où des possibilités de vie autres circulent pour les femmes[29].*

Nous ne pouvons que réitérer ces propos aujourd'hui.

Présentation du livre

Nous avons conçu cette recherche collectivement, en discutant longuement du terrain d'étude, en comparant, en remettant en cause ou en validant les données préliminaires. Les textes d'analyse, rédigés par chacune d'entre nous, ont été débattus, remaniés puis soumis à de nouveaux commentaires. Par ailleurs, certaines parmi nous ont accepté des tâches spécifiques de rédaction et nous signons personnellement des chapitres particuliers. Cette attribution ne rend pas justice à la réalité complexe du travail quotidien assumé par Jennifer Beeman, en tant que professionnelle de recherche et permanente de l'équipe. Elle ne tient pas compte non plus de sa contribution particulière aux analyses préliminaires et son aide à la réécriture de plusieurs chapitres. Elle laisse dans l'ombre aussi d'autres contributrices – assistantes de recherche et secrétaires – qui ont aidé à recueillir et à transcrire des données.

L'ouvrage se divise en trois parties. La **première partie** du présent ouvrage comprend elle-même deux chapitres. Dans «La démocratie en question: regards féministes», Jocelyne Lamoureux rend compte de l'apport éclairant et original des théoriciennes féministes – politologues, philosophes, sociologues, historiennes – à la théorie politique démocratique. Le féminisme comme pensée politique plurielle et le mouvement des femmes comme mobilisation sociale polymorphe ont en effet été des fondements essentiels de l'examen critique de la démocratie libérale et du républicanisme et ont contribué à l'élaboration de propositions audacieuses relatives, entre autres, à l'inclusion, à l'égalité et au pluralisme.

Dans le second chapitre, intitulé «Appropriation du pouvoir et démocratie: l'un va-t-il sans l'autre?», Nancy Guberman fait le point sur notre seconde recherche concernant la culture organisationnelle de dix groupes de femmes au Québec. Elle explore, dans la littérature et dans l'enquête menée sur le terrain, cette dichotomie entretenue entre, d'une part, l'appropriation du pouvoir *(empowerment),* perçue comme un modèle d'intervention largement répandu dans les groupes féministes, et d'autre part la démocratie, plutôt conçue comme un modèle organisationnel en rapport avec les structures et le fonctionnement des instances formelles. Elle cherche ainsi à comprendre les pratiques qui accompagnent les participantes dans leur démarche d'autoréflexion, de mise en action et qui les laissent trop souvent à l'écart des lieux de pouvoir au sein des groupes qu'elles investissent.

La **seconde partie** de notre exploration regroupe quatre chapitres et rend compte des analyses relatives à la dernière recherche effectuée, qui visait à mieux comprendre le rôle et la place des participantes de la base dans les groupes de femmes. Dans «La démocratie dans les groupes de femmes, c'est...», Jocelyne Lamoureux aborde les représentations spontanées que les membres de la base, les participantes dans les conseils d'administration ou les collectives et les travailleuses se font de la démocratie, et ce que cela laisse entendre. Le second chapitre, «Les membres, la participation et le pouvoir des femmes», a été rédigé par Danielle Fournier en collaboration avec Jennifer Beeman et Jocelyne Lamoureux. On y fait une mise au point sur l'adhésion au groupe *(membership)*. En effet, qui fait partie de la collectivité réunie? La démocratie étant le «pouvoir du peuple», de quel «peuple» sont composés les groupes? Les réponses risquent de surprendre... Enfin, on aborde aussi la question du pouvoir dont on dispose.

Dans le chapitre « Démocratie et structures formelles dans des groupes de femmes au Québec », Nancy Guberman examine le sens et la portée des assemblées générales au sein des associations participant à la recherche. Rendez-vous démocratique trop souvent manqué, expérience d'éducation populaire et politique rarement vécue, corvée, lieu d'initiées, espace de consultation et de reddition des comptes plus que véritable instance de délibération et de prise de décisions, l'assemblée générale demeure un défi important à relever tant pour les travailleuses des groupes de femmes que pour les membres de la base. On examine ensuite la seconde instance de la démocratie représentative : le conseil d'administration. On s'intéresse à sa composition (place prépondérante ou non accordée aux membres-participantes) et à son rôle (lieu décisionnel et gardien de l'orientation du groupe ou lieu de gestion et de soutien à l'équipe de travail). Enfin, on jette un coup d'œil sur le statut et l'influence des divers comités de travail et de l'instance centrale au cœur des groupes de femmes : l'équipe des salariées.

Dans le chapitre « Les composantes du processus démocratique », Jennifer Beeman réfléchit sur et synthétise des observations et entrevues menées dans le cadre de nos travaux de recherche et les met en relation avec les textes d'auteures. Elle-même suit à la trace les initiatives prises et les difficultés soulevées par ces groupes et traite de la prédémocratie, des préconditions nécessaires à la participation, des processus difficiles de délibération et de prise de décision, du passage à l'acte et de son évaluation. Cet effort de systématisation est central pour notre équipe de recherche, car il constitue le fondement même du projet de formation sur la démocratie que nous avons mis sur pied auprès de nombreux groupes de femmes et groupes communautaires au Québec.

Dans le chapitre « Les pratiques démocratiques en action », Nancy Guberman décortique les observations participantes menées auprès de six groupes retenus pour leurs expériences novatrices. L'auteure met ainsi en évidence des stratégies importantes observées : comment l'appropriation des groupes par leurs membres se fait, les pratiques pour favoriser l'émergence des femmes en tant que sujets-actrices, la démocratie comme culture profonde et consciemment vécue au cœur du groupe et, enfin, les instances intégrées à la vie du groupe et qui sont valorisées et valorisantes.

Enfin, la **troisième partie** de cet ouvrage comprend deux chapitres. Elle expose deux études de cas particuliers qui permettent d'illustrer et d'approfondir la réflexion sur la démocratie dans les groupes de femmes au Québec. La section s'amorce avec un chapitre de Jocelyne Lamoureux: «Devenir des cosujets d'un monde commun: le comité des femmes d'Action Autonome». Ce chapitre rend compte de la trajectoire complexe et riche du comité des femmes au sein d'un groupe mixte de défense de droits en santé mentale. On y examine ce qui provoque la nécessité de créer ce type de comité, et pourquoi l'espace pour la démocratie a dû être étendu. On considère la façon dont les femmes vivent les avancées, les stagnations et les reculs, comment l'expérience singulière des femmes en tant que groupe social et les expériences individuelles multiples se retrouvent maintenant sur la place publique, comment les multiples voix des femmes ayant connu la souffrance sociale de la folie résonnent. Leurs espérances, leurs difficultés, leurs stratégies sont soigneusement relevées.

Quant au dernier chapitre, Marcelle Dubé, auteure invitée, s'est inspirée de son mémoire de maîtrise en Intervention sociale pour nous livrer une réflexion sur les dynamiques à l'œuvre dans un regroupement national. Dans «Les pratiques démocratiques à l'R des centres de femmes du Québec: sens et mises en pratiques au quotidien», elle expose comment cette association vit la démocratie au quotidien avec l'ensemble de ses membres.

Conclusion

Comme nous l'indiquions précédemment, nous souhaitons, grâce à cet ouvrage, contribuer à enrichir le débat féministe sur les pratiques démocratiques au Québec. Plus spécifiquement, nous souhaitions mieux comprendre la démocratie interne des groupes de femmes et surtout le rôle et la place qu'occupent les membres de la base de ces groupes.

Nous terminons ce travail en constatant que les questions qui ont provoqué notre engagement dans cette dernière recherche étaient tout à fait pertinentes. Des idéaux et valeurs féministes aux représentations et pratiques dans les groupes de femmes, il y a un écart, parfois un abîme, souvent une adéquation partielle et tout autant des convictions et des expériences très novatrices et porteuses de plus de démocratie. L'enjeu n'est cependant pas avant tout de mettre en pratique et de vivre des initiatives démocratiques réconfortantes. Il est plutôt (dans la conjoncture actuelle où le mouvement des femmes s'est illustré, entre autres, dans les luttes contre les inégalités sociales, les violences faites aux femmes mais aussi de plus en plus par une meilleure gestion de la misère) de renouer avec le mouvement sociopolitique plus large. Une réflexion en profondeur sur la démocratie (représentative, participative, délibérative et organisationnelle) ne peut qu'être salutaire. Nous dirions même que c'est une nécessité.

Notes

1. Tardy, 1995; Landry, 1989-1995; Maillé, 1990; de Sève, 1995; Couillard, 1992, 1994, 1995; Lamoureux, 2002.

2. Tardy, 1995, p. 8.

3. Melucci, 1984.

4. Wheeler et Chin dans Ferguson, 1987.

5. Acker, 1990.

6. Leidner, 1991.

7. Anadonn *et al.*, 1992; Moss Kanter dans Ferguson, 1987.

8. Couillard, 1995.

9. Fortin, 1991.

10. Ahrens, 1980; Ferguson, 1984; Rodriguez, 1988; Rothschild-Whitt, 1979a, 1979b.

11. Freeman, 1972; Iannello, 1992; Leidner, 1991.

12. Acker, 1995; Ahrens, 1980; Iannello, 1992; Rodriguez, 1988; Rothschild-Whitt, 1979; Whittier, 1995.

13. Srinivasan et Davis, 1991.

14. Tom, 1995.

15. Baxter, 1996.

16. Godbout, 1983, 1987.

17. Fortin, 1991; Hamel, 1991.

18. Couillard, 1993, 1994, 1995.

19. Diane Lamoureux, 2002.

20. Voir la biographie générale.

21. Aktouf, 1990; Dupuis, 1990; Zey-Ferrell et Aiken, 1981.

22. Guberman *et al.*, 1994.

23. Fournier *et al.*, 1995.

24. Guberman *et al.*, 1997.

25. Fournier *et al.*, 1998.

26. Beeman *et al.*, 2003.

27. Aktouf, 1990; Zey-Ferrell et Aiken, 1981.

28. Dans un cas il s'agit du comité femmes d'un groupe en santé mentale, dans l'autre un groupe mixte composé majoritairement de femmes. Les deux se considèrent et sont acceptés comme faisant partie du mouvement des femmes.

29. Guberman *et al.*, 1997.

Première partie

LA DÉMOCRATIE EN QUESTION : REGARDS FÉMINISTES

Jocelyne Lamoureux

À l'heure de la mondialisation, alors que la privatisation met en tutelle les parlements et les gouvernements, comment lutter contre le «déficit démocratique»? Face au désintéressement et même au cynisme à l'égard du politique, comment favoriser à nouveau la participation citoyenne, rectifier le tir et combler les lacunes sur le plan de la représentation politique et rendre visibles et audibles les laisséEs pour compte et les excluEs du système? Dans nos milieux de vie, de travail et d'engagement bénévole, comment créer des espaces de démocratie directe et susciter des débats féconds qui, selon l'expression même de Tocqueville, «remplissent de chaleur et d'humanité la démocratie»? Toutes ces questions sont régulièrement soulevées par les institutions et les gens issus des milieux universitaires et intellectuels de même que dans les forums et les débats des mouvements sociaux. Car la démocratie demeure un horizon profondément remis en question. D'ailleurs, en cette matière, le féminisme (comme pensée politique plurielle) et le mouvement des femmes (comme mobilisation sociale polymorphe) ont joué un rôle essentiel dans la critique de la genèse de la démocratie libérale et ont été à l'origine de propositions audacieuses visant l'inclusion, l'égalité et le pluralisme.

Toutefois, avant de traiter directement des pratiques démocratiques dans les groupes de femmes qui font l'objet de ce livre, il nous faut d'abord faire brièvement appel à l'apport éclairant des théoriciennes féministes – politologues, philosophes, sociologues, historiennes – dans les domaines de la théorie politique démocratique. Leur travail d'analyse aurait, bien entendu, été impensable sans les expériences du mouvement des femmes. Pour ce faire, nous privilégierons certaines auteures dont les réflexions ont particulièrement inspiré les membres de cet ouvrage collectif. Disons d'emblée que trois thèmes nous sont apparus plus particulièrement pertinents ici : les regards féministes sur la genèse de la démocratie libérale, le paradoxe égalité-différence qui en découle et, enfin, la démocratie plurielle influencée par l'expérience féministe.

Refaire la genèse de la démocratie libérale

Pour comprendre comment la démocratie a bien pu exclure les femmes des premières démocraties modernes et leurs promesses d'égalité politique et de droits universels, le féminisme a remis en question la conception dominante de la démocratie. Au moment même où le processus d'individuation devenait peu à peu un paramètre important de l'organisation de la société, comment effectivement expliquer la subordination sociale des femmes et leur confinement au statut de mineures dans l'institution du mariage ? À cet égard, les théoriciennes féministes s'en sont particulièrement prises à la conception libérale des sphères publique et privée de même qu'au modèle civique de l'individu abstrait et universel.

Dans les cas de Pateman, Scott, Phillips, Lamoureux et Marques-Pereira[1], leur relecture des théories classiques de la démocratie libérale montrent bien la cécité de celles-ci face aux inégalités sociales, dont celle entre les hommes et les femmes. Au cœur de cette incongruité, on retrouve la distinction entre les sphères publique et privée et ses dynamiques d'exclusion. Les théoriciens du contrat social ont en effet établi deux sphères suivant le sexe : la sphère publique, où les hommes organisent la production et la cité, et la sphère privée, celle de la reproduction, où les femmes sont reléguées au statut inférieur de mère et d'épouse. Marques-Pereira souligne que cette dichotomie entre sphère publique et privée, « entre règne de la liberté et règne de la nécessité [...] définit le politique ». Ces différences sont de nature, de statuts et de droits, zones étanches délimitées par un « contrat social sexué[2] ». Pour sceller le tout, les divers codes de loi nationaux ont sanctionné l'incapacité juridique de la femme mariée, l'autorité maritale de l'homme sur la femme et la toute-puissance paternelle sur la famille. Ces auteures expliquent ainsi que c'est sur la base de leur appartenance à une catégorie sociale fondée sur le sexe que les femmes ont été subordonnées. Au nom d'une théorie binaire essentialiste en vigueur, on a radicalisé la distinction proclamée « naturelle » entre les hommes et les femmes. On a cristallisé les rôles sociaux rattachés aux sexes, la division sexuelle du travail, de façon complémentaire et hiérarchisée.

Les théoriciennes féministes ne limitent pas leurs critiques à la nature patriarcale ou sexiste du libéralisme démocratique. Elles s'en prennent aussi à la construction faussement universelle de l'individu. Ce dernier concept, développé en réaction aux privilèges sociaux et juridiques rattachés à la féodalité, a servi au moment des révolutions à affirmer que tous étaient égaux devant la loi. Or, l'individu abstrait détenteur de la raison, de l'indépendance et de l'autonomie (en d'autres termes, de la capacité de consentir à contracter, de participer à la vie politique) n'est de toute évidence pas une femme. Le fondement commun de l'individualité et de la citoyenneté est incarné, au départ, dans une figure dominante de la masculinité: par l'homme blanc, possédant, dans la force de l'âge et implicitement hétérosexuel (dans ce dernier cas, compte tenu de la prédominance du citoyen *pater familias* et de la figure du citoyen-soldat). Ce qui met à rude épreuve la théorie démocratique telle qu'on la conçoit habituellement[3].

Comme le souligne Lamoureux: «la modernité philosophique et politique s'est [en fait d'abord] construite sur le déni des femmes[4].» Marques-Pereira[5] met particulièrement l'accent sur le fait que «l'argumentaire naturaliste», la «rhétorique différentialiste» et le «familialisme»… «font tous fort obstacle à l'individuation des femmes». La politologue Lamoureux illustre de manière éloquente les effets néfastes de la non-accession des femmes au statut d'individu, à certaines libertés fondamentales et à plusieurs droits importants même après l'obtention tardive du droit de vote. La minorisation des femmes est bien entendu comprise ici dans son acception d'êtres mineures, assujetties, subalternes, sans autorité pour décider et agir, comme le sont les enfants, les personnes aliénées ou les étrangers[6]. La minorisation est aussi comprise dans son sens de minorité, par opposition à majorité. Les dominants s'approprient ainsi de façon exclusive l'universel – on notera d'ailleurs que dans la langue française, le terme *homme* englobe l'humanité entière et que le masculin l'emporte sur le féminin… Les autres, les femmes, sont quant à elles catégorisées, soumises à la loi de la différenciation sociale, à une assignation identitaire, constituées en altérité radicale. La minorisation conduit ainsi à instituer une catégorie de victimes: celles qui deviennent des objets de politiques et non des sujets politiques, selon une logique des droits et du procès d'individuation. Minorisation, catégorisation, victimisation, autant d'obstacles que les femmes auront à surmonter pour se détacher de «l'éternel féminin», de «la condition des femmes» ou de certaines «identités féministes» égalitaristes ou différentialistes.

Pour bien faire comprendre ce phénomène, Lamoureux reprend l'idée de T. H. Marshall[7] sur la séquence temporelle (différente de celle des hommes) d'acquisition par les femmes des droits découlant de la citoyenneté: elles obtiennent d'abord des mesures sociales de protection, puis des droits politiques d'éligibilité et de vote et, enfin, plus récemment, des droits civiques «plus égaux» (révocation de l'incapacité juridique de la femme mariée, abolition de l'autorité maritale et paternelle, contrôle des fonctions reproductives, libre arbitre et libre disposition d'elles-mêmes). Lamoureux[8] voit d'ailleurs dans cette séquence temporelle l'origine de la méprise entre les politiques (*police*) et le politique (*polis*) qui caractérise toujours le mouvement des femmes et la pensée féministe. La minorisation et la catégorisation des femmes ont de fait eu pour conséquence d'entraîner la constitution du mouvement des femmes en tant que représentant autorisé des femmes et «groupe d'intérêt représentable», et l'institution du féminisme en politique des femmes.

Or, ce faisant, c'est le droit de cité des femmes qui s'est trouvé à stagner, en ne prenant pas suffisamment en considération l'écart inquiétant entre l'influence réelle du mouvement des femmes sur les politiques les concernant et la faible représentation sur le plan du pouvoir politique des femmes, en ne revendiquant qu'une citoyenneté sociale «spécifiquement féminine» au détriment de la citoyenneté politique, et en réduisant le potentiel subversif du féminisme en le confinant au seul féminin. Les femmes ne sont donc pas passées «d'instrumentales à inaugurales[9]», selon l'expression même de Collin.

Comprendre le paradoxe

Cet accès tardif des femmes à la démocratie formelle incarnée par «le droit de vote faisant de chaque citoyen une unité en principe égale aux autres[10]» devait avoir non seulement des conséquences sur l'identité et le statut des femmes, mais aussi profondément marquer le mouvement des femmes lui-même. L'historienne Scott, qui a analysé les luttes féministes dans le contexte de l'héritage politique de la Révolution française, remarque ainsi que: «le féminisme a émergé précisément là où les philosophes et les hommes politiques utilisèrent la notion de "différence sexuelle" pour justifier les limites qu'ils imposaient à l'universalité des droits individuels[11]».

En fait, là où Pateman, commentant les luttes des suffragettes, parle de « dilemme de Wollstonecraft[12] », Scott parle plutôt du phénomène de la « citoyenne paradoxale[13] », lorsqu'elle met en évidence les contradictions dans les revendications des premières féministes françaises. « Elles plaidaient d'un même souffle la pertinence et la non-pertinence de leur sexe en politique, l'égalité de tous les individus et la différence des femmes[14]. » Dans ce contexte, comment, en effet, les féministes pouvaient-elles éviter le problème posé par la différence sexuelle face à la citoyenneté ? D'une part, comment revendiquer l'égalité au nom de l'universalité des droits et de l'appartenance à une commune humanité ? D'autre part, comment exiger la fin de la stigmatisation, tout en devant s'organiser en tant que femmes et au nom des femmes pour y arriver ?

Pour vaincre la subordination des femmes, des écoles de pensée féministes concurrentes mettent l'accent sur un aspect ou un autre de l'opposition entre l'individu abstrait – qui met en valeur les similitudes qui existent entre les femmes et les hommes – et l'individu défini par sa différence sexuelle – qui insiste sur leur différenciation radicale. Cela allait d'ailleurs donner lieu à trois courants féministes bien distincts qui jetteraient un tout nouvel éclairage sur les enjeux et la signification des luttes des femmes. Ce fut d'abord, le féminisme égalitaire[15], position majoritaire dans le mouvement des femmes, qui explique les rapports sociaux entre les sexes sur le mode de l'oppression socialement construite. Dans sa variante libérale ou marxiste, le féminisme égalitaire prône le principe central de l'égalité de tous les individus et la lutte pour des droits de citoyenneté égaux, sans pour autant transformer les modèles de citoyenneté et de la politique. Puis, ce fut le féminisme de la différence[16], qui considère l'humanisme abstrait et son ignorance de la bisexuation de l'humanité comme une fumisterie. Ce courant cherche à valoriser l'expérience des femmes, à établir une manière femme de voir et de concevoir le monde : éthique de la sollicitude, pensée maternelle, féminisme social. Finalement vint le courant de l'autonomie[17], ainsi baptisé par Lamoureux, qui, inspirant notre propre démarche de recherche, relève le paradoxe du refus et de l'affirmation des différences sexuelles en tentant d'éviter les pièges de l'assimilation et de la différence. Les diverses composantes de cette tendance sont ancrées dans une double position de déconstruction du faux universel – ses logiques exclusives – et de rejet du naturalisme – c'est-à-dire de toutes formes d'essentialisme, de réductionnisme.

Les théoriciennes du féminisme de l'autonomie, ou du troisième courant, se démarquent donc par leur analyse de la nature du monde social à partir d'une lecture critique des catégories mêmes du sexe et du genre. Elles tentent de renouveler le regard ainsi posé sur la théorie politique démocratique. Collin[18] souligne à juste titre que «le combat des femmes est un combat pour la démocratie», dans le but de devenir enfin des «cosujets de la chose commune» et d'obtenir «pleine autorité sur le bien commun». Cependant, il ne suffit pas «d'ajouter les femmes et remuer[19]» ni «de leur faire place, une place dans un espace construit mais de donner lieu à du nouveau […] puisque l'accès de nouveaux venus à la citoyenneté implique toujours la redéfinition de la citoyenneté elle-même et de l'espace politico-social[20]».

Pour revenir au paradoxe, le féminisme est donc en mesure de porter le projet et de faire apparaître à la fois l'égalité et la différence. Le féminisme de l'autonomie tente en effet simultanément de penser une nouvelle conception de l'égalité en la récusant comme mêmeté, et se décentre du masculin en prenant «le genre au sérieux sans en faire une identité[21]». C'est un féminisme qui met au cœur de sa réflexion une pensée qui non seulement englobe les femmes, mais aussi tous les rapports de domination et toutes les questions politiques, un féminisme «rebelle et critique… [capable] d'entretenir la critique et la capacité réflexive de la société sur elle-même[22]». C'est ce féminisme qui est à notre avis une condition essentielle pour une démocratie radicale ou plurielle.

Perspectives féministes sur la démocratie radicale plurielle, participative ou communicative

Ce survol de la pertinence du regard critique posé par les femmes sur la démocratie doit être soutenu par l'expérience du mouvement des femmes et du féminisme. Cette perspective permet en effet de renouveler la théorie politique démocratique et, surtout, de transformer le vivre-ensemble pour qu'il soit plus inclusif, véritablement pluriel et solidaire. Quatre actions correspondant à des enjeux actuels seront abordées ici: étendre l'espace du politique; développer une notion plus complexe de l'égalité; inscrire la diversité, le pluralisme au cœur de la démocratie et de la citoyenneté et, enfin, repenser l'inclusion. Bien que nous n'insisterons pas, dans ce chapitre, sur cet aspect, il faut toutefois souligner ici le fait que les paradoxes internes de la démocratie représentative, et plus spécifiquement le décalage entre la composition du pouvoir politique et la composition sociale de la population (illustré notamment par la sous-représentation des femmes dans les parlements et les gouvernements), font l'objet d'importantes mises en cause féministes (critiques du système partisan et du mode de scrutin, débat sur la parité homme-femme, etc.).

En fait, pour mener la réflexion qui suit, nous nous inspirons principalement des travaux de la politologue québécoise Diane Lamoureux qui explore, depuis plusieurs années, l'apport du féminisme à la théorie politique générale, ainsi que des travaux d'Iris Marion Young[23] qui discute, entre autres, des théories de la démocratie délibérative dans le sens d'une plus grande inclusion et, enfin, d'Anne Phillips qui réfléchit sur le laboratoire vivant d'expériences démocratiques qu'a été à ce jour le mouvement des femmes. Pour cette dernière : « The contemporary women's movement has been almost an experiment in participatory democracy with a politics of grass-root activism, a radical critic of authority and a commitment to collective decisions[24]. » C'est d'ailleurs en ce sens que Mansbridge affirmait : « When democratic theorists are in search of provocative and useful new ideas, they can find them in the constantly growing corpus of feminist theory[25]. »

Soyons claire au départ : si l'expérience du mouvement des femmes et les théorisations de féministes sur la démocratie radicale[26], la démocratie inclusive[27], la démocratie participative[28], la démocratie délibérative ou communicative[29] — la communication étant plus englobante que la délibération — sont heuristiques, c'est bien parce qu'elles visent et décortiquent à la fois les pratiques novatrices, mais aussi les problèmes et dérives des mouvements féministes. Ainsi, ces réflexions dépassent largement l'univers des luttes des femmes pour rejoindre les grandes questions du vivre-ensemble.

Élargir l'espace du politique

Rappelons d'abord que ce qui est désormais l'une des interpellations majeures de la pensée politique occidentale, l'affirmation selon laquelle, « le personnel est politique », constitue dorénavant une entorse à la division binaire classique : société civile-État, public-privé. La logique de la démocratie libérale sexiste a conduit en effet paradoxalement à remettre en question la division de l'existence en deux zones et à affirmer la possibilité de politiser certains aspects de la sphère privée et en insistant sur la protection d'un espace de vie privée soustrait au regard public.

Rowbotham affirmait : «The personal is political opened up the possibility [...] of extended political argument about democracy in the domestic and sexual life[30].» Et Pateman rajoutait : «Democratic ideals and politics have to be put into practice in the kitchen, nursery, bedroom[31].»

D'autres auteures[32] ont souligné que la collusion totale des deux sphères représentait un danger. En outre, Lamoureux insiste sur le fait que si le privé est politique et que la politique féministe se rapporte à ce qui est privé, le politique ne peut cependant se restreindre à cette sphère. Cet élargissement de l'espace politique a même au contraire forcé l'ouverture de lieux et de formes d'action politique et dénoncé les subordinations autres que celles liées aux rapports sociaux de sexe, et permis l'émergence de nouvelles identités politiques. «La question posée par les femmes interpelle la conception de la démocratie. [...] Elle se situe dans une conjoncture où d'autres questions viennent la réinterroger : celle des immigrés, celle des personnes déplacées, celle des identités nationales, [...] des identités régionales[33]».

Développer une notion plus complexe de l'égalité

La critique de la signification des droits égaux promis par les révolutions démocratiques et le dilemme égalité-différence est à l'origine d'un autre problème : penser une modulation de la notion d'égalité. L'égalité doit évidemment demeurer un objectif incontournable de tout projet démocratique, mais certaines auteures féministes[34] n'ont pas manqué de renouveler sa signification. De manière générale, la quête d'égalité équivaut à obtenir la mêmeté (du pareil au même), l'étalon de comparaison étant la figure masculine, de race blanche, issue d'un milieu privilégié et, sans doute, hétérosexuelle. Ne pas tenir compte de cette construction originelle est problématique. Il en va de même pour la perspective mécaniquement égalitariste qui produit homogénéité, nivellement et assimilation. Comme nous le verrons plus loin, le choix de la différenciation radicale engendre à l'inverse elle aussi un enfermement, mais cette fois-ci dans des identités essentialisées, naturalisées inégalitaires. Développer une conception autre de l'égalité exige donc au préalable le refus de la négation de soi et des différences véritables puis la prise en compte de la différenciation, soit comme reconnaissance ou comme prétexte à la discrimination ou à l'assujettissement. Une conception autre de l'égalité suppose ainsi la compréhension des diverses conditions historiques et actuelles qui ont été source d'inégalité et de relégation, et incite à travailler à combler désormais les brèches des exclusions. Le concept d'équité va lui-même en ce sens avec ses actions positives, ses politiques d'équité, de redressement, d'accès à la parité sur le plan de la représentation, de la reconnaissance de droits nationaux et d'accommodements raisonnables. Une conception de l'égalité complexe implique donc la critique de l'individualisme libéral abstrait, le refus de la réduction à la mêmeté et de l'égalisation mécanique qui saborde les différences et perpétue les disparités liées aux rapports de sexe, aux rapports racialisés et de classe. En même temps, elle se démarque de toute différenciation naturalisée.

Inscrire la diversité, le pluralisme au cœur de la démocratie

Une autre des contributions importantes du féminisme à la théorie démocratique a été de stimuler la réflexion sur l'espace que doit occuper véritablement le politique : entre « égalisation réductrice et différenciation inégalitaire[35] », c'est-à-dire dans la pluralité, la distinction, la diversité. Pour prôner ainsi une conception radicale, plurielle et pluraliste de la démocratie, un certain féminisme a entrepris une sérieuse remise en cause de la notion essentialiste de l'identité, ce qui devait avoir des conséquences importantes sur la conception même de l'identité personnelle et collective. Sur le plan de l'identité personnelle, cela signifie qu'il faut admettre ce que Mouffe appelle « la pluralité des identités et des positions de sujet[36] », des identités contingentes, provisoires et ambivalentes –, ce qui n'exclut pas l'apparition occasionnelle des surdéterminations, des articulations, des connexions. Collin utilise une formule lapidaire très éclairante à ce sujet : « Je suis une femme mais "je" n'est pas une femme. "Je" est toujours ce qui reste de jeu dans une détermination[37]. » Elle précise que « les valeurs que portent les femmes et qu'elles veulent inscrire dans les structures ne sont pas des valeurs de femmes mais des valeurs universelles qui concernent chacun[38]. » S'il n'y a pas d'essence « femme », pas plus d'ailleurs que d'essence « homme », il y a cependant une multiplicité de rapports sociaux à laquelle est liée la différence sexuelle discriminante, ce qui exige des moyens de lutte adéquats, et surtout une vigilance et un esprit critique très aigus. Young[39], se référant au concept de série, pense les femmes comme un groupe social sans identité commune, et conçoit l'égalité en distinguant les expériences qui ne doivent pas cependant être réifiées en fondement identitaire. Les femmes peuvent être considérées comme groupe sans que cela sous-entende des identités ou des intérêts communs. En fait, c'est le sexisme qui réduit les femmes à un groupe exclusif. Il faut évidemment admettre que les femmes ont des intérêts structurés par les rapports de genre. Mais comme le résume si bien Lamoureux: «Il faut prendre le genre au sérieux tout en se gardant d'en faire une identité[40].»

Sur le plan de l'identité collective, la réflexion critique féministe sur le fixisme de la dimension identitaire rejette d'emblée l'essentialisme. Comme plusieurs autres catégories de groupes subordonnés, les femmes en mouvement se sont en effet d'abord vues elles-mêmes comme des êtres indifférenciés, sous le mode de l'homogénéité. Lamoureux note que si le mouvement favorise la constitution d'un sujet politique, «il peut [...] s'enferrer [dangereusement] dans un solipsisme tout à fait narcissique[41]». Il faut cependant admettre en contrepartie que, face aux protestations des lesbiennes, des femmes de couleur et des minorités ethnoculturelles, des travailleuses du sexe et des femmes ne bénéficiant pas de la citoyenneté des démocraties occidentales et qui ne se reconnaissaient pas dans le «nous, les femmes», il a bien fallu critiquer la notion de sororité (terme apolitique se référant aux liens de consanguinité au sein de la famille) et plutôt se représenter, selon la belle expression de Lamoureux, comme un «nous différencié fait de je complexes[42]».

C'est ainsi que, grâce à cette toute nouvelle identité plurielle, les femmes ont pu apprendre la solidarité et trouver des modes d'action politique. De Sève et Butler[43] ont d'ailleurs exploré plus spécifiquement le mode de la coalition permettant de s'unir politiquement sans une présumée homogénéité d'identité ou de point de vue. Young[44], quant à elle, propose la mise en place d'une sphère publique hétérogène. Dans une perspective de réflexion plus large, sur les espaces du politique et sur les formes d'action politique, certaines auteures[45] rappellent qu'en démocratie, le politique est le lieu de la pluralité, celle des sujets, des débats, des projets. D'où l'importance de reconceptualiser la citoyenneté en ne postulant ni l'unité du corps civique, ni l'universalisme abstrait. Inscrire la pluralité au cœur du politique, c'est reconnaître qu'il faut accorder une place à l'indétermination et l'indécidabilité.

Repenser l'inclusion

L'inclusion, donc la solidarité, constitue une autre facette de l'expérience du mouvement des femmes et du féminisme face à la théorie politique démocratique. Malgré les acquis importants de la démocratie libérale dont les valeurs de liberté, d'égalité et de prise de conscience de la volonté d'être dans un rapport intégral de présence à soi, l'espace politique demeure inadéquat et de graves exclusions continuent de miner la possibilité d'un monde commun. Comme le fait remarquer Collin : « Toute démocratie repose [au départ] sur des exclusions et son évolution consiste à inclure ce qu'elle avait exclu. » Il faut donc revoir les règles du jeu et : « assurer effectivement la présence de tous et toutes dans la gestion de la chose commune à travers tous les rouages de son fonctionnement (des plus ternes aux plus spectaculaires; des plus matériels aux plus symboliques). C'est donc sur ces rouages qu'il faut agir[46]. »

Avant d'examiner quelques pistes élaborées par le mouvement des femmes et la théorie féministe, notons d'abord la définition donnée par Rancière[47] et retenue par Lamoureux[48] : le politique est « ce qui déplace un corps d'un lieu qui lui était assigné ou change la destination d'un lieu; [...] fait voir ce qui n'avait pas lieu d'être vu, fait entendre un discours là où seul le bruit avait son lieu, fait entendre comme discours ce qui n'était entendu que comme bruit ». On peut, en ce sens, penser l'inclusion comme le processus qui rend visibles et audibles ceux et celles qui sont excluEs du regard, de la pensée (toujours définiEs dans l'unique logique des besoins), de la parole et de la compétence citoyenne.

Réfléchissons d'abord à cet enjeu à partir de l'expérience des femmes. Penser une démocratie inclusive a certes dépassé la revendication de l'égalité des droits. Pour qu'il y ait de la place, il faut désormais créer du nouveau. Trois propositions nous intéressent donc : réaménager l'espace du politique, réaménager les modes d'organisation et les formes de l'action politique et, enfin, revoir la question de la délibération.

Comme nous l'avons déjà souligné, l'affirmation voulant que le « privé est politique » contribue à élargir, à démocratiser l'espace du politique non seulement en y incluant les rapports sociaux de sexe et l'institution de la famille, mais aussi en développant une sensibilité à d'autres rapports sociaux de domination, à d'autres perspectives politiques. Selon Phillips, les frontières de ce qui est politique ont évolué, contribuant ainsi à « transformer en enjeux publics des pratiques considérées comme triviales pour le débat politique[49]. » De nouvelles possibilités ont alors émergé, par exemple chez les groupes d'autoconscience du mouvement des femmes où pour accéder, au moyen de la parole enfin ininterrompue, écoutée, réfléchie collectivement, à une exploration des manifestations de l'oppression et des occasions de se mettre en action comme sujet-actrice. Les expériences personnelles, la théorie politique et la mise en action politique sont donc liées. Cette façon singulière d'accéder au politique à partir de leurs savoirs et compétences se retrouve chez d'autres groupes d'exploités qui forment aussi des collectifs de conscientisation.

Les représentations et pratiques qui découlent de cet élargissement de l'espace politique pour les femmes nous conduisent à nous interroger sur les dissonances entre buts et structures. C'est-à-dire ne plus interpréter le politique comme une machine de guerre où la fin justifie les moyens et donc revoir intégralement le rapport entre fins et moyens, tout en portant une attention particulière aux processus. La vision utilitariste et stratégique se trouve ainsi remplacée par l'idée que les trajectoires choisies, les manières de s'organiser, de se réunir et de décider ensemble sont tout aussi importantes que le corpus de revendications. En effet, comme l'explique Phillips : « Le mouvement des femmes a utilisé son intérêt pour les modes d'organisation et les relations interpersonnelles pour développer une conception de la démocratie radicalement participative qui était appliquée non seulement aux groupes de femmes mais à tous les aspects de la vie politique[50]. » On connaît les multiples initiatives organisationnelles : structures non hiérarchiques, fonctionnement en collectifs d'affinités, méfiance à l'égard des comportements autoritaires, de la division stricte du travail, de la spécialisation, de tout ce qui renvoie à l'organisation sociale dominante, souvent masculine. La quête de solutions de rechange à cette organisation sociale dominante est confrontée à un certain nombre de problèmes, comme la socialité féminine indistincte et vertueuse, la rectitude politique ou même la sororité fusionnelle.

Dans l'ouvrage *Engendering Democracy*, Phillips[51], s'appuyant sur les expériences de démocratie interne du mouvement des femmes, fait, entre autres, le point sur divers problèmes. Tributaire du contexte des mobilisations antiautoritaires et participatives des années 1960, la seconde vague du féminisme a en effet tenté de réfléchir et d'apporter un tout nouveau contenu à la démocratie. L'auteure constate d'abord la présence, paradoxalement, dans certaines expériences des femmes, des rapports de domination patriarcale, résultat de leur longue association au travail domestique invisible, aux tâches de bureau obscures, à la subordination dans l'organisation du travail, du pouvoir et des débats. En fait, c'est ce que Young appelle des « perspectives[52] » découlant des positions différenciées dans les rapports sociaux, la source ou l'inspira-

tion de nombreuses pratiques : méfiance face aux conduites et structures hiérarchiques, rêves d'égalité radicale, de fonctionnement horizontal et collectif, de rotation des tâches et des responsabilités, de
partage des expertises. Toutefois, l'égalitarisme forcené prôné par certaines allait non seulement juguler certains talents singuliers qui faisaient trop ombrage, mais aussi créer l'illusion d'une possible égalité
complète entre les femmes, faisant peser un fardeau très lourd sur des
personnes manifestant d'autres aspirations ou compétences. Autre problème, si le modèle de démocratie directe a permis de prendre le temps
de parler, d'écouter, de se faire une opinion, de décider ensemble en se
soutenant mutuellement, il a aussi eu quelquefois pour effet pernicieux
d'étouffer les conflits et les dissidences. Très rapidement des féministes se sont aperçu de ces difficultés et ont analysé les dangers du
télescopage du politique et de l'amitié, de l'unité fictive de la sororité
(Collin, Rowbotham, Mansbridge) et de la tendance à prôner, sous le
couvert du consensus à tout crin, des comportements conformistes et
possiblement exclusifs.

La méfiance à l'égard de l'autorité et du pouvoir, a cependant permis
des expériences réjouissantes de leadership polycéphale, circulaire et de
mener une lutte au vedettariat pompeux. Cependant, une direction
floue, implicite, occulte prive les participantes de deux éléments cruciaux de la démocratie représentative : le fait d'autoriser certaines personnes à les diriger et l'exigence d'imputabilité des dirigeantes. Encore
là, le mouvement féministe a reconnu ces dangers[53] et a travaillé, entre
autres, à combiner des formes de démocratie représentative et des
mécanismes ingénieux de réduction des hiérarchies, de participation et
de contrôle des membres de la base. Découlant de cet enjeu, Phillips
souligne à la fois les acquis de structures souples et des adhésions aléa-
toires à diverses organisations maillées de façon très lâche mais aussi
des problèmes de représentation dans les interactions et les négociations avec les pouvoirs en place qui posaient la question légitime suivante : au nom de qui parlez-vous ?

Phillips a également réfléchi aux avantages d'une démocratie participative riche et active mais aussi aux limites de cette dernière. Qui peut
en effet se mobiliser et participer à part entière ? Quelles femmes seront
absentes pour cause de non-intérêt, de conditions de vie précaires, de
responsabilités familiales, de non-accès aux lieux de débats ? À son avis,
les facettes plurielles de la démocratie directe si importantes soient-
elles ne sont pas là pour se substituer à la démocratie représentative qui

même dans sa version minimaliste (règles de droit, procédures justes, défense des droits civiques et politiques, élection des dirigeantEs) demeure, pour les décisions majeures touchant à la vie des masses, incontournable. Une personne-un vote, oui, et, selon l'auteure, une perspective féministe sur la démocratie demande qu'en plus de raffermir la participation il faille redonner à chaque personne son vote[54]. Au-delà de ces considérations, qui ont conduit à des examens critiques vigoureux dont nous avons fait état précédemment, le souci d'incarner l'autrement que l'on voudrait voir prévaloir et le désir de lancer des actions concrètes visant l'égalité et l'inclusion demeurent. Lamoureux indique que, dans ce cadre, il y a «[...] modification de la temporalité politique, une autre façon de faire est partiellement possible dès maintenant[55]», soit le développement d'une position militante originale partagée entre le combat, l'expérimentation... et la fête.

Avant de conclure, nous aimerions souligner le fait que plusieurs auteures féministes ont aussi abordé une des questions centrales de la théorie démocratique, soit la délibération[56]. Leurs textes ont éclairé le débat sur la démocratie délibérative, plus spécifiquement en ce qui a trait à son caractère inclusif. Leurs préoccupations étaient axées sur l'accès à la sphère des débats, le mode de discussion et les buts poursuivis. L'idée libérale d'un espace large, neutre, raisonné, exempt de toute passion et dépersonnalisé où les principes du bien commun ou de l'intérêt public priment est remise en cause parce que cette idée est tendancieuse et qu'elle privilégie les modes de discours et d'argumentation dominants. Tel que spécifié plus haut, les absentEs du regard, de la pensée et de la parole sont rarement conviées aux forums de discussion.

Young, dans son ouvrage *Inclusion and Democracy*[57], discute des théories de la démocratie délibérative en critiquant certaines interprétations dominantes de ce modèle et en proposant des pistes afin de mieux comprendre les expériences d'exclusion politique et travailler à ce qu'elle appelle une communication (terme plus englobant que la délibération) démocratique inclusive. Pour elle prime l'objectif de la justice sociale, comprise comme les conditions institutionnelles de promotion de l'autodéveloppement (contre la domination) et de l'autoréalisation (contre l'oppression) de tous les membres d'une société où règnent des inégalités structurelles criantes et une forte diversité culturelle.

Si Pateman[58] avait critiqué, entre autres, la version de la démocratie forte (*strong democracy*) de Barber[59] pour cause d'insensibilité à la perspective féministe, Young fustige plusieurs théoriciens de la démocratie délibérative pour cause de cécité et de surdité face à la perpétuation de la marginalisation politique de larges pans de la population. Selon l'auteure, cette interprétation de la démocratie délibérative est trop exclusive et ne privilégie que la rationalité argumentative, le carcan unitaire du bien commun, la soi-disant supériorité de la démocratie directe et l'univocité de la norme policée. Comme elle le dit si bien : « I aim to challenge an identification of reasonable, open public debate with polite, orderly, dispassionate, gentlemanly argument[60]. » Faisant le contrepoids à ces critiques, elle propose donc des normes et conditions d'une communication démocratique inclusive censées mettre en échec l'exclusion interne. Tout d'abord, trois pratiques sont essentielles : l'accueil (*greetings*), la rhétorique et la narration.

Young met d'abord l'accent sur le geste inaugural de l'accueil, des salutations, qui amorcent la communication politique par l'échange de signes de reconnaissance, qui permettent de se poser la question suivante : qui est là ? Ceux et celles directement touchéEs par les décisions qui seront prises sont-ils et sont-elles présentEs ? Au-delà de cette marque de respect, la reconnaissance, en théorie politique, consiste à noter la singularité de l'autre, à s'apprivoiser ses perspectives et à admettre de façon consciente et explicite la confiance dans les compétences citoyennes de chacunE, à rendre possible l'intersubjectivité. Au contraire de Taylor[61], Young croit qu'une politique de reconnaissance doit être un préalable et non une fin de toute communication démocratique inclusive.

L'auteure souligne ensuite que la méfiance de la rhétorique a malheureusement conduit à ne prôner dans la délibération que la seule rationalité instrumentale, cohérente, imparable, exposée avec aisance et pondération. Or, mettre en exergue des normes de formalisme, d'abstraction, de clivage entre la raison et l'émotion, d'opposition entre le verbe et la figuration ou le symbolique, faire équivaloir calme et objectivité constituent une forme de rhétorique d'ailleurs connotée socioéconomiquement et culturellement. Marques-Pereira rappelle que, historiquement, les vertus civiques étaient liées à la masculinité et à la virilité : « Ce n'est que si on est homme (*vir*) que l'on est capable de *virtu*, les vertus principales de la citoyenneté étant le courage et la prudence[62]. » Les règles classiques de la raison publique, le code prescrit du civisme républicain ne peuvent évidemment prévaloir exclusivement compte tenu de l'hétérogénéité sociale, de la complexité des structures et du foisonnement des manières de communiquer. La rhétorique, c'est-à-dire la mise en œuvre de moyens d'expression et de persuasion, le ton, les figures de style, les couleurs culturelles plurielles est légitime et fait, entre autres, référence à la publicité des modes de communication démocratiques, permettant aux groupes sociaux subordonnés d'apparaître et de se faire valoir dans l'espace public, en ayant recours à des arguments publics inhabituels, à des formes de présence politique non convenues, à la théâtralisation d'autres scènes du politique.

Enfin, Young aborde également la question de la narration aussi au cœur de la communication politique, les récits de vie, les histoires, les témoignages servant à expliquer, démontrer à partir des expériences personnelles et collectives. Ces «savoirs situés» permettent aux individus des groupes dominés de se reconnaître, de trouver «les mots pour le dire» et construire des synthèses réflexives. Ils rendent possible, selon Young qui s'appuie sur une expression de Kant reprise par Hannah Arendt, la «pensée élargie», c'est-à-dire une compréhension plus large des faits et des enjeux, plus riche parce que tissée des différentes perspectives exposées. Les discours hégémoniques sont ainsi pluralisés et relativisés. Pour l'auteure «explicit inclusion and recognition of differentiated social positions provides experiential and critical ressources for democratic communication that aims to promote justice[63].»

Par ailleurs, la «pensée élargie» à laquelle fait référence Young se distingue d'une vision unificatrice, surplombante, réifiée du «bien commun» souvent véritable fétiche brandi, soit comme un préalable, soit comme un objectif inévitable de la délibération. Quels sont les *a priori* de cette notion, qui en définit les contours, quelles spécificités a-t-on écartées pour en arriver à une généralisation du bien de tous et toutes, quels intérêts ou valeurs a-t-on transcendés? Encore une fois, dans des sociétés pluralistes, taraudées par des inégalités structurelles, poser l'antériorité du bien commun conduit à s'abstenir de convier et d'entendre les diverses versions qui pourraient l'incarner, à mettre sous le boisseau des soi-disant intérêts particuliers qui n'ont jamais compté vraiment dans la recherche de solutions concrètes à des problèmes cruciaux. Comme le notait ironiquement Foucault: «L'intellectuel disait le vrai à ceux qui ne le voyaient pas encore et au nom de ceux qui ne pouvaient pas le dire: conscience et éloquence...[64]» Le bien commun comme but de la délibération dans le sens d'un manteau recouvrant les perspectives différenciées, traitées de façon secondaire ou écartées est aussi problématique car la mise entre parenthèses s'opère trop souvent par la généralisation abusive des valeurs et des conceptions dominantes. Collin parlait « d'un consensus présupposé pensé par certains à la place des autres et pour les autres[65] ».

Il est parfois extrêmement difficile pour des groupes subordonnés de s'extraire de leurs conditions spécifiques. L'intérêt public, objet toujours de fortes polémiques, conflits et victoires à l'arraché peut, par ailleurs, ne pas être si « commun » que cela et consister à accueillir et reconnaître d'autres façons de penser et d'agir, à cibler les perspectives trop longtemps évacuées. Seule une communication politique traversée de part en part par les savoirs situés divers peut permettre de donner confiance à ceux et celles qui prennent la parole, de respecter la pluralité des situations, rapports sociaux et perspectives et de créer de réels liens de solidarité en s'attaquant concrètement aux exclusions. « Les débats publics sont précisément l'occasion de la confrontation des points de vue et de l'établissement de leurs conditions de convergences[66]. » Collin, quant à elle, parlait d'accueillir, dans ce procès, les différences et les différends.

Comme nous venons de le voir, malheureusement de façon trop succincte et trop sélective, l'expérience du mouvement des femmes et du féminisme a largement contribué à alimenter et à transformer la théorie politique démocratique. « Le sens du féminisme est moins d'insérer les femmes dans la société existante que de transformer les structures sociales pour rendre possible l'insertion des femmes[67] », et nous rajouterions : « et des autres excluEs et dominéEs ». Comme le souligne Phillips : « This is one of the most powerful and abiding messages of the contemporary women's movement, extending beyond specifically sexual equality toward more general consideration on how people relate[68]. »

Notes

1. Pateman, 1988, 1989, 2000; Scott, 1998; Lamoureux, 1989, 1997, 2001 et 2002; Phillips, 1991; Marques-Pereira, 2003.
2. Pateman, 1988, p. 2-3.
3. Pateman, 1989.
4. Lamoureux, 1996, p. 272.
5. Marques-Pereira, 2003.
6. Lamoureux, 2002, p. 184-186.

7. T. H. Marshall, 1992.

8. Lamoureux, 2002, p. 191.

9. Collin, 1992, p. 130.

10. Collin, 1992, p. 129.

11. Scott, 1998, p. 29.

12. Pateman, 1989.

13. Scott, 1998.

14. Scott, 1998, p. 29.

15. de Beauvoir, 1949; Badinter, 1992; Dietz, 1992; Eisenstein, 1978.

16. Irigaray, 1977; Gilligan, 1986; Elshtain, 1981; Ruddick, 1990.

17. Lamoureux, 1989, 1997, 2002; Collin, 1983-1984, 1992; De Sève, 1994, 1999; Mouffe, 1992, 1994, 2000; Young, 1994, 2000; Scott, 1998.

18. Collin, 1992, p. 127-128.

19. Evans, 1986.

20. Collin, 1992, p. 134-135.

21. Lamoureux, 2002, p. 199.

22. Lamoureux, 2001a, p. 181.

23. Young, 1997, 2000.

24. Phillips, 1991, p. 41.

25. Mansbridge, 1991.

26. Mouffe, 1992.

27. Lamoureux, 1996.

28. Pateman, 1989; Mansbridge 1991.

29. Young 1994-2000.

30. Rowbotham, 1986.

31. Pateman, 1989, p. 216.

32. Phillips, 2000; Lamoureux, 2003; Mouffe, 2000.

33. Collin, 1992, p. 128.

34. Lamoureux, 1996, 1997, 2002; Young, 2000; Mouffe, 1992, 2000.

35. Lamoureux, 1997.

36. Mouffe, 1992.

37. Collin, 1983-1984, p. 10.

38. Collin, 1992, p. 135.

39. Young, 1994, 2000.

40. Lamoureux, 2002, p. 200.

41. Lamoureux, 2001a, p. 167.

42. Lamoureux, 1996, p. 281.

43. De Sève, 1994; Butler, 1990.

44. Young, 1994, 2000.

45. Lamoureux, 1996, 1997, 2001; Collin, 1992.

46. Collin, 1992, p. 130.

47. Rancière, 1995, p. 51-53.

48. Lamoureux, 2002, p. 191.

49. Phillips, 2000, p. 445.

50. Phillips, 2000, p. 439.

51. Phillips, 1991.

52. Young, 2000.

53. Freeman, 1970, par exemple.

54. Phillips, 1991, p. 149.

55. Lamoureux, 2003.

56. Benhabib, 1992; Benhabib et Dallmayr, 1990; Young, 1987; Lamoureux, 2002; Mansbridge, 1991.

57. Young, *Inclusion and Democracy*, 2000.

58. Pateman, 1991.

59. Barber, 1984.

60. Young, 2000, p. 49.

61. Taylor, 1992.

62. Marques-Pereira, 2003, p. 17.

63. Young, 2000, p. 118.

64. Foucault, 1972, p. 4.

65. Collin, 1992, p. 129.

66. Lamoureux, 2002, p. 198.

67. Lamoureux, 2001, p. 179.

68. Phillips, 1991, p. 189.

APPROPRIATION DU POUVOIR ET DÉMOCRATIE: L'UN VA-T-IL SANS L'AUTRE?

Nancy Guberman

Empowerment (ou appropriation du pouvoir) et démocratie sont deux processus essentiels au fonctionnement des groupes de femmes en Amérique du Nord. Pour plusieurs, ils en constituent même la finalité. Pourtant, l'étude et la pratique de ces deux processus montrent bien qu'ils sont souvent perçus comme étant deux types de relations et d'activités complètement distincts et parallèles. Plutôt que de les considérer comme deux processus complémentaires, ils sont ainsi généralement dissociés. Une analyse des processus de la démocratie et de l'appropriation du pouvoir soulève donc des questions conceptuelles et pratiques quant au bien-fondé de cette séparation.

Même si, dans les années 1990, le terme *empowerment* était à la mode dans le mouvement féministe nord-américain, il demeurait à la base un modèle d'intervention destiné principalement aux usagères de services et aux participantes aux activités de ces groupes. La démocratie, quant à elle, était perçue comme un mode d'organisation et de fonctionnement qui concernait uniquement les intervenantes et les membres des conseils d'administration, et donc la structure et le fonctionnement des groupes. La notion de démocratie, lorsqu'elle était appliquée aux usagères-participantes[1] des groupes de femmes, était la plupart du temps définie comme une aide individuelle et collective, destinée à les accompagner vers une plus grande maîtrise de leur vie. Autrement dit, aller vers l'appropriation du pouvoir, mais une appropriation qui ne leur donnerait aucun pouvoir accru sur l'organisation à laquelle elles appartiennent.

Ce chapitre, qui a pour but de se pencher sur les résultats de notre deuxième étude empirique sur la culture organisationnelle, va donc nous permettre d'examiner de plus près toute l'ambiguïté entourant les notions d'appropriation du pouvoir et de démocratie tant dans la littérature que dans la pratique. Plus exactement, nous nous efforcerons de clarifier, sur la base de nos résultats, les particularités de chacune de ces notions et de montrer les relations fondamentales qui devraient les unir étroitement plutôt que de les dissocier.

La littérature féministe

La notion d'appropriation du pouvoir est issue de plusieurs disciplines, dont la psychologie sociale, le travail social et les sciences administratives. «S'approprier le pouvoir» signifie essentiellement «favoriser chez les individus un meilleur contrôle de leur vie[2]». Lee[3] décrit ainsi trois dimensions complémentaires de l'appropriation du pouvoir: 1) le développement d'une plus grande estime de soi et d'une image de soi plus positive; 2) l'acquisition de connaissances et d'aptitudes nécessaires à une meilleure compréhension critique des réalités politiques et sociales; et, finalement, 3) le développement de ressources, de stratégies ou de compétences fonctionnelles afin d'atteindre les objectifs, individuels ou collectifs, poursuivis. Lee note toutefois que cette notion, lorsqu'elle est réduite à la simple expression d'un sentiment de bien-être personnel et psychologique, peut conduire à adopter des pratiques visant à changer l'individu plutôt qu'à modifier les institutions qui maintiennent les gens dans un état où ils sont dépourvus de pouvoir. Pourtant, l'appropriation du pouvoir devrait être une stratégie d'intervention visant en définitive à permettre aux individus d'acquérir une meilleure compréhension politique et sociale de leurs problèmes afin de trouver les moyens d'y faire face.

Pour favoriser l'appropriation du pouvoir chez les femmes, il faut toutefois un certain nombre de conditions favorables. Parsons[4] a réalisé une étude empirique qui met en évidence ces éléments qui favorisent l'appropriation du pouvoir chez les femmes en étudiant deux groupes, un centre pour femmes battues et une coalition luttant pour la réforme de l'aide sociale. Les résultats ont démontré que les facteurs environnementaux (sentiment de sécurité, sentiment d'être acceptée et valorisée) et les interventions stratégiques des intervenantes (donner la parole aux femmes, donner de l'information et des outils) sont ainsi des éléments essentiels au processus d'appropriation du pouvoir.

Quant à la démocratie, dont le terme remonte à l'époque de la Grèce classique, il définit évidemment un régime où le peuple exerce lui-même la souveraineté (demos = peuple, kratos = pouvoir de). Nous vivons de nos jours, en Occident, sous un régime démocratique mais auquel s'est ajouté, avec le libéralisme, la protection des droits de l'individu et de ses organes représentatifs. Avec la dernière montée des luttes contre l'oppression des femmes et des revendications des droits civiques, du *Black Power* et des associations étudiantes des années 1960, ces mouvements « ont accru la signification de la démocratie[5] » en réclamant davantage de pouvoir sur leurs vies. Ils proposaient en effet des formes inclusives de prises de décision où chaque membre avait voix au chapitre. La littérature féministe récente nous a d'ailleurs permis d'approfondir davantage le sens donné à ce concept. C'est ainsi que Mansbridge[6] soutient que la discussion, la négociation et la délibération doivent faire partie intégrante du processus démocratique si l'on veut s'assurer que chacun puisse réellement s'exprimer et arriver à un résultat qui soit acceptable pour le plus grand nombre possible. Collin[7], pour sa part, définit de façon précise les types de décision qui devraient être prises par l'ensemble des individus. Elle souligne que la démocratie suppose la gestion par tous des choses communes. Elle ajoute également que toutes les démocraties sont fondées sur des exclusions et que leur évolution signifie la réintégration de ceux qui en avaient d'abord été exclus.

Dans le cas précis des groupes de femmes en Amérique du Nord, il n'aurait pas été pertinent de critiquer les pratiques de démocratie représentative à leurs débuts, car ces petites collectives appliquaient les principes de démocratie directe, selon lesquels toutes les membres participent aux prises de décision. Les choses ayant toutefois changé, les groupes de femmes étant devenus des structures complexes gérées selon des principes de démocratie représentative, on peut maintenant s'interroger sur les pratiques de démocratie à la fois directe et représentative qui les caractérisent.

En adoptant cette perspective se pose d'emblée un problème qui questionne les écrits féministes. La plupart des analyses réalisées sur les pratiques démocratiques dans les groupes de femmes ne mentionnent jamais les usagères des services et les participantes aux activités. Elles sont généralement exclues des analyses sur la démocratie directe ou représentative. La référence aux participantes, par exemple, n'intervient que dans le cadre de l'examen des pratiques d'appropriation du pouvoir, en d'autres termes, que dans les pratiques d'intervention.

Pour combler cette lacune, nous nous proposons donc dans ce chapitre d'examiner la nécessité d'établir des liens entre démocratie organisationnelle et appropriation du pouvoir. Nous soulèverons des questions sur les pratiques des groupes de femmes qui réduisent les femmes usagères à l'état d'«objets» d'intervention et, en même temps, les maintiennent à l'écart du pouvoir au sein du groupe même. Nous étudierons le rapport qui existe entre apprendre à exercer un certain pouvoir sur sa vie personnelle et sur sa communauté et apprendre à exercer un pouvoir sur l'organisation à laquelle on appartient.

Par conséquent, nous utiliserons dans ce chapitre le concept appropriation du pouvoir entendu dans le sens d'un ensemble de pratiques visant à accompagner les femmes dans le développement de leur autodétermination, dans l'analyse sociopolitique de leur situation et dans la prise en main de leur propre vie, tant comme individu que comme membre d'une collectivité. Lorsque nous ferons allusion directement à la démocratie, nous nous référerons à la démocratie organisationnelle, c'est-à-dire aux relations de pouvoir au sein d'une organisation. Par ailleurs, nous définirons les pratiques démocratiques comme étant des processus qui débouchent sur des prises de décision quant à l'orientation, aux actions et au fonctionnement d'un groupe, notamment pour ce qui est de la circulation de l'information, le temps et l'espace attribués aux délibérations, tout comme sur le mode de délibération choisi.

Méthodologie

Pour mieux comprendre la culture organisationnelle qui prévaut dans les groupes de femmes au Québec, nous avons recueilli nos informations sur la base d'une approche qualitative faisant appel à diverses méthodes de recherche dans dix groupes de femmes. Ces groupes ont été sélectionnés du fait de leur diversité afin de constituer un échantillonnage contrôlé qui soit le plus hétérogène possible[9]. De nouveaux groupes ont été ajoutés au fur et à mesure que l'analyse avançait pour vérifier des hypothèses émergentes concernant la culture organisationnelle de ces groupes. Les dix groupes qui ont finalement été retenus constituaient des représentations croisées des groupes de femmes qui ont construit le mouvement féministe au Québec: des maisons d'hébergement pour femmes, des centres de femmes, un centre de santé des femmes, un groupe de réinsertion en emploi, un groupe de défense de droits et un centre local appartenant à un groupe de formation et de défense de droits d'envergure nationale. Ces groupes sans but lucratif s'adressent aux femmes et se réclament tous du mouvement féministe québécois, bien que l'un d'entre eux soit également associé aux organismes de jeunesse[10].

La collecte des données

Une fois la participation du groupe à l'étude acceptée, nous avons étudié la documentation suivant les thèmes analytiques retenus pour la recherche : les textes sur les orientations, les évaluations, les rapports d'activités, les procès-verbaux des réunions, les demandes de subventions, les rapports financiers, les contrats des employées, les brochures publicitaires, les publications internes. Pendant plusieurs mois, nous avons aussi observé directement les activités avec les participantes[11] ainsi que différentes facettes de la vie de groupe : réunions du personnel, formation du personnel, conseils d'administration, assemblées générales annuelles, fêtes (Journée internationale de la femme, Noël, etc.). De plus, nous avons passé plusieurs heures avec les groupes afin de recueillir des observations de façon plus informelle et discuté avec les intervenantes, les membres du conseil ou les participantes. Après une première série d'observations, nous avons aussi organisé systématiquement des groupes de discussion plus formels avec les intervenantes. Finalement, dans six groupes, nous avons réuni de quatre à six participantes pour une autre entrevue afin de corroborer et approfondir ce que nous avions observé et lu[12]. Nous avons plus particulièrement traité de questions comme ce que signifie pour elles le fait d'être membre du groupe ? Quels sont le rôle et le pouvoir qu'elles détiennent au sein du groupe ? Que pensent-elles des structures décisionnelles du groupe ?

Deux groupes n'ont toutefois pas été en mesure d'organiser des entrevues avec leurs membres et deux autres ont bien tenté de le faire mais n'ont jamais trouvé une plage horaire convenant à plus de deux personnes à la fois. Par la suite, nous avons entrepris une deuxième série d'observations pour corroborer nos hypothèses et surtout établir si ce que nous avions identifié comme culture ne tenait tout simplement pas au moment où nous avions décidé de mener nos observations.

L'analyse

Pour s'assurer de la fiabilité de notre interprétation, les membres de notre équipe ont ensuite codifié et catégorisé toutes les notes et les transcriptions des entrevues selon la méthode de triangulation des sources, des méthodes et des enquêteurs[13]. Nous avons élaboré nos analyses au fur et à mesure que progressait l'étude et en avons débattu lors de nos rencontres d'équipe. Finalement, pour valider nos analyses, nous avons organisé trois rencontres auxquelles étaient conviées les représentantes des groupes qui avaient accepté de participer à cette étude, ainsi que les représentants de groupes communautaires. Nous leur avons présenté les résultats de notre recherche puis nous avons pris note de leurs commentaires. Chaque représentante de groupes observés reconnaissait que le portrait que nous avions tracé de leur groupe était fidèle et considérait que les problèmes soulevés étaient bien réels.

Les caractéristiques des groupes

Un des éléments qui est ressorti pendant l'étude de ces groupes de femmes semble être une caractéristique commune de ces groupes, à savoir une évolution et un développement continus. Leurs intervenantes, et dans certains cas leurs membres, proposent généralement des activités, des interventions et des structures novatrices. Les descriptions suivantes datent de l'époque de notre étude (1995-1998), moment où déjà certains groupes étaient engagés dans un processus de changement tant dans leurs pratiques que dans leurs structures. Il est évident qu'ils ont continué à évoluer depuis la fin de notre étude.

Parmi les dix groupes que nous avons étudiés, il y avait un centre de femmes montréalais offrant des activités éducatives, des groupes d'entraide, quelques services directs (counseling et références) qui mobilisent leurs membres pour des actions collectives (manifestations, pétitions, mémoires, conférences de presse, etc.). On comptait aussi quatre maisons d'hébergement, l'une pour jeunes femmes en difficulté et trois autres pour femmes victimes de violence conjugale (l'une est syndiquée, l'autre est située dans une petite ville à l'extérieur de Montréal, la troisième est en périphérie de Montréal), toutes offrant des services ainsi que des programmes de suivi auprès de leurs anciennes résidentes. Il y avait également un groupe de défense de droits qui offre des services, des activités et du soutien à ses membres travaillant dans des professions particulièrement propices à l'exploitation, puis une section locale d'une importante organisation féministe du Québec, un centre de santé des femmes, un Centre d'action et de lutte contre les agressions à caractère sexuel (CALACS) (ces quatre derniers basés à Montréal) et, finalement, un groupe de réinsertion en emploi pour les femmes dans une petite ville à 45 minutes de Montréal.

Tableau 1. Caractéristiques des dix groupes ayant participé à l'étude

Groupe	Année de fondation	Équipe	Structure administrative	Statut des participants
1. Centre de femmes	1986	4-5 employées permanentes	Équipe, conseil d'administration	Membres
2. CALACS	1988	3-4 employées permanentes	Collective	Militantes, collaboratrices, femmes en *counselling*
3. Groupe de défense de droits	1976	2-3 employées permanentes	Directrice, conseil d'administration	Membres
4. Section locale	1988	Aucune salariée	Directrice, conseil d'administration	Membres
5. Maison d'hébergement pour femmes en difficulté	1986	8 employées permanentes	Directrice, conseil d'administration	Résidentes, anciennes résidentes, bénévoles, membres
6. Maisons d'hébergement pour jeunes femmes en difficulté	1985	8 employées permanentes	Équipe, coordonnatrice, conseil d'administration	Résidentes, anciennes résidentes, bénévoles, membres
7. Maisons d'hébergement pour femmes victimes de violence	1983	6-7 employées permanentes	Directrice, conseil d'administration	Résidentes, anciennes résidentes, membres du conseil
8. Maisons d'hébergement pour femmes victimes de violence	1979	8 employées syndiquées	Directrice, conseil d'administration	Résidentes, anciennes résidentes, bénévoles, membres du conseil
9. Centre de santé	1975	8 employées permanentes	Collective	Usagères
10. Groupe de réinsertion en emploi	1982	5 employées permanentes	Directrice, conseil d'administration	Usagères

Trois de ces groupes ont été fondés dans les années 1970, alors que les autres ont été fondés entre 1982 et 1988. Seule la section locale n'a pas d'employées salariées. Tous les autres groupes comptent un noyau de deux à douze employées, et engagent des femmes pour réaliser des projets spécifiques ou par le biais des programmes de réinsertion en emploi. Les employées permanentes gagnent en général entre 12$ et 16$ de l'heure, les directrices ayant des salaires nettement plus élevés. Cependant, dans un groupe, le salaire était de 8$ de l'heure. Quant aux budgets, ils varient considérablement d'un groupe à l'autre. La section locale qui n'avait pas de salariée disposait d'un budget annuel d'environ 2 000$, alors que certaines maisons d'hébergement et certains groupes disposaient d'un financement stable récurrent pouvant aller jusqu'à 250 000$.

Trois de ces groupes (deux maisons d'hébergement et le groupe de réinsertion en emploi) desservent principalement des femmes pauvres d'origine canadienne-française, alors que trois autres (deux maisons d'hébergement et le centre de femmes) s'adressent à des femmes pauvres appartenant aux minorités ethnoculturelles. Le centre de santé, le CALACS et la section locale rejoignent les femmes pauvres et de classe moyenne, majoritairement canadiennes-françaises. Quant au groupe de défense de droits, il est composé presque exclusivement de femmes immigrantes d'Amérique latine, d'Afrique et d'Asie. Les travailleuses des neuf groupes sont presque toujours des femmes blanches de classe moyenne. Le français est la langue de travail pour les dix groupes.

Les structures administratives varient selon les groupes. Sept d'entre eux (les quatre maisons d'hébergement, le centre de femmes, le CALACS et le groupe de défense de droits) fonctionnent selon une structure de cogestion où le groupe est géré conjointement par l'équipe de travail et le conseil d'administration. En général, l'équipe de travail assume la responsabilité de la gestion quotidienne des activités du groupe alors que les décisions plus importantes sont prises avec le conseil d'administration. Le partage des responsabilités entre l'équipe de travail, la directrice (lorsqu'il y en a une) et le conseil d'administration varie selon chaque groupe, et il change parfois avec le temps au sein d'un même groupe. Parmi les trois autres groupes, le centre de santé était dirigé par les travailleuses au moment de notre étude. La collective qui gère le groupe était composée seulement des travailleuses permanentes. Le groupe offrant des services de réinsertion en emploi n'avait pas de membres et son conseil d'administration était composé de professionnelles choisies dans la communauté et nommées par la directrice. La section locale, pour sa part, était dirigée par les militantes de la base qui élisaient une exécutive dont le mandat était de gérer les dossiers techniques. Les membres décidaient de la programmation et de l'organisation des activités lors de leurs rencontres mensuelles[14].

Les résultats

Nous avons analysé les pratiques quotidiennes des groupes envers les femmes qui les fréquentent. Ceci nous a amené à examiner les différents éléments de leur intervention et ainsi à comprendre leurs pratiques d'appropriation du pouvoir. Le schéma à la page suivante présente succinctement l'analyse des cinq composantes des pratiques d'appropriation du pouvoir observées chez les dix groupes étudiés.

Bien que tous les groupes n'ont pas forcément traversé toutes ces étapes, ils établissent tous dès le premier contact une relation humaine et ils désirent tous atteindre l'étape de l'appropriation du pouvoir. Toutefois, ce processus n'est ni chronologique ni linéaire. Le tableau à la page suivante décrit en détail les cinq composantes du processus d'autonomisation.

Développer des relations humaines

Les relations humaines que ces groupes développent sont l'une de leurs grandes forces. Cette relation s'instaure dès le premier contact d'une femme avec le groupe. Celle-ci s'adresse directement à une travailleuse de première ligne, sans attendre ni passer par un intermédiaire (même s'il y a parfois des listes d'attente, particulièrement dans le cas des CALACS). Toutes les relations qui s'établissent avec les travailleuses sont directes et personnelles. Nous avons observé que le personnel entretient, envers les femmes qui s'adressent au groupe, une relation chaleureuse et respectueuse. Voici un exemple tiré de nos notes d'observation :

> *On reçoit beaucoup d'appels pour des avortements. La réceptionniste répond sur un ton très personnel et avec beaucoup de sensibilité. Elle raconte même à l'une des femmes qui appelle qu'elle-même a dû faire appel aux services du groupe avant d'y travailler. Elle explique que les femmes médecins sont très douces et qu'elles respectent le rythme de chaque femme.*

Figure 1. Le processus d'appropriation du pouvoir

Tableau 2. Les différents éléments du processus d'appropriation du pouvoir

Développer des relations humaines	Développer un sentiment d'appartenance	Interventions féministes	Promouvoir la participation active	Appropriation du pouvoir par les femmes
• Accueil • Contact direct • Contact chaleureux • Voir les femmes comme des personnes et non comme des problèmes • Aller au-delà de la relation d'aide • Bénévolat • Atmosphère respectueuse	• Organiser et aménager l'espace • Accessibilité : situation géographique, accessibilité des locaux, heures d'ouverture • Minimiser les règles et les règlements • Créer un nouveau réseau alternatif	• Démystifier la notion d'expertise • Partager ses expériences personnelles • Partager les tâches quotidiennes • Valoriser les expériences vécues par les femmes • Étendre à la collectivité les situations	• Aucune consommation passive de services • Encourager les femmes à prendre des initiatives • Donner les outils d'apprentissage en vue d'un changement • Acquérir de nouvelles connaissances	• Vise la croissance personnelle et une compréhension des enjeux sociaux • Conscience critique • Maîtriser sa vie

Les intervenantes veulent connaître véritablement les femmes et non seulement les problèmes qui les ont amenées à s'adresser au groupe. Dans tous les groupes offrant des services, les travailleuses et les participantes établissent des relations à diverses occasions, et non seulement au sein des activités de *counseling* ou de développement personnel. Beaucoup d'activités sociales sont organisées. Souvent, les participantes proposent de faire du bénévolat aux côtés des intervenantes. Les participantes et les travailleuses se côtoient lors de manifestations ou de rassemblements politiques. Les interventions ont donc plus largement pour but de travailler avec la personne et non pas uniquement sur son problème. Des notes prises lors d'une réunion des résidentes d'une maison d'hébergement en font foi :

> *La pratique est holistique, dans la mesure où l'équipe établit différents types de relations avec les femmes de façon à les connaître sous des angles différents (au cours d'interventions directes, de sorties à caractère social, de bénévolat, d'activités domestiques, etc.). Une des résidentes amorce la réunion en expliquant qu'elle a créé un calendrier pour la maison des événements socioculturels gratuits ou à coût abordable. Puis une intervenante annonce que la maison participe à un événement pour les sans-abri et sollicite la participation bénévole des résidentes pour effectuer certaines tâches. Le point suivant touche l'organisation des soupers, chaque femme prenant la responsabilité d'un souper pendant la semaine. On dresse les menus, puis on établit la liste des courses à faire. Une des résidentes reste à la fin de la réunion et commence à discuter avec deux intervenantes sur la façon de perdre du poids, et la discussion s'oriente vers l'image corporelle, les stéréotypes sexistes, pour finalement essayer d'établir une vision féministe de cet enjeu.*

Comme le fait remarquer une intervenante du groupe de réinsertion en emploi :

> *Je dirais que nous sommes différents des autres groupes parce que nous adoptons une approche systématiquement éducative qui considère l'individu dans sa totalité.*

Les intervenantes apprennent donc à connaître les participantes sous divers angles et non seulement comme des utilisatrices de services. De leur côté, les participantes apprennent à se voir autrement, à se considérer comme des personnes pouvant apporter autre chose au groupe que leurs problèmes, et leurs relations avec les intervenantes peuvent ainsi se développer.

Comme le faisait remarquer une participante à une intervenante lors d'une séance d'observation :

> *Ce que j'apprécie vraiment, c'est que vous portez plusieurs casquettes. Quand j'arrive, j'ai peut-être envie que vous portiez la casquette de conseillère. Je n'ai pas besoin d'une amie, d'une cogestionnaire ou d'une médiatrice. Mais le jour où j'arrive et où j'ai besoin d'une amie, vous mettez votre casquette d'amie et vous oubliez les autres.*

Finalement, le fait que les femmes s'adressent à un groupe sur une base volontaire, et qu'elles peuvent rester en contact aussi longtemps qu'elles le désirent avec le groupe sont des facteurs qui favorisent le développement de relations humaines. Cela n'est toutefois pas toujours possible. Prenons l'exemple de deux maisons d'hébergement et du groupe de réinsertion en emploi. Étant donné qu'ils n'entretiennent pas de liens officiels et continus avec les femmes après qu'elles aient quitté le groupe, il leur est difficile de rester en contact avec les anciennes usagères de services. En général, on retrouve ce phénomène chez les groupes qui n'invitent pas leurs usagères à devenir membres.

Développer un sentiment d'appartenance

La majorité des groupes étudiés estiment qu'il est primordial que les femmes développent un sentiment d'appartenance au groupe et à la communauté. Cela vaut dans une moindre mesure pour le centre de santé et le groupe de réinsertion en emploi, qui offrent principalement des services à court terme et qui n'ont pas de membres.

Toutefois, contrairement aux services professionnels, tous les groupes cherchent à centrer leur approche sur les femmes et à rapprocher les intervenantes des participantes. Pour cette raison, les groupes portent une attention toute particulière à l'emplacement, à l'accessibilité et à l'organisation de l'espace afin que les femmes s'y sentent à l'aise. Souvent les groupes décorent les cuisines et les salons de façon à ce que l'on se sente chez soi. En général, les espaces ne ressemblent jamais à des cliniques ou à des bureaux.

Le fait que les groupes de femmes mettent un local à la disposition de leurs membres peut paraître aller de soi, mais ce n'est pas forcément le cas. En réalité, seuls les groupes qui souhaitent résolument l'engagement de leurs membres vont leur réserver un local, même s'ils sont très à l'étroit. D'autres groupes conservaient l'espace pour leurs intervenantes et pour les activités organisées et, par conséquent, les femmes qui s'arrêtaient en passant n'avaient plus de place où se réunir. Dans ces groupes, nous avons noté que le sentiment d'appartenance et la notion d'appropriation du groupe étaient moins prononcés chez les participantes. Pour créer un sentiment d'appartenance, il faut également tenir compte des heures d'ouverture, ce qui peut signifier l'ouverture du centre le soir et le week-end, aux moments où les femmes qui travaillent ont du temps pour participer. Bien sûr, les maisons d'hébergement sont, quant à elles, ouvertes 24 heures.

Des règles et des règlements réduits au strict minimum favorisent l'accessibilité. C'est le cas de nombreux groupes où les femmes peuvent se présenter sans rendez-vous ou sans être inscrites à une activité en particulier. Il arrive souvent que d'anciennes résidentes viennent rendre visite aux intervenantes. Cela permet à ces dernières de se tenir au courant de leur situation et, si elles arrivent à l'heure du souper, de les inviter à se joindre aux autres. Beaucoup d'activités sont conçues avec suffisamment de souplesse pour pouvoir adapter leur contenu aux besoins et aux champs d'intérêt des participantes, leur donnant ainsi le sentiment d'avoir leur mot à dire.

Pour beaucoup de femmes, c'est la première fois depuis des années qu'elles trouvent un réseau social en dehors de leur famille, et le groupe de femmes devient alors une « seconde famille ». Comme le faisait remarquer une participante d'un centre de femmes :

> *Ici, vous pouvez rencontrer d'autres personnes. Vous ne restez pas enfermée chez vous et toute seule à la maison. C'est pour cela que je me suis jointe au groupe.*

Au fur et à mesure que leur sens d'appartenance se développe, les femmes ont le sentiment que le groupe prend de l'importance dans leur vie. Les groupes ont souvent besoin de bénévoles pour faire des envois postaux ou préparer les décorations de Noël. En participant, les femmes ont l'impression qu'elles ne font pas que recevoir mais qu'elles peuvent redonner quelque chose au groupe. D'autre part, comme beaucoup de groupes ont des situations financières précaires, les femmes peuvent participer aux activités de financement visant à stabiliser ou à augmenter les fonds octroyés par le gouvernement. Les femmes développent de cette façon un sens du « nous ». L'étude de Parsons[15] démontre l'utilité des expériences de groupe et l'importance du sentiment d'appartenance à une communauté pour que les femmes se sentent en sécurité et aient l'impression d'être acceptées.

Interventions féministes

Tous les groupes adhèrent aux principes de l'intervention féministe. Cette approche suppose la démystification de l'expertise de l'intervenante et l'instauration de relations égalitaires; le partage des expériences vécues par les femmes; la validation de ces expériences; le partage de l'information; la reconnaissance de l'expertise des femmes et leur droit à l'autodétermination, et enfin, le partage des tâches quotidiennes ou des tâches ménagères. Lors d'une entrevue avec l'équipe d'une maison d'hébergement, une intervenante faisait ainsi remarquer:

> *Lorsqu'une femme me fait part de son expérience et que je m'aperçois que c'est aussi le cas pour la plupart des femmes, je montre que, même moi, en tant qu'intervenante, j'ai eu la même expérience. Je pense qu'en tant que féministes, nous faisons toutes cela.*

Dans le centre de santé, une intervenante explique ainsi la démystification de l'expertise:

> *Les animatrices des ateliers attachent beaucoup d'importance à l'expérience des femmes. C'est une façon de montrer que personne n'a la science infuse. Toutes les femmes possèdent une expertise. Lorsqu'une animatrice donne une mauvaise information, elle admet qu'elle s'est trompée. C'est une façon de montrer qu'elle n'est pas infaillible.*

Nous avons d'ailleurs observé le fait que les intervenantes avaient tendance à nuancer leurs interventions en affirmant: «c'est juste mon opinion personnelle». Par contre, elles facilitaient l'accès à l'information afin que les femmes se fassent leur propre opinion sur les sujets qui les intéressent.

Finalement, l'intervention féministe met de l'avant l'importance de développer une conscience politique et sociale en collectivisant les situations individuelles et en cherchant la source des difficultés dans les structures sociales. C'est le cas des intervenantes du service d'avortement qui tentent de contrer l'anonymat des cliniques d'avortement en invitant les femmes à assister à une réunion d'environ quatre personnes avant l'intervention. Le but de cette rencontre consiste à démystifier le processus de l'avortement et à partager leurs sentiments face à la décision d'avorter.

En adhérant sans équivoque à une approche féministe, les intervenantes de ces groupes mettent en place des mécanismes qui favorisent l'estime de soi chez les participantes et qui permettent de les soutenir dans leur cheminement d'acteurs sociaux en devenir et dans l'identification de leurs zones de compétences. La littérature féministe semble d'ailleurs corroborer ces conclusions. Une meilleure estime de soi et une plus grande conscience politique et sociale sont primordiales dans le processus d'appropriation du pouvoir[16].

Promouvoir la participation active

La clé du processus d'appropriation du pouvoir consiste à abandonner les habitudes passives[17]. Tout un défi. Contrairement à l'organisation des services sociaux traditionnels, les féministes engagées considèrent que les femmes ne doivent pas être des consommatrices passives de services.

Qu'il s'agisse des différentes activités de groupes, des ateliers, des conférences, des événements à caractère social, nous avons été frappées par le fait que les participantes n'étaient pas des consommatrices passives de services. Sans cesse, on les invitait à devenir actives de différentes manières. Dans les maisons d'hébergement, les résidentes avaient la responsabilité d'une grande partie des tâches quotidiennes, y compris préparer les repas et faire l'entretien ménager.

Un autre aspect de la participation active consiste à donner aux femmes les outils et les habiletés nécessaires pour devenir plus autonomes et pour mieux fonctionner dans la société. Dans différents groupes, mais surtout dans les maisons d'hébergement, on insiste sur le développement des habiletés sociales, tant dans les communications que dans les tâches domestiques (faire les courses, préparer les repas ou s'occuper des enfants), et la réintégration sur le marché du travail. Dans le centre de santé où les femmes venaient pour un avortement, on leur expliquait l'intervention de façon à ce qu'elles participent aux décisions.

On cherche également à faire en sorte que les femmes assument des responsabilités dans le groupe et participent aux activités. On les encourage d'autre part à faire des choix concernant leur vie. Les propos recueillis lors d'une entrevue avec d'anciennes résidentes toujours engagées dans les activités du refuge sont révélateurs :

> *C'est mieux pour apprendre à devenir autonome. Plutôt que de se faire dire par des intervenantes « si vous faites ça, c'est telle chose qui va vous arriver », elles disent « qu'est-ce que vous pensez de telle chose ? » Vous devez trouver la solution par vous-même. Vous prenez votre décision et vous en assumez les conséquences.*

Dans le CALACS, la moitié des militantes qui interviennent maintenant auprès des femmes vivant des abus sexuels sont d'anciennes utilisatrices des services du centre qui ont voulu s'engager. Elles ont dépassé la prise de conscience pour passer à l'action.

L'appropriation du pouvoir par les femmes

Le but ultime du processus d'intervention consiste à donner aux femmes le pouvoir de maîtriser leur propre destinée. En comparant les facteurs politiques et sociaux à l'origine de l'oppression des femmes, en ayant acquis une plus grande estime d'elles-mêmes et des compétences, les usagères des services ont en main les outils nécessaires pour s'approprier le pouvoir individuellement et collectivement. Comme nous l'avons mentionné, ce processus n'est pas linéaire et cette prise de pouvoir s'effectue tout au long du processus.

Il nous a été permis d'observer ce processus parmi plusieurs groupes. Par exemple, dans la maison pour femmes en difficulté, nous avons constaté que ce processus avait bien fonctionné avec les résidentes et les anciennes résidentes. Dans le quotidien d'une maison d'hébergement, nous avons déjà témoigné des différentes étapes du processus mentionné ci-dessus. Toutefois, une entrevue avec un groupe d'anciennes résidentes embauchées pour un projet de réinsertion en emploi nous a permis d'entrevoir la finalité possible de ce processus. Ces six jeunes femmes, qui vivaient dans la rue auparavant, réalisaient collectivement une production vidéo racontant leur histoire. Secondées par une intervenante de la maison et une cinéaste professionnelle, elles avaient non seulement écrit le scénario, mais elles tenaient chacune un rôle dans le film et organisaient son lancement.

Comme nous l'avons précisé, beaucoup de femmes venues chercher de l'aide au CALACS sont devenues des membres actives du groupe après leur thérapie. Quant aux femmes qui s'étaient jointes à la section locale du groupe national pour combattre leur isolement et retrouver l'estime de soi, plusieurs deviennent membres de l'exécutif, et certaines d'entre elles sont même devenues responsables sur le plan régional ou provincial.

Une intervenante nous a fait part de ce que cela représentait pour elle de voir que les usagères de services continuaient à s'engager auprès du groupe après leur thérapie.

Il m'arrive souvent de revoir des femmes que j'avais conseillées, et quand je vois les féministes qu'elles sont aujourd'hui, avec toutes ces capacités… C'est ma récompense… Voir comment elles sont impliquées, ce qu'elles sont capables de faire, comment elles ont pris leur place dans le groupe[18].

Séparer l'appropriation du pouvoir des pratiques démocratiques

Nous avons pu observer des pratiques hors du commun dans tous les groupes. Dans la plupart des groupes, la notion d'appropriation du pouvoir vise, d'une part, à procurer un sentiment de bien-être personnel et psychologique et, d'autre part, à accroître la capacité à prendre des décisions et à réaliser les changements de vie qui en découlent. Par contre, sauf en de rares occasions, nous n'avons pas observé de lien entre ces pratiques et le rôle des femmes au sein du groupe. Certes, le processus de prise de pouvoir est essentiel pour les participantes, leur permettant de se réapproprier peu à peu un certain pouvoir sur elles-mêmes avec la confiance en soi, la motivation, les relations avec leurs familles, leurs proches et leur entourage et, d'une façon plus générale, l'orientation qu'elles souhaitent donner à leur vie. Ce processus nécessite également une compréhension globale des mécanismes d'aliénation et de subordination des femmes ainsi qu'une connaissance des façons individuelles et collectives de s'affirmer en tant que sujets et actrices sociales.

Toutefois, les pratiques d'appropriation du pouvoir ne doivent pas se substituer aux pratiques démocratiques. La démocratie signifie évidemment de participer aux décisions qui ont un impact sur nos vies. Dans le cas des participantes des groupes communautaires, cela signifie plus particulièrement participer aux décisions importantes du groupe. Bien que l'appropriation du pouvoir soit un élément fondamental du processus démocratique, les deux processus ne sont pas synonymes.

Riger[19], sans toutefois donner des exemples précis, suggère que le fait de substituer les pratiques d'appropriation du pouvoir à celles de démocratie participative amène les groupes de femmes à s'investir dans des interventions individuelles ou à former de petits groupes ayant pour but d'accroître l'estime de soi des participantes, sans que ces interventions leur permettent de participer à l'orientation et au fonctionnement de ces organismes. Comment les femmes peuvent-elles développer leur autonomie dans des groupes qui les cantonnent à rester des usagères de services ou des participantes à des activités sans leur donner d'emprise sur les principales orientations et le fonctionnement du groupe ?

Notre étude nous a permis d'identifier trois éléments qui permettent de comprendre cette dissociation des pratiques d'appropriation du pouvoir et de démocratie : les femmes y sont perçues comme des victimes ; les intérêts des intervenantes et des participantes sont distincts et, finalement, les conceptions sur la façon de promouvoir la citoyenneté diffèrent.

La perception des participantes

Le premier enjeu demeure la façon dont les participantes sont perçues par l'équipe de travail et les membres du conseil d'administration. Selon nos études, il ressort que les groupes qui travaillent essentiellement à ce que les femmes se prennent en charge individuellement ont tendance à les percevoir avant tout comme des usagères-participantes ou des femmes dans le besoin. Il semble plus difficile pour certains groupes de les percevoir comme d'éventuelles collègues dans les prises de décisions. Beaucoup de groupes adoptent une approche de victimologie qui empêche la « victime » d'être considérée comme une actrice sociale et une membre éventuellement active du groupe. Les travailleuses d'une maison d'hébergement exprimaient même leur méfiance et doutaient fortement que des usagères puissent un jour devenir leur égale, par exemple, en tant que membres du conseil d'administration. L'exemple ci-dessous, tiré des notes d'observation, illustre nos propos.

> *Au cours d'une discussion avec les travailleuses sur le rôle du conseil d'administration, la directrice de la maison explique qu'à certains conseils d'administration on retrouve des représentantes des résidentes ou d'ex-résidentes. Les travailleuses sont surprises, presque incrédules : « Vraiment ? Comment est-ce possible ? » Une travailleuse demande : « Est-ce à dire qu'une résidente pourrait connaître notre salaire ? » Elle refuse cette idée. Elle ne pourra jamais considérer une résidente, ou même une ex-résidente comme une collègue. Une seconde intervenante approuve également cette idée. Elle dit qu'une résidente aura toujours tendance à venir la voir et à lui parler de ses problèmes. Elle pense qu'elle sera toujours considérée comme sa thérapeute. La directrice explique que les ex-résidentes qui font partie du conseil d'administration ne peuvent pas en même temps résider à la maison. Malgré cela, les employées refusent cette éventualité.*

Dans une autre maison, on a proposé de nommer une ancienne résidente au conseil d'administration. La plupart des membres du conseil (des professionnelles, y compris d'anciennes employées) ont exprimé des réticences, mettant en doute la capacité des anciennes résidentes à respecter la confidentialité de certains sujets comme les problèmes des intervenantes, et leur capacité à avoir une vue d'ensemble. Même la collective de travailleuses du centre de santé considérait les usagères des services avant tout comme des individus porteurs d'idées qui ne correspondraient pas forcément à la philosophie générale, aux orientations et au fonctionnement interne instauré par les travailleuses.

Cette attitude démontre à quel point, dans les pratiques et l'organisation interne des groupes, l'équilibre entre la gestion assurée essentiellement par l'équipe de travail et la participation démocratique – qui par définition requiert la participation d'«étrangères» (c'est-à-dire des femmes autres que les membres de l'équipe) à cette gestion – est difficile. C'est probablement encore plus difficile à accepter lorsque, pour beaucoup d'intervenantes, un des avantages à travailler dans des groupes communautaires est justement le fait qu'elles peuvent contrôler tout le processus de travail, ce qui rend la participation démocratique plus difficile à accepter. En fait, c'est la principale raison pour laquelle la clinique de santé ne souhaitait pas intégrer des membres.

Une autre raison qui justifiait l'exclusion des participantes des structures décisionnelles est la conviction que ces femmes seraient incapables de gérer les dossiers complexes sur lesquels le conseil d'administration doit travailler et prendre des décisions. Castoriadis[20] faisait déjà remarquer la complexité croissante de la société moderne et le fait que cela pouvait devenir un obstacle à la démocratie puisque les citoyens finissent par ne plus être en mesure d'en comprendre les enjeux. Cependant, Castoriadis conclut qu'il ne faut pas pour autant laisser les autres décider à notre place. Nous sommes d'accord avec ce point de vue. La démocratie est effectivement exigeante, elle nécessite une grande disponibilité et un engagement pour que tous les individus concernés puissent participer aux décisions qui les touchent.

Il existe toutefois certains groupes qui conçoivent les participantes comme des membres, ou du moins comme des membres potentiels du conseil d'administration et de l'assemblée générale. Le centre de femmes et le groupe de défense de droits ont tous deux des membres qui sont des usagères de services et des participantes aux activités. Ce sont elles qui participent à l'assemblée générale annuelle et siègent au conseil d'administration. Le CALACS distingue les usagères de services et les militantes (ces dernières doivent assister à une réunion de formation et faire 20 heures de bénévolat par année), et seules les militantes ont le droit de voter à l'assemblée générale. Nous élaborerons plus loin sur les pratiques démocratiques dynamiques de ces groupes.

Concernant notre analyse, on nous demande souvent s'il est réellement possible de comparer les pratiques démocratiques de groupes de femmes aussi variés. Certaines croient qu'il est inconcevable qu'on puisse espérer trouver des pratiques de démocratie participative dans des groupes offrant des services de crise. Cette question importante nous conduit à fournir plusieurs éléments de réponse. Premièrement, les fédérations et regroupements de femmes auxquels ces groupes appartiennent – dont le Regroupement des centres de femmes, le Regroupement de maisons d'hébergement et le Regroupement des CALACS entre autres – stipulent dans leurs déclarations que les principes centraux demeurent l'établissement d'une organisation démocratique et la gestion du groupe par les participantes. Deuxièmement, lorsque nous avons posé la question aux représentantes des groupes étudiés, personne n'a jamais remis en cause la légitimité de notre analyse en nous faisant remarquer que nous comparions les pratiques démocratiques de leur groupe avec celles de groupes axés sur la défense de droits. Au contraire, les représentantes des groupes ont même reconnu ouvertement les contradictions et les ambiguïtés qui caractérisent leurs pratiques et leurs philosophies. Troisièmement, dans leurs efforts pour trouver du financement, les groupes de femmes du Québec réclament tous une autonomie complète quant au choix de leur structure et à l'organisation de leurs services. Bien que les groupes reconnaissent qu'ils sont financés pour offrir des services, la majorité d'entre eux refusent que leur mission se limite à l'offre de services. Les pratiques démocratiques et l'action politique sont des éléments essentiels de leur mission. Finalement, les débats entourant les structures démocratiques, leur accessibilité et leur imputabilité aux membres dépassent les simples considérations sur les services offerts. Notre étude de groupes qui offrent une gamme variée de services a démontré que le fait d'offrir des services de crise n'entrait pas en conflit avec le fait d'avoir des structures de démocratie participative décisionnelle.

Évidemment, nous ne prônons pas la participation de femmes en situation de crise dans les structures de gestion. Nous sommes tout à fait conscientes des contraintes qui existent au sein des groupes de femmes, que ce soit en matière de services, de budgets, de leur emplacement ou d'autres éléments qui entravent la participation des femmes au sein du groupe. Les interactions et les façons d'agir avec ses membres sont influencées par de nombreux facteurs contextuels. Cependant, une fois le besoin de service passé, pourquoi les usagères ne pourraient-elles pas accéder aux structures de gestion ? Il nous a été permis d'observer des groupes qui, malgré la complexité des services offerts, leurs moyens limités et leur manque d'espace, ont développé des pratiques démocratiques dynamiques auprès de leurs membres.

Comment définit-on le bien commun ?

Alors que certains groupes considèrent les participantes comme des membres à part entière et leur accordent le droit de débattre, de délibérer et de prendre des décisions, beaucoup d'autres groupes ne le font pas (le groupe de réinsertion en emploi, les maisons d'hébergement et la clinique de santé). Lorsque nous avons demandé aux intervenantes de quelle façon les usagères-participantes pouvaient s'engager et actualiser leurs prises de conscience, elles ont surtout mentionné qu'elles pouvaient participer aux grandes luttes sociales, telles une campagne contre la violence faite aux femmes ou une démarche concernant la politique municipale.

Les intervenantes ne croyaient pas nécessaire que l'appropriation du pouvoir aboutisse à l'intégration des usagères-participantes aux processus de décision internes. On encourageait donc les femmes à participer en tant que citoyennes à part entière, mais il fallait que cela se fasse à l'extérieur du groupe. Reinhelt[21] explique en partie ce phénomène par le fait que, d'une part, certains groupes comme les maisons d'hébergement offrent des services à des femmes n'ayant aucun engagement politique féministe et que, d'autre part, leur énergie est consacrée principalement à offrir des services efficaces aux usagères-participantes et non pas à faire l'éducation populaire nécessaire à l'engagement politique et démocratique.

Sur ce premier point, il est vrai que les femmes ayant obtenu un service ou participé à une activité ne sont pas toutes intéressées à participer à la gestion du groupe concerné, et on ne devrait pas exercer de pression sur elles. De plus, il devrait être nécessaire de connaître et d'adhérer à la philosophie, en plus de connaître la mission et les pratiques d'une association avant d'en devenir membre. Cependant, si les femmes qui participent aux activités et qui reçoivent des services sont entièrement exclues des décisions qui concernent le groupe et qu'il n'existe pas de mécanisme qui leur permet d'y participer, à qui revient alors la tâche de prendre des décisions et sur quelle base se prendront-elles ? À qui le groupe doit-il rendre des comptes et comment ? Qui définit le bien commun ? Qui représente les intérêts des usagères-participantes ?

Godbout[22] a étudié un grand nombre d'organisations publiques et communautaires du Québec. Il en conclut que l'exclusion des usagères-participantEs du processus de décision se fait au profit des intervenantEs (Godbout écrit au masculin sur les réalités mixtes) qui, au nom du groupe et de ses utilisatrices, peuvent défendre leurs propres intérêts. Tom[23], dans son article sur une banque féministe, suggère que les femmes de race blanche et de la classe moyenne (c'est-à-dire des femmes disposant de moyens financiers et de ressources sociales) qui fondent des groupes de femmes présument souvent que les utilisatrices de services sont des femmes comme elles, mais ayant un niveau de développement moindre. Elles sont également persuadées que les besoins des usagères sont les mêmes que ceux du groupe. Ainsi, les intervenantes seraient capables de comprendre ces besoins et d'y répondre, sans que les usagères soient obligées de participer aux prises de décision. Finalement, les groupes sont gérés par des femmes pour des femmes, ce qui permet aux divergences importantes qui peuvent survenir quant à leurs intérêts, ainsi que leur capacité de les exprimer et de les promouvoir, de passer inaperçues.

Ouvrir la porte aux membres et leur permettre de participer au processus décisionnel peut sembler intimidant pour un groupe. En général, les membres approuvent les orientations et la mission du groupe, mais leur position sociale est fort différente de celle des intervenantes et du conseil d'administration. Il y aura toujours des zones où leurs intérêts divergeront de ceux de l'équipe ou du conseil d'administration (quand celui-ci est formé de professionnelles). Lorsqu'on permet à un plus grand nombre d'individus de prendre part au processus décisionnel, on augmente les chances de voir s'exprimer des intérêts et des opinions différents, et l'on accroît aussi les probabilités de changement. Cependant, la démocratie suppose nécessairement le pluralisme. Elle ne peut être réduite à un petit groupe d'individus ayant la même opinion qui s'approprient le pouvoir d'une organisation en excluant d'autres individus concernés et en les empêchant de partager ce pouvoir avec eux.

De l'individu à citoyenne à part entière

La troisième distinction entre l'appropriation du pouvoir et la démocratie est la façon dont on pense aider les individus à devenir des citoyens. Comme nous l'avons mentionné, certains groupes ont tendance à limiter la portée de leurs pratiques d'appropriation du pouvoir. Ils accompagnent les femmes dans leur démarche de prise en main de leurs vies sur le plan individuel mais les encouragent à s'engager socialement à l'extérieur du groupe. Toutefois, l'acquisition d'un savoir-faire en matière de participation active aux pratiques démocratiques dans un groupe de femmes local est à la base d'une participation et d'une citoyenneté exercées à un niveau plus large. Pour beaucoup de femmes, le groupe auquel elles adhèrent constitue un espace protégé et sécuritaire au sein duquel elles peuvent acquérir le savoir-faire et les connaissances nécessaires pour participer pleinement aux débats et aux prises de décision.

Malgré un passé, des structures, des orientations et des services différents, quatre des dix groupes étudiés (le centre de femmes, le groupe de défense de droits, la section locale et le CALACS) avaient en commun une gamme de pratiques ayant pour but d'encourager la démocratie au sein de leur groupe. Pour ces groupes, la participation active des membres était un élément primordial de leur orientation. En dehors des services qu'ils offraient, ils proposaient une multitude d'activités auxquelles les membres pouvaient participer. De plus, il existait plusieurs niveaux d'intégration des femmes aux activités du groupe.

En fait, lorsque nous avons examiné les pratiques des groupes qui ne dissociaient pas le processus d'appropriation du pouvoir de celui de citoyenneté, nous avons été surprises par les similitudes entre les deux processus. Au cours de l'analyse des données, l'une des chercheures a étudié les pratiques d'intervention des groupes et a dressé une typologie des cinq composantes du processus d'appropriation du pouvoir que nous venons de présenter. Pendant ce temps, une autre membre de notre équipe a étudié de façon indépendante les données relatives au travail des intervenantes avec leurs membres (pour les groupes ayant des membres participantes). Cette analyse a permis de mieux comprendre les composantes du processus démocratique, en décrivant par exemple de quelle façon les intervenantes encourageaient les participantes à prendre part aux débats et aux prises de décision du groupe. La comparaison des deux analyses a mis en évidence la similitude des deux processus, bien que leur finalité soit différente. Comme nous l'avons mentionné, la première

Tableau 3. Les différents éléments du processus de participation démocratique

Développer des relations humaines	• Accueil (contact direct et chaleureux) • Percevoir les femmes comme des individus et non comme des problèmes • Dépasser la relation d'«aide» • Bénévolat • Atmosphère respectueuse
Développer un sentiment d'appartenance	• Un espace bien arrangé et bien organisé • Accessibilité : situation géographique, espace, heures d'ouverture • Minimiser les règles et les règlements • Créer un réseau alternatif principal
Promouvoir une participation active	• Pas d'utilisation passive de services • Encourager les femmes à prendre des responsabilités • Donner des outils de connaissance et de changement • Développer ses talents
Avoir comme objectif d'améliorer les compétences des femmes	• Intégrer les femmes au groupe grâce à la formation et l'activisme • Développer une conscience critique • Mobilisation et actions collectives
Promouvoir une participation démocratique et le contrôle du groupe par ses membres	• Mécanismes d'intégration des femmes dans les structures formelles de prises de décision • Lieux alternatifs où les membres peuvent exercer leur pouvoir • Assemblée générale annuelle avec prises de décisions • Participer aux décisions du groupe

composante du processus de l'appropriation du pouvoir est axée sur le développement des relations humaines. Beaucoup de femmes non affranchies ont besoin de se sentir accueillies, à l'aise et en sécurité dès leur premier contact avec le groupe. Ceci est aussi vrai dans le processus démocratique. Nous avons effectivement remarqué que le sentiment d'appartenance est crucial et déterminant quant à une éventuelle participation aux discussions. Il est particulièrement important de s'assurer que les participantes ne soient pas étiquetées suivant «leur problème», ni comme des victimes ou des clientes, mais qu'elles soient plutôt considérées comme des femmes potentiellement intéressées à participer à la vie de groupe et capables de le faire.

Pour que les femmes aient envie de participer aux prises de décision et à la gestion du groupe, il faut d'abord qu'elles aient un sentiment de responsabilité à l'égard du groupe. Le sentiment d'appartenance développé grâce aux mécanismes que nous avons déjà expliqués dans le processus d'appropriation du pouvoir favorise l'apparition d'un sentiment de responsabilité. Une employée se raconte:

> *Les femmes qui décident de devenir militantes ont toutes un point en commun: le groupe a été un élément déclencheur. Elles disent que lorsqu'elles ont commencé à comprendre un certain nombre de choses, cela a été une véritable révélation. Elles ont vécu des moments forts, elles ont beaucoup reçu et maintenant c'est à leur tour de donner.*

La participation active est un autre élément primordial du processus d'appropriation du pouvoir et d'engagement des participantes face à la vie démocratique du groupe. Comme nous l'avons indiqué, la participation active des femmes aux activités du groupe renforce leur sentiment d'appartenance, leur permet de mettre en valeur leurs talents dans des domaines variés et les transforme en sujets à part entière. Ce sont des conditions essentielles à la participation aux débats et aux prises de décision. Par exemple, les femmes qui souhaitent recevoir des services du groupe de défense de droits doivent en premier lieu devenir membres du groupe, puis elles doivent assister à une réunion d'information qui leur explique leurs droits en tant que travailleuses et leur expose les moyens dont elles disposent pour défendre ces droits. Puis, on leur explique les orientations et le fonctionnement du groupe, les causes pour lesquelles il se bat et la façon dont les membres peuvent participer. De cette façon, le groupe s'assure que les femmes connaissent non seulement leurs droits et savent les défendre, mais qu'elles connaissent aussi leurs droits en tant que membres du groupe.

Cependant, notre étude a mis en lumière deux autres éléments du processus démocratique, distincts du processus d'appropriation du pouvoir, qui permettent aux femmes de devenir des participantes actives à part entière. Le premier concerne l'«acquisition d'habiletés organisationnelles et stratégiques», et le second la «promotion de la participation démocratique».

Acquisition d'habiletés organisationnelles et stratégiques

Il est possible de faire un rapprochement entre cette notion et celle décrite plus haut. Les deux notions comprennent par exemple le fait de développer une conscience sociale critique. La différence concerne principalement la finalité. Le processus d'appropriation du pouvoir aura pour objectif de permettre aux femmes de maîtriser leur propre destinée et de devenir potentiellement des citoyennes actives qui prennent part à la vie sociale et politique. Le processus démocratique, quant à lui, aura pour but d'inciter les femmes à devenir actives et à s'engager sur des questions et des enjeux qui confrontent le groupe, qu'il s'agisse de ses orientations, de sa gestion ou de son financement. Ainsi, les participantes sont encouragées à représenter le groupe lors d'assemblées publiques et au sein des tables de concertation. On les invite à participer à diverses activités organisées pour faire pression sur le gouvernement. On les forme pour qu'elles puissent diriger des activités. Les activités (ateliers, sessions d'information et de formation, brunchs, comités permanents et spéciaux, cafés-rencontres, sorties, etc.) sont organisées pour, d'une part, répondre aux intérêts et aux besoins des femmes et, d'autre part, pour réduire leur isolement social, pour accroître leur degré de sensibilisation et leur solidarité à propos des problématiques touchant les femmes, pour leur permettre de comprendre le fonctionnement du groupe et de l'action collective. Une employée nous a expliqué ce que cela signifiait pour le groupe de voir à ce que les usagères continuent à s'engager une fois leur thérapie terminée.

> *Une fois leur consultation terminée, quelques femmes, pas toutes, décident de devenir des militantes. Elles veulent s'impliquer dans les comités et dans tout ça. Pour moi, c'est un aspect de notre combat, de notre travail de prévention, de voir que ces femmes qui étaient venues à l'origine pour recevoir des services réalisent que ce n'est pas juste ça [...] qu'il y a une vie autour du groupe, que c'est possible de s'impliquer, de sortir de son isolement [...]. Cette année, les trois groupes de thérapie du soir ont été menés par des militantes, et une grande partie des militantes sont des femmes qui ont elles-mêmes reçu des services et qui sont restées[23].*

Promotion de la participation démocratique

Les groupes qui travaillent autant sur la démocratie que sur l'appropriation du pouvoir considèrent que la gestion du groupe par les usagères est un principe moteur de leur action. Quant à la démocratie, elle ne se limite pas à l'existence et au fonctionnement d'une structure officielle de gestion (assemblée générale annuelle, conseil d'administration). Les pratiques démocratiques font partie intégrante des activités quotidiennes du groupe. Ces groupes s'interrogent vraiment sur le type de structures qui répondent le plus adéquatement possible aux besoins d'une gestion démocratique. Deux groupes ont mis au point une approche novatrice fondée sur une structure hybride qui favorise l'intégration des participantes dans le processus décisionnel. La directrice d'un groupe nous a expliqué que ces structures sont le résultat d'une réflexion sur ce que signifie être membre d'une organisation.

Cela va avec le problème d'identité. C'est la question de s'identifier à quelque chose, donc d'avoir une place dans l'organisation, d'avoir à y jouer un rôle [...]. Ou alors, on le fait par solidarité. Donc, c'est en regard de toutes ces notions qu'on envisage l'implication des membres, que ce soit dans les nouvelles orientations du conseil d'administration, ou dans une nouvelle approche pour permettre aux femmes d'acquérir du pouvoir dans toutes les questions qui concernent le groupe[25].

Le conseil d'administration du CALACS fonctionne aussi sur une base hybride. Dans leur cas, il s'agit d'un collectif composé des trois membres permanents de l'équipe et de six militantes élues, qui sont la plupart du temps d'anciennes utilisatrices de services. Le centre de femmes possède une structure de gestion traditionnelle, une équipe de travail, un conseil d'administration élu et une assemblée générale annuelle. Toutefois, il essaie par tous les moyens de faciliter l'accessibilité des membres au conseil d'administration. Il tient régulièrement des séances d'information sur le rôle et les tâches du conseil d'administration, et invite les membres à assister aux réunions à titre d'observatrices et à poser des questions sur le travail des conseillères.

En général, pour ces groupes, l'assemblée annuelle constitue une occasion de participer unique pour les membres. C'est un moment où chaque groupe passe en revue les activités et le travail effectués pendant l'année, et explique ce qui a été réalisé et ce qui ne l'a pas été. De cette façon, l'équipe et les élues doivent rendre des comptes aux membres. Puis, on étudie avec attention les orientations et les priorités de l'année à venir, en laissant du temps aux membres pour qu'elles puissent poser des questions, proposer de nouvelles idées et débattre des enjeux soulevés. Si les intervenantes peuvent faire des propositions aux membres, ces dernières peuvent en faire aussi et parfois même en rejeter.

La démocratie : une culture ou une structure ?

Comme nous l'avons souligné ci-dessus, les pratiques démocratiques et les pratiques d'appropriation du pouvoir ont plusieurs points en commun. Deux membres de notre équipe de recherche ayant travaillé séparément ont présenté des résultats qui nous ont particulièrement frappées par leur ressemblance. Nous avons donc tenté de comprendre pourquoi certains groupes s'efforçaient de favoriser l'appropriation du pouvoir par les femmes et leur intégration dans les pratiques démocratiques du groupe, alors que d'autres dissociaient les deux, les considérant comme deux aspects séparés et distincts de leur mission.

En effet, très peu de groupes avaient des membres et, lorsqu'ils en avaient, elles étaient peu nombreuses. Dans la plupart des cas, on n'invitait pas les usagères de services et les participantes aux activités à devenir des membres. Le conseil d'administration était composé de professionnelles nommées par la coordonnatrice et les membres du conseil. Seules les membres du conseil d'administration et quelques autres personnes assistaient à l'assemblée générale annuelle. Les pratiques d'appropriation du pouvoir utilisées par ces groupes auprès des femmes étaient pourtant intéressantes.

Conclusion

Nous aimerions, pour conclure, insister sur la distinction suivante qui semble s'être dégagée de notre étude : l'appropriation du pouvoir dépend de ce qu'un groupe fait pour ses membres, et la démocratie est liée à ce qu'un groupe fait avec ses membres.

Cette étude nous a permis de mieux comprendre l'appropriation du pouvoir et la démocratie et de montrer comment certains groupes ont uni ces deux processus de fonctionnement, alors que d'autres les ont dissociés. Tel que nous l'avons constaté dans six des dix groupes étudiés, cette dissociation a des conséquences sur le rôle que les femmes peuvent jouer dans le groupe, sans compter qu'elle nuit à l'appropriation du pouvoir par les femmes. D'après nos analyses, il nous est permis de croire que ces deux processus ont un effet positif de renforcement mutuel qui rend possible le fait qu'une femme ayant vécu des situations difficiles puisse devenir non seulement une actrice sociale politiquement engagée dans des luttes pour résoudre des problèmes sociaux et s'intégrer dans de nouveaux réseaux, mais également pour jouer un rôle essentiel dans la détermination des orientations et dans le fonctionnement du groupe qui l'a aidée. Si les anciennes usagères sont exclues des prises de décision, leurs voix et leurs expériences ne seront jamais entendues par le mouvement des femmes, qui se construit alors essentiellement à partir du point de vue des intervenantes.

Il ne suffit pas d'encourager les femmes à s'engager «ailleurs». Comme le décrivent Bystydzienski et Sekhon, pour que l'on puisse parler de participation démocratique, il faut «une culture politique et des structures adéquates qui permettent aux citoyens d'aller chercher l'information, de se faire des opinions sur les enjeux qui touchent leurs vies et de pouvoir prendre part aux débats[26] ». Si les femmes ne trouvent pas ces éléments auprès des groupes auxquels elles s'adressent, avec qui elles construisent une relation de confiance et développent un sentiment d'appartenance, où le trouveront-elles ?

Que pouvons-nous comprendre des groupes qui dissocient l'appropriation du pouvoir et la démocratie interne, en les considérant comme deux éléments distincts de leur mission ? La littérature féministe sur les pratiques organisationnelles avance que la formalisation des structures de gestion dans les groupes de femmes a conduit à l'établissement de structures hiérarchisées et à des pratiques de démocratie représentative. Ce sont chez les groupes de grande envergure (maisons d'hébergement, groupe de réinsertion en emploi et clinique de santé) que nous avons remarqué une scission entre appropriation du pouvoir et démocratie interne. Ces groupes étaient dotés d'une équipe importante, offraient des services complexes et, outre la clinique de santé, leurs conseils d'administration étaient composés majoritairement de professionnelles. Si, comme l'ont démontré des recherches précédentes[27], la formalisation peut affaiblir la pratique de la démocratie directe parmi les intervenantes, il n'est pas surprenant alors de constater que ces groupes ne proposent pas aux usagères de participer aux structures démocratiques.

Toutefois, comme nous l'avons précisé, dans certains groupes, l'équipe a l'impression qu'elle ou que les professionnelles sont mieux placées que les participantes pour défendre leur organisation et sa mission. Elles doutent des conséquences qu'aurait l'engagement des participantes dans la prise de décisions importantes. Effectivement, Mansbridge[28] fait remarquer que la participation dans le processus démocratique permet à des groupes ayant moins de pouvoir de découvrir leurs propres intérêts. Elle indique que les groupes ayant le moins de pouvoir ont besoin d'espaces démocratiques pour construire leur sens d'appartenance à un sous-groupe (le « nous ») et pour apprendre que parfois le « nous » dominant ne les représente pas forcément toujours adéquatement. Mais si ce « nous » dominant regroupe les intervenantes et les professionnelles du conseil d'administration, les idées différentes exprimées par des femmes ayant des positions sociales différentes deviennent alors menaçantes. Ces femmes ont d'ailleurs très peu de légitimité, étant donné qu'elles vivent souvent des périodes de crise ou qu'elles sont dans le besoin.

Nous sommes convaincues que les individus qui s'intègrent dans des groupes de femmes devraient avoir la possibilité de s'approprier le processus de délibération et de prise de décision démocratique. Ceci est d'autant plus vrai si l'on souhaite que les groupes de femmes soient vraiment représentatifs de l'ensemble des femmes. Plus particulièrement, ils doivent accepter de laisser la parole aux utilisatrices et aux participantes.

Notes

1. Il existe plusieurs termes pour définir les femmes qui bénéficient des services et qui participent aux activités des groupes de femmes. Dans ce texte, nous utiliserons le terme usagère-participante pour faire référence à toutes les catégories d'utilisatrices de services et de participantes à des activités.

2. Rappaport, 1981.

3. Lee, 1994.

4. Parsons, 2001.

5. Rowbotham, 1986.

6. Mansbridge, 1991.

7. Collin, 1992a.

8. Aktouf, 1990; Zey-Ferrell et Aikin, 1981.

9. Glaser et Strauss, 1967; Strauss et Corbin, 1990.

10. Au Québec, le réseau de groupes de femmes est complexe, varié et très formaliste. Il existe actuellement plus de 80 centres de femmes, plus de 80 maisons d'hébergement pour femmes victimes de violence conjugale, plus de 30 groupes de formation et d'aide à la recherche d'emploi, et plus de 20 CALACS, sans compter une multitude de centres de santé des femmes, des groupes culturels, des groupes de mères monoparentales et des groupes de lesbiennes. De plus, chacun de ces secteurs (centres pour femmes, maisons d'hébergement pour femmes, groupes de réinsertion en emploi, centre de santé, groupes de mères monoparentales) possède sa propre fédération qui offre des services et de l'information sous diverses formes à ses membres. Parmi les fédérations et les groupes de ressources intersectoriels qui existent également, nommons la plus importante, la Fédération des femmes du Québec (FFQ).

11. Hammersley et Atkinson, 1983.

12. Adler et Adler, 1994; Carey, 1994.

13. Miles et Huberman, 1984; Strauss et Corbin, 1990.

14. Il est important de savoir qu'au Québec, les mouvements féministes ont connu un essor identique et simultané aux mouvements de développement communautaire. Les protagonistes du mouvement communautaire ont favorisé le développement de services gérés par la communauté en réponse au silence du gouvernement face « aux intérêts, aux demandes et aux droits des populations marginalisées » (Masson, 1999/2000, p. 52). Ce mouvement est caractérisé par la volonté d'avoir des services gérés par la communauté et fonctionnant démocratiquement et celle de voir reconnaître leur légitimité par les groupes de services sociaux (Favreau, 1990; Bélanger et Lévesque, 1992; Masson, 1999/2000).

15. Parsons, 2001.

16. Lee, 1994; Lord et Hutchison, 1998; Parsons, 2001.

17. Lord et Hutchison, 1993; Ninacs, 2000; Parsons, 2001.

18. Entrevue avec une intervenante, CALACS.

19. Riger, 1994.

20. Castoriadis, 1986.

21. Reinhelt, 1994.

22. Godbout, 1983.

23. Tom, 1995.

24. Entrevue avec une membre du personnel du centre d'agressions sexuelles.

25. Entrevue avec des employées du groupe de défense de droits.

26. Bystydzienski et Sekhon, 1999, p. 8, notre traduction.

27. Ahrens, 1980; Iannaello, 1992; Rodriguez, 1988; Whittier, 1995.

28. Mansbridge, 1991.

Deuxième partie

LA DÉMOCRATIE DANS LES GROUPES DE FEMMES, C'EST...

Jocelyne Lamoureux

Dans cette deuxième partie de l'ouvrage, nous nous proposons de revenir sur les données et les analyses qui émergent de l'étude portant sur la place qu'occupent les membres-participantes au sein des groupes de femmes. Rappelons que, pour cette recherche, nous avons organisé des entrevues de groupe avec trois catégories de femmes : les usagères ou participantes à la base, les membres ou ex-membres des instances décisionnelles formelles (conseils d'administration, collectives des maisons, centres et groupes) et, enfin, les travailleuses ou permanentes salariées. Les deux prochains chapitres se consacreront à l'analyse du contenu des entrevues réalisées.

La question qui se posait d'emblée (à savoir, quelle définition donneriez-vous de la démocratie dans les groupes de femmes ?) avait pour objectif de saisir, dans un premier temps, les perceptions et représentations des répondantes. Nous pensions que l'attention portée aux contextes discursifs particuliers enrichirait ou tout au moins modifierait le sens donné à l'expression « démocratie dans les groupes de femmes », puisque l'utilisation des termes, l'interprétation retenue est toujours étroitement liée à l'univers référentiel des locutrices. Quelle résonance, en effet, cette notion avait-elle lorsqu'elle était reprise par des actrices dont les positions étaient très différentes au sein de ces organismes ? Cette stratégie s'est finalement avérée intéressante parce qu'elle nous a permis de mettre en évidence certaines constantes et d'apporter des nuances. Elle a par contre très vite révélé ses limites et cela pour deux raisons. La première tient au fait que les femmes interrogées sont actives dans des petits groupes relativement homogènes. Quant à la seconde, elle s'explique par le fait que les personnes interrogées changent souvent de position, ce qui avait pour effet de rendre les trois catégories présentées moins porteuses de sens. En effet, plusieurs membres des conseils d'administration avaient été de simples participantes avant d'occuper ce poste tandis que certaines des travailleuses avaient successivement évolué dans ces trois catégories.

Pour illustrer notre propos, voici un des témoignages recueillis :

> *Moi, quand je suis arrivée au Centre de femmes, là moi, j'étais une femme qui était très, très, très gênée. J'avais élevé sept enfants chez nous. [...] J'allais même pas prendre un café chez la voisine. Puis, quand je suis arrivée au Centre de femmes, à travers les valeurs qu'il véhiculait : l'égalité, la justice sociale, tu sais là, que les femmes, on a un pouvoir en tant que personne, moi, ça m'a valorisée. Au début, quand ils m'ont demandé de faire partie du conseil d'administration, j'ai refusé pendant deux fois parce que je ne me sentais pas assez à la hauteur. Et puis [...] j'ai été tellement encouragée et stimulée là à me donner confiance, pis à prendre du pouvoir sur ma vie que... quand j'étais sur le conseil d'administration et qu'ils m'ont proposé de travailler là, j'ai été la première surprise. [...] Ça m'a permis de prendre plus de pouvoir sur ma vie, d'aller de l'avant... c'est là que j'ai avancé.*

Nous examinerons donc, dans un premier temps, le sens à donner aux réponses concernant la démocratie dans les groupes de femmes suivant les catégories auxquelles appartiennent les diverses actrices. Nous tenterons ensuite de faire une lecture transversale analytique concernant le pouvoir réel des membres. Une mise en garde s'impose toutefois d'emblée. La nature introductive de ce court chapitre ne prétend pas traduire toutes les nuances des propos tenus par les femmes interrogées ni, bien sûr, mettre en relief les tensions et les difficultés à appliquer les principes normatifs retenus. Les chapitres ultérieurs du présent ouvrage s'y emploieront plus amplement. Autre problème à considérer, la diversité des parcours, la pluralité des contextes et des structures dans lesquels ces femmes évoluent, et enfin les degrés variables de référence au féminisme en tant que philosophie politique et non seulement comme appartenance à un « groupe de femmes », suffisent pour exprimer, entre autres, que toutes ces femmes ne forment pas une catégorie homogène ou « une catégorie telle que leur projet politique serait unanime[1] ».

Les actrices, membres participantes à la base des groupes

Examinons d'abord comment les participantes des divers organismes, centres et regroupements répondent à la question : « que signifie pour vous la démocratie dans les groupes de femmes ? ». Une première citation sous forme de métaphore spatiale illustre assez bien les perceptions observées :

> *C'est la pyramide à l'envers, c'est les membres à la tête… qui ont décidé… qui, un peu, sont le moteur! Donc, ils doivent être reconnus… entendus.*

Cette image antihiérarchique, non sans rappeler l'expression le «pouvoir du peuple», fait référence à une égalité de deux ordres : celle de l'accès à la liberté d'expression et celle de la participation au processus décisionnel. L'importance mise tout d'abord, dans ces groupes de répondantes, sur la prise de parole (quelquefois formulée dans le langage des droits) est à noter. Cette parole doit être exprimée mais aussi entendue – «accueillie» est l'expression utilisée à plusieurs reprises – et donc avoir un impact, une «influence». La démocratie, pour ces femmes, c'est donc avant tout l'accès à la parole, à l'égalité des voix et au respect qui se conçoit comme l'absence de moquerie, d'intimidation et de rejet.

> *Premièrement, la démocratie pour moi, c'est d'être capable de m'exprimer, de dire ce que j'ai envie de dire, pis d'être accueillie dans ça. […] Pis y'a personne qui se sent jugé.*

> *C'est le respect… pis de jamais juger quelqu'un. La liberté d'expression. Pis pas nécessairement d'accepter l'opinion des autres, mais de l'écouter pis de ne pas dire que l'autre opinion, parce que c'est pas la nôtre, n'est pas bonne. T'sais comme vraiment là, la liberté.*

> *Vraiment un pied d'égalité là, c'est quelque chose qui est important. Peu importe tu es qui. Puis, qu'est-ce que tu fais. Puis, quel âge que tu as. Bon, peu importe ton implication. Tout le monde est sur un pied d'égalité.*

La parole ne va toutefois pas de soi pour toutes. La gêne, la peur, l'autodénigrement, le manque de confiance sont souvent au rendez-vous. Nous avions déjà noté dans une précédente recherche[2] à quel point les personnes en situation de pauvreté, de faible scolarisation, de travail précaire ressentent le stigmate et le marquage social. Leur discours était d'ailleurs constamment parsemé d'images de repli, de rapetissement causés par la gêne, la crainte de la raillerie et du mépris, autant de manifestations et d'indices d'une différence qui ne trouve sa place nulle part. Afin de contrer cette situation, des processus complexes ont été mis en branle pour favoriser l'éclosion de la parole et son raffinement. Comme le décrivent si bien deux femmes :

> *Il faut se forcer, nous autres, de s'avancer, de parler parce qu'on sait qu'on ne sera pas jugée.*

J'étais pas parlable : mais astheure, m'a parler beaucoup, beaucoup.

Dans un des groupes interrogés, une discussion s'est amorcée sur les conditions d'égalité et de respect nécessaires à la discussion. On y réaffirmait toute la place que devait prendre la pluralité des perspectives :

Que tu sois sur l'aide sociale, travailleur, noir, blanc ; ils vont toujours te respecter, puis tu vas toujours avoir ton opinion, pouvoir dire ton opinion.

Ce n'est pourtant pas toujours si facile en petit groupe, dans la démocratie de « contact », de s'affirmer face aux personnes qui représentent des figures d'autorité ou dont on reconnaît la longue expérience. Ainsi, pour une des femmes interrogées, la prochaine coordonnatrice embauchée dans son centre devra, après l'expérience négative vécue par le groupe, être ouverte au dialogue et à la discussion. L'image de la famille revient d'ailleurs souvent. La coordonnatrice devrait être une sorte de mère ou, au mieux, de sœur… La femme ayant utilisé cette comparaison est cependant toutefois vite revenue sur son exemple, la sphère domestique et les rapports de filiation, de parenté n'étant pas les plus appropriés, à son avis, pour baliser l'espace de la parole libre et égalitaire. En effet, il est toujours difficile dans les groupes de femmes, compte tenu, entre autres, du climat d'accueil et de confiance instauré, de séparer politique et amitié, démocratie et sororité. L'égalité souhaitée ou revendiquée se réfère en fait au pouvoir d'influence réel, à la prise de décisions et au fait de pouvoir passer à l'action :

Le sentiment de la capacité d'influencer et de changer les choses ; je pense que la démocratie, c'est ça […]. Ça donne rien si tu fais juste t'exprimer pour être entendue mais que ça change rien en bout de ligne : on n'est pas rendu plus loin là…

Les décisions sont bien entendu de tous ordres : choix des activités, des thèmes d'atelier, des menus à élaborer, des décisions de gestion participative. Comme le disait l'une d'entre elles, « aussi infiniment petit que c'est, c'est quant même à nous de décider ». Une femme ira plus loin encore en affirmant qu'il s'agit en fait de « passer d'usagère de services à décideure ».

Il nous paraît important de souligner un dernier élément repéré dans les perceptions observées. Il s'agit du fait que les pratiques démocratiques des groupes de femmes renvoient à une notion d'appartenance à un monde commun, à un cheminement collectif, au fait de faire ensemble des choses et de viser à poser des gestes collectifs.

La démocratie, c'est se donner des outils dans le but que les gens puissent arriver à poser des actions, puis des gestes qui sont concrets, qui sachent dans le fond pourquoi ils les posent. [...] Plus on est de personnes, bien, mieux c'est pour que ça bouge autrement dit. [...] C'est une question de collectivité, de solidarité.

Les militantes actives dans les instances

Comme pour le groupe des participantes, une seconde catégorie de femmes interrogées, des membres ou d'ex-membres de conseils d'administration, de collectives ou mobilisées activement dans des comités de travail, partagent les mêmes pratiques démocratiques quant à la prise de parole, l'expression des opinions, la prise en compte de celle des autres et la prise de décision collective en rapport avec une action concrète à poser. Outre l'image de la pyramide inversée, une autre métaphore spatiale s'impose :

Pour moi la démocratie, c'est à l'horizontal... C'est les gens : on est sur le même pied d'égalité. C'est ce qu'on essaie de faire. Pis c'est pour ça que je dis que c'est difficile de garder la démocratie, parce qu'on est comme portée à monter ou à descendre.

Ce qui semble caractériser cette seconde catégorie, et cela se comprend, c'est l'accent mis sur l'expérience des instances décisionnelles. La démocratie est non seulement étroitement associée à un processus, mais aussi à des structures formelles :

Élire les gens qu'on veut bien, puis, une fois qu'ils sont là, leur faire confiance. Pis, si on voit qu'ils ne sont pas de confiance ben, le tour d'après qu'on arrive en élections, on en élira d'autres.

En général, les femmes décrivaient leur participation, à ce niveau d'instance, comme une forme particulière d'engagement qui supposait, comme nous le verrons dans un autre chapitre, d'autres habiletés. Il semble en particulier que la faculté de se remettre en question, de critiquer, de se réorienter en faisait partie. À ce sujet d'ailleurs, priées de raconter certaines expériences marquantes de démocratie dans leurs groupes, des membres d'un conseil d'administration ont rapporté l'exemple (tout comme les travailleuses de ce centre) d'une vaste entreprise d'éducation populaire et de mobilisation des membres contre la loi de l'aide sociale. Formulé en termes de droits et d'espace démocratique, le but de l'action était de favoriser l'appropriation graduelle des outils de mobilisation : réunions publiques, pétitions et manifestations. Or, peu de temps après, les membres de l'équipe du centre se sont trouvés aux prises avec une forte contestation interne : pétition, convocation d'une assemblée générale spéciale devant exclure les permanentes, dans un premier temps, et, dans un second temps, mobilisation de nouvelles personnes ralliées depuis peu aux côtés d'anciens membres. L'objet du litige : l'équipe de travail avait décidé de changer les conditions de fonctionnement du programme d'alphabétisation sans avoir au préalable consulté les membres. Stupéfaites, les travailleuses diront dans une entrevue qu'elles ont été « complètement assommées... choquées noir ». Suite à cette situation, les militantes et permanentes interrogées en sont arrivées à la même conclusion qui est très symptomatique des remises en question des pratiques démocratiques dans ce groupe.

> *Dans le fond, ils font ce qu'on vient d'apprendre ensemble... C'est de cette façon qui vont se faire entendre... que les gens ont utilisé leur initiative pour faire connaître leur désaccord. Puis... ça nous avait amenées à mettre en place toute la structure démocratique de la boîte : les comités d'accueil, de représentantEs, de gestion... plein de moyens pour que l'on n'arrive pas systématiquement à une assemblée générale à chaque fois qu'il y a quelque chose qui ne marche pas là [...]. Pour que le monde, ils peuvent être là puis prendre des décisions sans... pogner les nerfs.*

Une travailleuse a noté quant à elle :

> *Dans le fond... ils avaient réalisé une belle démarche de prise en charge puis de citoyenneté. [...] sans nous, ils s'étaient mobilisés... Ils savent les moyens pour les faire entendre [leurs droits], puis de les faire valoir... Ils ont été jusqu'au bout de leurs demandes de revendications.*

Perspectives des travailleuses salariées

Dans les groupes de femmes interrogées, la conception de la démocratie chez les travailleuses varie par contre considérablement suivant leurs ancrages. Certaines affirment qu'il s'agit là d'une question plutôt abstraite et même très théorique. D'autres, qu'elles ne s'interrogent même pas sur les pratiques démocratiques de l'organisme et qu'elles se contentent de les vivre au quotidien. D'autres encore soutiennent que la démocratie n'est pas pour elles un terme de référence, contrairement aux expressions participation, fonctionnement par consensus, collective, partage des tâches ou conseil d'administration élargi. Enfin, certaines affirment que la démocratie est au cœur même de leur culture.

Une fois ces positions de principe divergentes énoncées, elles se sont cependant toutes empressées de nous fournir quelques explications à ce sujet. Dans leurs organisations, la démocratie se rapporterait à l'exercice du pouvoir ou «comment s'exerce le pouvoir». Soulignons là l'image persistante de la pyramide inversée, mais surtout l'insistance avec laquelle on aborde ce problème sous l'angle des processus.

> *La démocratie, c'est comme de quoi qui est toujours en construction; c'est de quoi qui est toujours fragile; c'est de quoi qui n'est jamais acquis; c'est de quoi qui est à recommencer tout le le temps. Puis [...], c'est comme, en quelque part, qu'on vise d'avoir la meilleure démocratie possible mais on s'aperçoit [...] il faut travailler encore un autre petit bout, ou bon, des fois, on est plus ou moins satisfaites... pendant un certain temps. Puis, après ça, on a aussi une petite baisse...*

Plusieurs exemples illustrent bien les pratiques de ces groupes: atteindre une majorité, pour faire en sorte que le plus grand nombre de personnes se sentent concernées par la mission et le fonctionnement du groupe; donner une voix à des positions minoritaires ou à des perspectives de groupes situés socialement en marge (femmes immigrantes, lesbiennes ou femmes de diverses origines ethnoculturelles) et, finalement apprivoiser des trajectoires indécises. «On devait chacune mettre notre grain de sel pour faire quelque chose en commun – tant avec notre propre bagage, nos couleurs, la couleur de notre personnalité et de notre vision.»

> *Il n'y a jamais rien de coulé dans le ciment: on ne sait jamais c'est quoi qui va sortir... des discussions qui vont dans tous les sens. Les gens interviennent beaucoup avec une variété de points de vue.*

Un autre élément caractéristique de ces pratiques est le désir de faire le lien entre la démocratie interne et les enjeux plus larges de la citoyenneté démocratique.

> *Prendre là le petit pas, puis la petite parole... pour aller la prendre ailleurs dans ma communauté.*

> *Oui, c'est possible pour des gens qui sont analphabètes, qui sont à faibles revenus de réussir à prendre des décisions politiques, à sortir politiquement, prendre la place qui leur revienne. [...] une place assurée pour chaque personne.*

Les employées permanentes d'un groupe en région ont insisté, quant à elles, sur un autre espace essentiel en démocratie: celui de la protestation. Il s'agit en l'occurrence du dépassement du strict cadre de la démocratie interne ou de la gestion participative, en élargissant la capacité d'agir. À partir d'un problème personnel, comme la faim, des personnes pauvres s'étaient regroupées au sein de cuisines collectives pour se réapproprier le savoir des femmes et leur pouvoir d'achat en trouvant de nouvelles solutions à leurs besoins. Elles avaient ensuite fait un pas de plus en se mobilisant contre les compressions dans les prestations d'aide sociale et en s'activant pour une loi en faveur de l'éradication de la pauvreté :

> *On va faire un* move *pour qu'il y ait du changement pour plus de monde [...] c'est ça l'espace de la démocratie!*

Puisqu'il est question d'espace, notons que pour cette catégorie de répondantes (et cela rejoint d'autres constats faits ailleurs), ce sont divers lieux ou instances qui servent d'assises aux pratiques démocratiques. On a l'impression d'avoir affaire à un réseau très diversifié où, au cœur du quotidien des groupes, se vivent des moments de consultation mais aussi de discussion, de décisions et de passage à l'acte, où celles directement touchées par les décisions doivent se prononcer et tenter d'influencer les choix arrêtés. Il y a donc une pluralité de lieux et de moments qui aboutissent à des gestes concrets, tangibles dont on doit aussi assumer les conséquences en partageant les responsabilités.

> *C'est donner les moyens de prendre sa place; de créer des outils, des facilitateurs pour prendre des décisions éclairées; pas des décisions mineures, mais qui ont un impact sur l'organisme.*

Vision égalitaire et consensuelle : questions à approfondir

Quels sont les enseignements à tirer de ce tour d'horizon succinct ? D'abord, après plusieurs études sur le thème «Femmes et pouvoir», Tardy[3] concluait que nous nous trouvons devant une conception égalitariste et consensuelle de la démocratie, «un projet commun, un pouvoir à partager pour changer les choses». Ce constat que nous partageons n'est d'ailleurs pas nouveau. Les références à la démocratie semblent indiquer que celle-ci consiste en une immense entreprise de remise en question des rapports de pouvoir et de hiérarchie. Pour certaines, cela signifie l'émergence de sujets-actrices à part entière, mais il semble que, comme le dit Collin, d'autres voient plutôt «l'égalité comme une égalisation[4]». Commentant le caractère anti-autoritaire et participatif du mouvement des femmes à ses débuts, Phillips affirme : «Democracy was conceived not as a matter of representation and accountability but as a genuine equalization of power[5]. » En effet, il s'agit là d'un modèle particulier de démocratie, de démocratie participative[6] dont l'objectif est de rendre les idéaux démocratiques bien réels et de les incarner. Au-delà de la démocratie minimaliste du droit de vote à intervalle convenue, les groupes de femmes interrogés mettent l'accent sur une «politique de la présence»[7], c'est-à-dire sur la création d'un espace où les femmes se donneront effectivement à voir et à être entendues, à trouver une place.

L'insistance mise sur la prise de parole, l'expression de soi et son corollaire, la liberté d'opinion, est compréhensible. Cet apprentissage sert sans doute à vaincre le sentiment de vulnérabilité, de disqualification et de relégation qui est souvent le lot de plusieurs des femmes se joignant à ces groupes. Plus encore qu'un contexte de dialogue, l'espace démocratique s'incarne dans une multitude de lieux significatifs dans lesquels les personnes directement concernées par des décisions sont appelées à en définir l'orientation. Young[8] ne manque pas de souligner que la légitimité des décisions prises et le «degré» de démocratie qu'elles traduisent doivent être évalués à l'aune de la participation réelle des gouvernés touchés par les enjeux en cause. Nous avons observé que ce processus est en place dans les lieux formels, mais surtout dans les lieux plus informels de la vie quotidienne, du déroulement des activités. En effet, comme le disait une travailleuse :

> *L'idée de démocratie est à amener partout; dans tous les espaces qui comptent : ça dépend où se trouve le pouvoir.*

Il sera d'ailleurs plus loin question des structures de représentations formelles. Disons cependant tout de suite que c'est la démocratie directe, la démocratie de contact (le face à face) que les personnes interrogées valorisent le plus. Il semble que cette approche favorise une vision inclusive permettant de faire entrer le plus de femmes possible dans le partage de la prise de parole, des décisions et des capacités d'agir et ce, dans le respect de toutes. Phillips notait d'ailleurs : «A founding principle. […] It makes equal respect a substancial affair[10]».

Démocratie participative directe, égalitaire et consensuelle : nous pouvons alors mieux saisir ce modèle principalement mis en exergue par les femmes rencontrées. Mais qu'en est-il des initiatives originales, des décalages entre discours et pratiques, des tensions et paradoxes entre les principes normatifs et la prise en compte de la situation des femmes, des limites ou des écueils rencontrés ? C'est ce que nous verrons dans le cadre des chapitres suivants.

Qu'il nous soit toutefois permis de formuler, en guise de conclusion préliminaire, quelques questions ouvertes pour accompagner nos réflexions.

– Quels sont les rapports entre démocratie participative et démocratie représentative ?

Selon la fameuse expression de Jacques T. Godbout, la participation agit trop souvent «contre la démocratie[11]» en privilégiant un mode consultatif rattaché à la structure opérationnelle, sans pouvoir formel, en plus d'être extrêmement exigeante. Young[12], comme nous l'avons indiqué dans un chapitre précédent, établit un modèle théorique de communication démocratique décentralisé où les idéaux de la démocratie délibérative visent à approfondir et élargir les paramètres de la démocratie libérale, en un va-et-vient incessant, dans une diversité de forums, entre représentation et participation, entre scènes institutionnalisées et espaces publics non institutionnels.

– Comment construire une démocratie délibérative inclusive ? S'il faut favoriser divers modes de communication ouverts et s'appuyer sur les savoirs situés des interlocuteurs et interlocutrices, comment développer non seulement l'expression et l'opinion, mais aussi l'esprit critique, la capacité de faire de la polémique, de confronter et d'être confrontée, de se décentrer et de formuler des propositions alternatives ?

En fait, les processus démocratiques ne sont pas toujours synonymes de collégialité, d'écoute respectueuse, de volonté d'en arriver à des solutions justes. Pas plus d'ailleurs qu'ils ne doivent se limiter au privilège exclusif de la rationalité argumentative, d'une vision unitaire, essentialiste du bien commun, de la soi-disant authenticité de la démocratie directe ou encore de l'univocité de la norme policée. Comment donc travailler, au sein des groupes de femmes, à faire face à ces réalités, sans s'enfermer dans des utopies, et en se préparant surtout à des engagements démocratiques plus larges dans la cité ?

– Dans une culture organisationnelle valorisant la cordialité, l'échange, la discussion, l'espace afin de reprendre confiance en soi, en sa parole et sa capacité de décider et d'agir, comment favoriser la coprésence de personnes ou de groupes de personnes très différentes, aux points de vue et perspectives très divers ?

De Sève affirme que l'essentiel du projet féministe vise à «délégitimer la propension à traiter la différence sur le mode de l'affrontement – comme si tout rapport entre "étrangers" devait forcément se résoudre par la soumission de l'un à l'autre...[13]». Comment alors accepter de sortir du cocon accueillant et consensuel, pour entrer dans la pluralité, résister aux identités essentielles, à la «complète identité de vue», accueillir l'indétermination et l'indicibilité consubstantielles à la démocratie?

Collin[14] parle justement du passage d'une «démocratie homogène» à une «démocratie hétérogène», donc de l'importance d'une «[...] pluralité qui passe par la prise en compte des différences, lesquelles sont porteuses de potentialités qui méritent plus que leur simple effacement dans une assimilation hypocrite[15].»

Notes

1. Collin, 1992, p. 132.

2. Lamoureux. *Citoyenneté et pensée métisse: Pratiques réfléchies de quatre sites de citoyenneté au Québec*, rapport de recherche remis dans le cadre de la participation du ministère des Relations avec les citoyens et de l'Immigration du Québec au projet du Conseil de l'Europe «Éducation à la citoyenneté démocratique», Montréal, 1999.

3. Tardy, 1995, p. 103.

4. Collin, 1983, p. 13.

5. Phillips, 1991, p. 122.

6. Pateman, 1970; Mansbridge, 1980; Phillips, 1991.

7. Phillips, 1995.

8. Young, 2000.

9. Collin, 1992, p. 130.

10. Phillips, 1991, p. 128.

11. Godbout, 1983.

12. Young, 2000.

13. De Sève, 1995, p. 64.

14. Collin, 1992, 1991, p. 72.

15. Cité dans Lamoureux, 1996.

LES MEMBRES, LA PARTICIPATION ET LE POUVOIR DES FEMMES

Danielle Fournier
en collaboration avec Jennifer Beeman et Jocelyne Lamoureux

La démocratie se fonde par définition sur le groupe, un groupe dont les membres doivent délibérer ensemble afin d'arriver aux décisions concernant le bien commun. Le fondement constitutif de la démocratie est donc l'existence d'un groupe ou d'une collectivité qui a besoin de fonctionner ensemble. Ainsi, toute discussion à propos de la démocratie à l'intérieur de groupes doit commencer par la définition de membres. Si la démocratie veut dire le pouvoir du peuple, il faut savoir qui fait partie de ce «peuple». De plus, comme le pouvoir du peuple s'exerce à l'intérieur d'un espace délimité, on doit se demander qui a accès à cet espace et sur quelles bases.

Afin de répondre à ces questions, nous avons demandé aux participantes des diverses entrevues de groupe de nous décrire la composition de leurs membres. En plus de ces données factuelles, nous avons aussi interrogé les diverses actrices pour savoir quel sens elles donnent au fait d'adhérer à un groupe en tant que membre. Finalement, nous avons posé des questions concernant le véritable pouvoir des membres au sein des groupes. Nous voulions savoir si le fait de devenir membre d'un groupe donne réellement accès à des espaces de délibération et de prise de décision. Nous avons posé nos questions aux trois catégories de femmes qui composent ces groupes : les usagères et participantes à la base; les membres ou ex-membres des instances décisionnelles formelles (conseils d'administration, collectives ou comités de travail stratégiques dans l'organisation) et, enfin, les travailleuses. Pour compléter notre compréhension du phénomène de l'adhésion, nous avons aussi étudié les documents qui fondent ces groupes, comme les statuts et règlements, la base politique et les documents destinés aux membres.

Qui sont les membres?

Pour savoir qui est membre d'un groupe, on peut considérer les critères d'adhésion ou ce qu'il faut faire pour être considéré comme un membre du groupe. Il faut noter ici qu'il existe des groupes où il n'y a aucune exigence particulière pour devenir membre, outre celle d'être une femme[1]. Aucun critère particulier n'est donc requis. N'importe quelle femme ou usagère et participante intéressée peut devenir membre si elle le veut. Certains groupes exigent toutefois que les femmes intéressées se procurent une carte de membre à prix modique pour faire la preuve de leur intérêt et de leur engagement envers le groupe.

D'autres groupes considèrent que, comme la décision de devenir membre n'est pas banale, on doit d'abord démontrer son engagement envers le groupe et son accord avec la mission et les objectifs de celui-ci. Pour ce faire, la femme qui désire devenir membre doit se conformer à certaines exigences. Par exemple, dans certains groupes, il faut participer aux activités ou, encore, être active dans le groupe depuis un certain temps. D'autres groupes exigent une formation préalable à l'adhésion. Afin de s'assurer que les femmes répondent à ces conditions, il peut arriver que le conseil d'administration doive accepter toute nouvelle membre.

Des critères pour être membres, c'est d'être préoccupée par notre travail, de suivre une formation et d'adhérer aux objectifs[2].

Enfin, quelques organismes ne disposent pas de processus d'adhésion formels. Les personnes présentes à l'assemblée générale deviennent automatiquement membres du groupe. Souvent, il ne s'agit dans les faits que des membres du conseil d'administration et de quelques autres individus. Le groupe n'a pas de véritables membres et le conseil d'administration n'est redevable à personne, ce qui va totalement à l'encontre des principes de base de la démocratie voulant que ce soient les membres qui élisent leurs représentantes et que ces dernières soient responsables envers eux. En effet, l'autorité d'une instance représentative, habilitée à prendre des décisions, émane normalement du fait qu'elle soit élue par la base (dans ce cas-ci les membres du groupe). Les droits fondamentaux d'un membre dans une structure démocratique, qui consistent à pouvoir voter et se présenter aux instances représentatives, sont toutefois bien respectés.

En somme, la définition de membre varie considérablement. On va des groupes n'ayant aucun membre à ceux n'ayant aucune exigence pour devenir membre en passant par ceux qui exigent une certaine ancienneté comme participante ou l'assistance à une série de séances de formation sur l'organisme, sa mission et ses objectifs. Étant donné ces diverses façons de concevoir l'adhésion au groupe, quels sens, quelle signification donne-t-on au fait de devenir membre ?

Quel est le sens donné à l'adhésion (*au membership*)?

Avec autant de variété dans les règles d'adhésion, le sens que revêt l'appartenance à un groupe de femmes diffère bien entendu grandement d'un groupe à l'autre mais aussi suivant la position de chaque répondante à l'intérieur de l'organisme. Nous présenterons donc séparément les points de vue sur la base des trois catégories d'actrices ayant participé aux entrevues de groupe.

Point de vue des usagères et participantes

Comme nous l'avons vu précédemment, le sens premier que les participantes donnent au fait d'être membre de leur groupe consiste à pouvoir prendre la parole, dans un contexte de liberté d'expression et d'écoute. Si nous avons appris une chose de cette recherche, c'est bien à quel point il est à la fois tout nouveau, très différent et profondément significatif pour ces femmes d'entrer dans des échanges et des débats et d'apprendre à s'exprimer et être écoutée. Pour plusieurs d'entre elles, c'est l'essence même du fait de devenir membre.

Par ailleurs, dans d'autres groupes, devenir membre n'est pas synonyme d'accès à de tels espaces de débats et d'échanges de points de vue. Pour certaines, ce geste signifie plutôt de participer aux tâches permettant de soutenir le groupe dans ses activités. Dans ces groupes, les participantes se perçoivent comme une source de main-d'œuvre potentielle, comme des bénévoles qui pourront accepter d'exécuter différentes tâches à la demande du groupe.

> *On prend une activité, n'importe quoi, si on a besoin de bénévoles, on appelle des membres, puis «oui, moi j'y vais», «oui, j'embarque, oui tel jour je peux y aller». Comme on fait une activité hot-dog; à tous les printemps, on a besoin de bénévoles là, on les appelle pour qu'elles viennent*[7].

Dans ces groupes de femmes toutefois, on ne fait pas nécessairement le lien entre les responsabilités assumées et la participation aux délibérations et aux prises de position. Certaines femmes, qui ont participé aux entrevues de groupe des participantes, avancent l'idée que les membres sont pourtant l'épine dorsale des groupes et que, sans elles, il n'y aurait pas de groupes. Ce faisant, elles considèrent que les membres doivent exprimer leurs opinions, formuler leurs requêtes et leurs besoins.

> *Je sais que l'organisme n'est pas là tant pour offrir des services mais pour répondre aux besoins des membres, fait que si elles veulent répondre aux besoins des membres, bien, il faut qu'elles le sachent leurs besoins. Le centre est là pour les membres, c'est la prise de décision, c'est beaucoup en collaboration, c'est pas juste on offre des services [...]. C'est pour vous autres, fait que vous allez participer, on ne décidera pas pour vous autres qu'est-ce que vous voulez. Fait que, dans ce sens-là, oui parce qu'elles ne peuvent pas deviner ce que le monde veule si elles ne sont pas là[8].*

Finalement, pour certaines participantes, être membre signifie clairement avoir accès à la prise de décision, avoir du pouvoir au sein du groupe. Leurs propos font référence à cette idée de «peuple» dans un espace démocratique.

> *Au centre, c'est les membres qui ont le pouvoir. Elles vont toutes dire leur opinion, vont donner leur opinion, mais c'est eux autres qui ont le pouvoir de décider, ce n'est pas les intervenantes tout ça, qui vont décider à leur place. S'il y a des décisions à prendre, c'est aux membres que ça va aller, parce que c'est comme ça que ça fonctionne. Dans ce sens-là, oui, c'est aussi les membres qui ont le pouvoir[9].*

Comme nous l'avons indiqué plus haut, dans certains groupes, le lien n'est pas toujours établi clairement entre être membre et avoir accès aux instances démocratiques. Une participante décrit cette situation: les membres de son groupe sont considérées comme de simples usagères de service et n'ont aucune possibilité de se faire entendre.

> *Elles viennent aux activités, mais après ça, c'est: bonjour, allez-vous-en chez vous, pis, ça finit là. Les membres ne sont jamais consultées pour rien. Si le conseil d'administration l'est pas, les membres sont loin de l'être, là[10].*

En somme, pour les participantes, devenir membre de leur organisme peut signifier des choses bien différentes, allant de la simple disponibilité à soutenir le groupe comme bénévole, de l'accès aux espaces de débats à la participation dans les décisions affectant le groupe dans son ensemble. Mais qu'en est-il pour les militantes des instances représentatives des groupes ?

Point de vue des membres des conseils d'administration

Encore une fois, le sens donné à l'adhésion à un groupe de femmes diverge. Pour certaines, il s'agit d'un geste visant à se rapprocher de l'organisme et de ses activités. Pour d'autres, c'est le début d'un véritable parcours d'engagement. Mais il y a aussi des militantes (souvent non-usagères du groupe) qui ne voient pas l'utilité d'une adhésion au groupe ou qui ne se sont jamais posées de questions à ce sujet.

Quelques membres de conseils d'administration soulignent cependant que le fait d'être membre favorise le développement d'un sentiment d'appartenance au groupe et fait office de bougie d'allumage en matière d'engagement au sein des instances des organismes.

> *Ben oui, c'est que ça crée un sentiment d'appartenance, puis je pense que ça facilite, puis ça permet de continuer notre implication. [...] Je pense que le membership est important, puis pour moi c'est... je dirais que... ce qui va faire la qualité aussi du* membership *c'est le sentiment d'appartenance à l'organisme, puis aussi la place qu'on nous fait à l'organisme[11].*

Détenir une carte de membre donne aussi accès à certains privilèges tels que recevoir le bulletin du groupe, avoir accès à des tarifs réduits pour certaines activités, pouvoir participer à des activités spéciales ou devenir bénévoles. Quoique, au dire même des militantes, il ne faut pas devenir membres seulement pour avoir accès aux services et aux activités.

> *La cabane à sucre, par exemple, on va offrir cette activité-là seulement aux membres en partant, parce que souvent on remplit déjà un autobus avec juste les membres, puis là on a même mis une condition cette année, en tout cas supplémentaire, il ne faut pas que tu deviennes membre la journée de la cabane à sucre[12].*

Pour certains membres des conseils d'administration, le fait d'être membre du groupe signifie faire partie de la base et marque le début de l'exercice du pouvoir au sein du groupe. En tant que membre, on acquiert en effet le droit d'assister à l'assemblée générale, on apprend à y exprimer son opinion et éventuellement à participer davantage aux décisions du groupe.

> *Mais je pense que c'est beaucoup le pouvoir... mais le pouvoir ou le début du processus de pouvoir que ça donne à certaines femmes de savoir qu'elles*

ont leur mot à dire puis qu'il y a un apprentissage qui se fait en devenant membre, puis en voyant, qu'année après année, je suis invitée à l'assemblée générale, là j'y vais, ok, puis là j'apprends des choses. Puis là peut-être que oui je pourrais faire partie du conseil d'administration, il y a quelques femmes qui se risquent à un moment donné à embarquer dans le conseil d'administration, puis là c'est un autre apprentissage qui se fait au niveau de comment ça se passe, etc.[13]

Par contre, d'autres ne font aucun lien entre le fait d'avoir des membres et le pouvoir que celles-ci pourraient avoir, en ayant une vision plutôt utilitaire de leur présence. Elles indiquent, par exemple, que certains bailleurs de fonds sont très sensibles à une présence importante de membres au sein des groupes et que leur nombre peut avoir un impact sur la subvention accordée.

Toutes les demandes de financement, de produire des rapports sur les femmes qui fréquentent nos ressources puis tout ça donc... en tout cas tsé avoir un certain nombre de membres, j'ai l'impression que ça aussi c'est comme important pour les demandes de subvention, c'est vrai que le membership... j'imagine que ça aussi ça revêt une certaine importance[14].

Cette militante démontre en fait un intérêt plutôt mitigé pour la question, comme si elle n'en saisissait pas toute l'importance et les enjeux. D'autres militantes ont indiqué que la question de l'adhésion n'avait jamais été abordée au sein de leur organisme. Il n'y a tout simplement pas de membres et elles n'ont pas vraiment réfléchi aux rôles qu'elles pourraient jouer.

C'est un sujet qu'on n'a jamais abordé... au conseil d'administration, pas à ma connaissance en tout cas quand je suis là, mais peut-être que ça aurait... l'avantage de créer un bassin de personnes potentielles qui seraient intéressées de s'impliquer, de près ou de loin là, dans l'organisation, ça aurait peut-être cet effet-là bénéfique[15].

La signification donnée au fait de devenir membre, pendant les entrevues avec les membres des conseils d'administration, variait donc considérablement d'une répondante à l'autre. Cette même divergence d'opinions se retrouve dans les propos des travailleuses interviewées.

Point de vue des travailleuses

Si certaines salariées des groupes croient que devenir membre d'un groupe de femmes, c'est le début de l'accès au pouvoir dans ce groupe, d'autres considèrent que cette question n'est d'aucun intérêt. Celles qui adhèrent à la première position considèrent que les participantes doivent être plus que des consommatrices d'ateliers et de cours.

> *Chaque femme qui vient dans le groupe réussit à augmenter sa citoyenneté à elle... J'en vois des femmes qui sont arrivées pis qu'on a accompagnées à travers leur cheminement. À présent, tu sais, tu les reconnais pas[16].*

Ces intervenantes partagent l'idée qu'être membre d'un groupe facilite l'acquisition d'habiletés et accroît l'estime de soi. Ce processus d'appropriation du pouvoir favorise en effet l'épanouissement personnel et peut susciter, chez quelques-unes, le désir de devenir membre afin de s'impliquer dans des comités de travail et finalement entrer au conseil d'administration. Ainsi, le fait d'adhérer au groupe est vu comme l'aboutissement même de l'intervention.

> *Un des objectifs, c'est briser l'isolement des femmes, développer leur autonomie, et faire que ces femmes-là à un moment donné elles vont avoir plus de pouvoir. C'est rentré dans nos cellules, eh bien on va en parler régulièrement... Oui j'ai le droit de parler, oui je peux dire mon opinion et on le dit tout de suite ici au centre en partant tu peux la dire, par tel tel tel moyen. Il y a des comités de bénévoles de différentes sortes, le comité accueil, le comité de soutien. Moi, je vois ça dans le volet l'implication des femmes dans le bénévolat. Je ne sais pas par rapport à la démocratie si ça entre dans la question, mais il y a un encadrement qui est fait, un suivi[17].*

D'autre part, certaines travailleuses ne font pas le lien entre le fait de devenir membre du groupe et le processus démocratique. Elles parlent surtout des avantages matériels d'être membres du groupe, comme l'accès à des services ou à des cours à des tarifs réduits, par exemple.

Une travailleuse constate que la question de l'adhésion préoccupe peu son équipe. Elle donne en exemple la révision des statuts et règlements. Lorsque l'équipe de travail a redéfini le rôle et la place des travailleuses, il n'a ainsi jamais été question d'aborder le pouvoir des participantes, qui n'est aucunement mentionné dans les règlements généraux.

En somme, pour certaines actrices des groupes de femmes, le sens premier de l'adhésion à un organisme, c'est-à-dire la participation à la définition du bien commun comme «citoyenne» du groupe, s'est perdu. Parce qu'on ne voit pas la nécessité d'avoir des membres ou parce qu'on ne voit l'adhésion que comme une formalité n'ayant aucune importance réelle pour la vie du groupe. Par ailleurs, d'autres, et notamment les participantes elles-mêmes, considèrent que devenir membre est un acte de prise de parole, de participation au débat et éventuellement au processus décisionnel.

Quel est le pouvoir réel des membres?

Mais au-delà de l'opinion émise par plusieurs femmes interviewées voulant que devenir membre donne accès au pouvoir, nous aimerions voir quel est le véritable pouvoir des membres dans les groupes à l'étude. Dans cette dernière section, nous explorerons donc les constats des répondantes sur les manifestations du pouvoir des membres.

Points de vue des participantes

Plusieurs participantes considèrent que leur statut de membre leur donne un certain pouvoir, surtout dans le choix des activités où elles sont souvent consultées. Par ailleurs, en général, il semble y avoir une importante lacune quant aux mécanismes de responsabilisation des décideuses envers les autres membres du groupe. Comme c'est le cas pour d'autres aspects de cette question, la plupart des groupes semblent ne pas s'être interrogés sur cette question. On peut voir dans la citation suivante que la reddition des comptes n'est pas systématique et semble même plutôt informelle...

> On aimerait ça avoir telle affaire. C'est sûr qu'on nous rejoint pas tout de suite, mais deux, trois semaines après ils nous en glissent un petit mot[22].

Quelques participantes constatent qu'en tant que membres, elles n'ont même pas le pouvoir de faire part de leurs idées ou d'avoir accès à l'information. Une participante souligne en fait l'absence de mécanismes formels de consultation des membres, puisque dans ce groupe, l'ensemble de la programmation est décidé entièrement par les travailleuses.

> J'aimerais qu'on réponde aux besoins quand il y a une majorité de gens... mais j'ai l'impression que cela n'a pas été entendu, n'a pas été écouté. C'est les intervenantes qui décident. Ça devrait être décidé avec les usagères[23].

À la lumière des propos exprimés en groupes de discussion par les participantes, on s'aperçoit donc que quelques répondantes comprennent qu'un certain pouvoir doit revenir aux membres. C'est pourquoi elles revendiquent, entre autres, un meilleur accès à l'information qui est en général diffusée auprès des membres du conseil d'administration et non à l'ensemble des membres du groupe. Par exemple, une participante manifeste le désir d'avoir accès à plus d'information sur l'évolution du budget du groupe durant l'année et non seulement au moment de l'assemblée générale. Elle s'interroge sur l'absence de transparence du conseil d'administration et de l'équipe des travailleuses sur l'utilisation des fonds de l'organisme.

> *C'est à l'assemblée générale qu'on dit les prévisions budgétaires. Mais je sais qu'à chaque mois, il y a une remise du budget du mois d'avant, ça serait bon que les participantes soient au courant et de voir où va l'argent. À l'assemblée générale, tu n'as pas grand question à poser là, tu n'as pas le temps[24].*

Cette participante met le doigt sur l'importance pour des participantes d'avoir des espaces où elles puissent faire les apprentissages nécessaires à la participation réelle aux décisions concernant les orientations. Elle reconnaît également que la participation à l'assemblée générale, qui n'est convoquée qu'une fois par année, est loin d'être suffisante.

Point de vue des militantes

Certaines militantes ou membres des conseils d'administration jugent au contraire que les participantes de leurs groupes exercent un pouvoir réel.

> *J'aimerais peut-être expliquer la manière que fonctionne notre conseil d'administration. Peut-être tu vas comprendre des choses. Nous, un conseil d'administration, c'est comme une pyramide, mais inversée. C'est les membres qui décident pour tout, et puis ensuite, ça passe au conseil d'administration. Pis, c'est le comité du conseil d'administration qui va prendre ça. Donc le conseil d'administration, on a un participant en alpha, on en a en cuisines collectives, parce qu'on a des cuisines collectives. Tout ce qu'on fait au centre, y a une représentante sur le conseil d'administration. [...] On est sept ou huit au conseil d'administration là, j'ai pas compté, et puis, ça part de là, et puis c'est le conseil d'administration qui va prendre les décisions. [...] Mais les membres sont consultées, sont informées, ils ont la vraie information. Et ce sont les membres qui vont décider[25].*

Ainsi, ce groupe fonctionne sur la même base pour tous ses types d'activités. Chaque activité, ou secteur, élit unE représentantE au conseil d'administration et ces personnes prennent le pouls des membres de la base avant de prendre des décisions au conseil. Cet exemple toutefois n'est pas typique de tous les groupes et il y a peu d'autres exemples rapportés par les militantes définissant le pouvoir des membres. Quelques-unes nous ont fait part du rôle de l'équipe dans le soutien des initiatives et des projets émanant des membres comme une mise en œuvre du pouvoir de ces dernières, mais en général, on ne semble pas avoir beaucoup d'indices d'un réel pouvoir des membres.

Point de vue des travailleuses

Pour la plupart des travailleuses, le véritable pouvoir des membres réside dans leur consultation sur la tenue des activités et leur évaluation de celles-ci. Elles insistent particulièrement sur les moyens utilisés pour prendre connaissance de l'avis des membres. Il est notamment question de faire une évaluation à la fin de chaque activité et d'avoir tous les ans une rencontre-bilan pour les participantes.

> *Les femmes là, nous autres, c'est là-dedans qu'elles prennent leur place. C'est ça, faut accepter la critique. On réunit les membres et on regarde ce qu'elles ont eu dans l'année*[28].

Certains groupes invitent aussi les membres à exprimer leur point de vue, soit en adressant une lettre au conseil d'administration, soit en publiant un article dans le journal interne. D'autres équipes mettent à la disposition des membres une boîte à suggestions ou les invitent à participer comme observatrice au conseil d'administration.

> *Vous avez votre mot à dire, par un article, il y a la boîte à suggestions, il y a les idées que vous amenez au conseil d'administration, vous pouvez participer au conseil d'administration, je veux dire être observatrice*[29].

Par ailleurs, un certain nombre de travailleuses définit le pouvoir des membres comme le fait d'avoir le droit de vote et de prendre des décisions dans le cadre des instances formelles.

> *Lors de l'assemblée générale, nous leur disons c'est des femmes comme vous qui ont le pouvoir, c'est les membres du conseil d'administration*[30].

Enfin, bien qu'elles reconnaissent toutes l'importance du fait de participer activement aux processus décisionnels, peu de militantes et de travailleuses nous ont fait part de mécanismes formels pouvant favoriser la prise de décision des membres de la base.

Conclusion

Il a été difficile d'amener les différentes actrices à traiter du thème de l'adhésion des membres. Elles ont été peu bavardes sur un sujet qui ne semble pas avoir fait l'objet de réflexions approfondies au sein des groupes étudiés. Conséquence de tout cela : les conceptions formelles (les membres comme caution pour les demandes de subvention) se mêlent aux conceptions fondamentales (les membres comme représentant la base de l'organisme, qui lui donne sa légitimité et dont les instances tirent leur autorité). Ainsi, pour certaines répondantes, le groupe est représenté par les membres, tandis que pour d'autres le groupe est représenté par les activités. Finalement, quoiqu'un certain nombre de répondantes dans chaque groupe ait fait référence au pouvoir des membres, les exemples concrets de l'exercice de ce pouvoir ont été très rares.

On peut aussi constater que la participation des membres aux prises de décision se réduit trop souvent à un pouvoir consultatif concernant la programmation. Cela consiste pour les membres à faire part aux travailleuses de leurs attentes et besoins et d'avoir droit à de la rétroaction suite à leurs suggestions, mais non de participer aux décisions.

L'absence de réflexions et de pratiques concernant l'adhésion des membres soulève ainsi d'importantes questions sur les pratiques démocratiques dans ces groupes de femmes. En effet, si on n'a pas de membres, face à qui est-on redevable ? Au nom de qui parle-t-on ? Le fait de travailler auprès d'un groupe donne-t-il le droit de parler au nom de celui-ci ? Comment peut-on savoir que l'on représente réellement les intérêts des participantes si celles-ci sont exclues de la délibération et des décisions quant au bien commun ? Les organismes communautaires, dont les groupes de femmes, prétendent représenter les personnes qui utilisent leurs services ou qui participent à leurs activités. Mais comme nous allons voir dans les prochains chapitres, on ne peut présumer du fait que les intervenantes ou les militantes non-participantes ont les mêmes intérêts que les simples participantes. L'absence de membres ou leur exclusion des lieux de décisions nous permet donc de nous interroger sérieusement sur la qualité des pratiques démocratiques qui ont cours au sein de ces groupes de femmes.

Notes

1. Un des groupes participant à la recherche est un groupe mixte à orientation féministe ; en revanche, tous les autres se définissent comme des groupes de femmes et seules les femmes y sont admises comme membres. Il y a, par ailleurs, des groupes de femmes qui permettent aux hommes de devenir membre, mais ils sont très rares.

2. Intervenante.

3. Participante

4. Participante,
5. Travailleuse.
6. Travailleuse.
7. Participante.
8. Participante.
9. Participante.
10. Participante.
11. Membre du conseil d'administration.
12. Membre du conseil d'administration.
13. Militante
14. Membre du conseil d'administration.
15. Membre du conseil d'administration.
16. Travailleuse.
17. Travailleuse.
18. Travailleuse.
19. Travailleuse.
20. Participante.
21. Participante.
22. Participante.
23. Participante.
24. Participante.
25. Membre du conseil d'administration.
26. Militante.
27. Militante.
28. Travailleuse
29. Travailleuse.
30. Travailleuse.

DÉMOCRATIE ET STRUCTURES FORMELLES DANS LES GROUPES DE FEMMES

Nancy Guberman

Diverses conceptions et pratiques concernant le lien entre démocratie et participation aux structures, qu'il s'agisse d'instances ou d'appareils décisionnels, ont traversé nos sociétés occidentales au fil du temps. Pour les théoriciens classiques de la démocratie[1], le fondement même d'une véritable démocratie se trouve dans la participation de chaque citoyen à la prise de décision et dans l'initiation et l'éducation aux pratiques démocratiques. La démocratie est pour eux davantage un système politique qu'un appareil politique[2]. Cette conception de la démocratie devait cependant être contestée, dès le milieu du XXᵉ siècle, par d'autres théoriciens qui voyaient la démocratie plutôt comme un arrangement institutionnel permettant de prendre des décisions politiques par le biais de l'appareil législatif. Une forme de démocratie qui ne nécessite pas la participation des citoyens, excepté lors de l'élection de personnes dignes de participer directement aux délibérations et décisions[3].

Les luttes menées par des mouvements sociaux dans les années 1960 contre l'aliénation et la bureaucratisation de la vie, allaient permettre de raviver un certain intérêt pour la participation directe des citoyens aux prises de décision. C'est d'ailleurs dans ce contexte qu'allaient voir le jour au Québec les groupes de femmes et autres organismes communautaires. Plusieurs de ces organismes expérimentent alors diverses formes de démocratie participative où les membres de la base ou la collective des travailleuses participent sur un pied d'égalité à toutes les délibérations et décisions du groupe.

Depuis lors, les groupes de femmes n'ont cessé de remettre en question les conceptions traditionnelles de la démocratie représentative. À un point tel que leurs réflexions et l'élaboration de nouvelles pratiques ont été propices au développement, chez certaines féministes, d'une conception de la démocratie comme processus de discussion, de négociation et de délibération visant un résultat acceptable pour le plus grand nombre possible[4]. Dans cette perspective, le vote est une condition nécessaire mais insuffisante puisque la démocratie est considérée comme une activité inclusive exigeant la participation de tous et toutes dans la gestion à tous les niveaux décisionnels. Selon Godbout, il faut toutefois rappeler qu'aujourd'hui « la participation n'est plus un concept automatiquement lié à celui de démocratie; elle devient une notion autonome, ce qui entraîne une valorisation de la mobilisation en soi, en laissant de côté parfois les institutions démocratiques[6]. » Cet auteur distingue en fait l'accès des usagers aux instances décisionnelles de celui des salariés en soulignant le fait que les intérêts des deux groupes ne concordent pas toujours. Dans son étude empirique de divers organismes, il a ainsi découvert que la participation des usagers remplace souvent leur engagement réel dans les processus démocratiques et que ce sont les intérêts des salariés qui priment. L'analyse de Godbout nous apparaît d'ailleurs très pertinente pour questionner la littérature féministe s'intéressant aux pratiques organisationnelles des groupes de femmes.

Dans notre précédente recherche menée sur la culture organisationnelle des groupes de femmes[7], nous avons indiqué à quel point la place des membres-usagères dans les prises de décisions et la gestion des groupes était difficile à cerner, tandis que la place centrale et le pouvoir occupé par l'équipe de travail sont ressortis de façon évidente. Il nous semblait donc important d'approfondir notre réflexion en étudiant plus spécifiquement la démocratie, la participation et le pouvoir dans les groupes de femmes. Dans ce chapitre, nous nous attacherons ainsi à considérer la démocratie sous l'angle des structures et des instances formelles. Quoique la démocratie ne se réduise pas aux structures, celles-ci ont un rôle important à jouer dans les processus décisionnels et il importe de les examiner pour comprendre ce rôle.

Cadre théorique

Selon Godbout[8], le pouvoir des usagers est constitué de trois éléments, chacun étant lié à leur rapport aux instances décisionnelles et s'influençant mutuellement: le pouvoir sur les dirigeants par la représentation (qui suppose que la quasi-totalité des élus soient des usagers); le pouvoir des représentants sur les décisions de contenu et le pouvoir direct sur les décisions de contenu (généralement faible puisque peu de mécanismes permettent l'exercice de ce pouvoir et parce qu'il y a peu d'exemples de décentralisation des décisions). Godbout considère par ailleurs qu'il ne faut pas hésiter à remettre en question la notion même d'usager car celle-ci correspond à une vision réductrice de la notion de citoyen en relation avec les besoins de l'organisation.

En ce qui nous concerne, nous avons défini la démocratie comme le fait de jouer un rôle significatif dans des espaces qui comptent. Pour jouer un rôle significatif, on doit pouvoir exercer le droit de parole, avoir la capacité d'influencer, et participer aux délibérations, aux décisions et aux actions qui s'ensuivent. Quant aux espaces qui comptent, ils correspondent à des lieux de pouvoir et d'exercice de l'autorité où se déroulent la délibération et le processus décisionnel. Ainsi, en s'appuyant sur notre définition de la démocratie, nous nous sommes demandées quels étaient les espaces qui comptent vraiment dans les groupes de femmes étudiés et qui les occupait?

Il faut tout d'abord rappeler que les groupes de femmes, étant soumis aux lois régissant les organismes sans but lucratif, doivent obligatoirement tenir une assemblée générale annuelle des membres afin d'élire un conseil d'administration. Ces structures sont-elles des espaces qui comptent? En existe-t-il d'autres? Et, enfin, qui sont les actrices qui occupent ces espaces et qui sont par conséquent des acteurs significatifs dans ces organismes?

À partir des idées développées par les femmes interrogées lors des entrevues de groupe, nous analyserons les instances formelles des groupes de femmes étudiés, à savoir l'assemblée générale, le conseil d'administration, l'équipe de travail et les comités. Nous porterons une attention plus particulière à la place qu'elles occupent et l'importance qu'elles ont dans le processus de prise de décision, ainsi que sur leur composition.

Les assemblées générales

Malgré la perte de pouvoir résultant de la dernière réforme de la loi régissant les organismes sans but lucratif, traditionnellement, l'assemblée générale des organismes communautaires est l'instance suprême regroupant tous les membres et le lieu où se prennent les décisions fondamentales quant à l'orientation du groupe. Historiquement, et notamment dans les années 1970 au Québec, les assemblées générales dans le mouvement communautaire ont servi de lieux d'éducation populaire et de prise de décisions importantes, par exemple chez les groupes d'assistés sociaux, de locataires, et dans les Associations coopératives d'économie familiale (ACEF), les comptoirs alimentaires et les garderies populaires. Or, durant les entrevues de groupe, les femmes interrogées nous ont décrit des assemblées générales qui ressemblent très peu à ce modèle.

Plusieurs des organismes à l'étude n'ont pas de membres outre les femmes siégeant au conseil d'administration, ce qui rend l'assemblée générale plus ou moins fictive du point de vue de l'expression de la volonté des membres. En effet, dans plusieurs groupes, notamment les groupes de réinsertion à l'emploi et les maisons d'hébergement, les usagères ou participantes ne sont pas des membres du groupe et on ne fait rien pour mettre en place une adhésion de d'autres femmes, par exemple, celles concernées par la problématique sans qu'elles aient nécessairement fait appel à ce groupe. Comme nous avons pu l'observer lors de notre dernière recherche[9], dans ce type d'organismes, l'assemblée générale est composée principalement des membres du conseil d'administration, et parfois, mais pas toujours, des travailleuses et de quelques «amies», généralement des représentantes d'autres groupes communautaires.

Pour d'autres groupes où les participantes sont des membres à part entière, l'assemblée générale est surtout perçue comme un moment pour les réunir et cela même si la participation peut varier considérablement (de 15 % à 70 % des membres, au dire des femmes) tout comme le sens donné à cette activité. En fait, l'assemblée générale est-elle un espace qui compte vraiment dans la vie des groupes rencontrés ?

Les conceptions de l'assemblée générale

«On a moins hâte que pour le party de Noël» : l'assemblée générale comme corvée

Selon les femmes interrogées, l'assemblée générale est rarement un lieu d'exercice de la démocratie ou de pouvoir des membres. Cette réunion est convoquée principalement pour se conformer aux exigences de la loi et sert essentiellement à faire adopter le rapport d'activités et les états financiers, à entériner les décisions du conseil d'administration et à élire les nouveaux membres. Dans quelques groupes toutefois, on discute aussi de la programmation pour l'année à venir et les membres peuvent être consultés afin de déterminer leurs besoins. Ainsi, l'assemblée générale apparaît généralement comme un lieu important de consultation, d'information et de sensibilisation, mais est rarement un lieu de délibération et de prise de décision.

> *Ce qu'on fait c'est une espèce de rapport annuel sur les activités qui est bien plus de raconter… pis des décisions, y'en a pas tellement qui se prennent[10].*

> *C'est un compte rendu, mais c'est pas des décisions[11].*

> *Ce n'est pas une prise de décision, c'est juste faire le bilan de toutes les activités qui ont eu lieu et annoncer les prévisions budgétaires et les prévisions des activités qu'il va avoir mais il n'y a pas de prise de décision à moins d'avoir à changer des règlements généraux[12].*

> *En théorie, c'est l'assemblée générale annuelle qui est souveraine, mais dans les faits, je pense que la prise de pouvoir c'est les travailleuses salariées, puis après c'est les membres de la collective[13].*

En fait, l'attitude qui semble prédominer face à l'assemblée générale, tant chez les participantes que chez les permanentes, c'est que cette activité est lourde à porter. C'est quelque chose au travers duquel il faut obligatoirement passer.

> *C'est pesant pour les femmes quand on parle d'assemblée générale puis qu'elles disent: ah non! Pas encore l'assemblée générale[14].*

> *C'est vrai que c'est lourd aussi. Le rapport financier c'est lourd. Ça fait qu'on dit: Si vous voulez qu'on s'amuse après pis qu'on ait l'autre activité, gardons un petit peu de sérieux[15].*

C'est d'ailleurs la raison pour laquelle plusieurs groupes ont décidé de faire beaucoup d'efforts pour rendre l'assemblée générale accessible et attrayante («Les gens perçoivent l'assemblée générale comme une fête. […] On voit que les gens viennent comme pour s'amuser[6]»). Ce sont les militantes des conseils d'administration qui ont souligné en particulier ce problème, sans doute parce qu'elles ont souvent la responsabilité d'organiser l'assemblée générale. Dans le but d'alléger le plus possible la tenue de l'assemblée, on fait alors appel à différentes stratégies: on propose des exercices ou activités (quiz, sketchs) qui rendent les points à l'ordre du jour plus accessibles. On réduit aussi l'ordre du jour au strict minimum («les gens viennent pour une fête –

donc on l'étire moins qu'on l'étirait[17] »). On offre en plus le transport et le gardiennage et, enfin, on enrobe le tout d'humour.

L'assemblée générale devient alors un lieu de sociabilité pouvant aussi servir de retrouvailles.

> *Les femmes se sentent très à l'aise. [...] Y savent qui vient se retrouver entre eux autres, fait qui ont pas peur de venir[18].*

Ces témoignages montrent bien que, dans plusieurs groupes, ce n'est pas tant l'importance des décisions à prendre au cours de l'assemblée qui attire les membres, mais bien l'aspect social et festif.

Il faut mentionner par ailleurs que, si ces assemblées générales ne prennent pas de véritables décisions, elles sont néanmoins des lieux essentiels de reddition des comptes du conseil d'administration et de l'équipe de travail à l'assemblée par le biais du rapport d'activités.

«*Les femmes ne savent pas comment amener leurs critiques[19]*» : *l'assemblée générale comme lieu des initiées*

Selon certaines femmes représentant des participantes lors des entrevues de groupe, l'assemblée générale n'attirerait ainsi généralement pas les membres, non seulement du fait de la nature des activités qui s'y déroulent, mais aussi parce que plusieurs femmes ont une conception «mystificatrice» des structures et des lieux formels et ne s'y sentent pas à l'aise.

> *Peut-être que les participantes se disent : «ah, je n'ai pas d'affaires là». Peut-être c'est ça qui fait qu'il n'y a pas beaucoup de participation. Peut-être elles pensent – «c'est une assemblée générale, qu'est-ce que je vais aller faire là ?» C'est peut-être vu gros, puis ben mystificateur...[20]*

Une travailleuse ajoute que, pour pouvoir participer à une assemblée générale délibérative, il faut d'abord être au fait de l'information et des dossiers.

> *C'est difficile de prendre des décisions à l'assemblée générale [sans information], de savoir quelle différence ça fait de décider ça ou de décider l'autre[21].*

Ces constats soulèvent donc de sérieuses questions concernant la circulation de l'information, le lien entre le conseil d'administration et les membres et leur accessibilité réelle à l'assemblée générale.

« On vient là pour faire notre demande[22] » : l'assemblée générale comme lieu où on donne notre avis, on demande des comptes.

Dans certains groupes toutefois, l'assemblée générale est effectivement un lieu où les femmes sentent qu'elles peuvent avoir une certaine influence par l'entremise de propositions ou de questions.

> *La participation est assez bonne à l'assemblée générale, les femmes savent que c'est important puis qu'elles viennent faire leurs revendications [...] la majorité des femmes savent que c'est là qu'elles font leurs demandes. [...] C'est sûr que c'est lourd, mais elles savent que c'est important[23].*

Il peut par contre arriver aussi qu'une assemblée générale soit formée de femmes de l'extérieur (plutôt que de participantes). Celles-ci peuvent être plus exigeantes à l'égard de l'assemblée, demandant une reddition des comptes concernant les dépenses en rapport avec la mission, par exemple, ce qui fait alors de l'assemblée générale un véritable lieu de délibération et de décision.

Quoi qu'il en soit, aucune des femmes interrogées n'a décrit un type d'assemblée générale délibérante exigeant une préparation préalable des membres pour débattre de questions d'envergure pour le groupe. En fait, les seules personnes qui semblent se préparer véritablement à l'assemblée générale sont les permanentes et les militantes du conseil d'administration.

> *Les deux mois qui précèdent on va plus ressortir la Régie interne, les règlements... puis on va se référer beaucoup aux documents qui existent pour préparer la convocation. [...] Puis on se prépare pour parler à l'assemblée générale. Il faut expliquer comment voter, faut expliquer le pourquoi, puis c'est qui qui a le pouvoir, puis c'est des femmes comme vous, c'est les membres du conseil d'administration...[24]*

Les assemblées générales semblent donc, pour la plupart des organismes à l'étude, des espaces qui comptent peu dans le processus décisionnel. Mais qu'en est-il des conseils d'administration ?

Les conseils d'administration

Traditionnellement, le conseil d'administration d'un organisme communautaire est une instance de démocratie représentative où les élus, issus des membres, prennent des décisions soucieuses de l'intérêt collectif. Ces décisions doivent refléter l'opinion des membres et préciser l'orientation et la mission de l'organisme telles que décidées par les membres en assemblée générale annuelle. Selon Cnaan[25], dans un article sur les comités de citoyens, une structure de démocratie représentative authentique suppose qu'il y ait des élections libres et ouvertes. Les membres doivent être informés et participer à la planification et à la détermination des politiques de l'organisme. Les élus doivent rendre des comptes aux membres. Ces élus partagent alors non seulement les caractéristiques de la base qui les a élus mais aussi leurs analyses quant aux problèmes auxquels il faut s'attaquer et aux stratégies à adopter pour les résoudre. Enfin, il faut qu'il y ait des bénéfices concrets pour les membres.

Ces critères sont susceptibles de nous aider dans notre analyse des conseils d'administration des groupes de femmes à l'étude. Nous en verrons d'ailleurs toute la pertinence à travers la conception du rôle du conseil d'administration, sa composition et de la façon dont les diverses actrices y voient leur participation.

Les conceptions du conseil d'administration

Le conseil d'administration comme lieu décisionnel et gardien de l'orientation du groupe

Dans les entrevues de groupe, les seules à nous avoir fait part de leurs réflexions sur le rôle du conseil d'administration sont presque uniquement des militantes, siégeant aux conseils d'administration. Quelques autres femmes interrogées ont cependant tenu à préciser que le conseil d'administration (ou collective)[26] est un véritable lieu de prise de décision.

> *On décide de vraiment tout en collective. Quand je dis tout, c'est décider des orientations, des sous... des orientations philosophiques, des services à donner, son budget[27].*

> *On a pris des décisions que des fois les travailleuses ont pas aimées. Mais c'est rare[28].*

Par ailleurs, parmi les militantes, une seule a établi clairement le lien entre le pouvoir du conseil d'administration et sa responsabilisation face aux décisions prises en assemblée générale.

> *Je pense que le conseil d'administration est là pour prendre des décisions, pour vérifier à ce que ça va avec les décisions qui ont été prises au centre, à l'assemblée générale [...] un espèce d'arrière-garde[29].*

On retrouve également cette vision du conseil d'administration comme espace décisionnel dans le discours d'une permanente, la seule aussi à en avoir parlé lors des entrevues de groupe.

> *Maintenant les membres du conseil d'administration sont très décision-*
> *nels, très outillés, ils participent à des formations sur les enjeux... Ils sont*
> *vraiment nos employeurs, c'est à eux qu'on a à rendre des comptes.*
> *Leurs décisions sont excessivement prises en considération. Et à tout*
> *moment ils peuvent questionner, demander des renseignements sur la*
> *manière de fonctionner... sur les travailleuses, n'importe quoi... ça fait*
> *des personnes qui sentent vraiment qu'elles ont leur place et qui ne sont*
> *pas là seulement comme participantes mais comme décideures[30].*

Fait à noter, les membres du conseil d'administration sont perçues comme de véritables actrices dans un lieu où il y a effectivement un processus décisionnel.

Le conseil d'administration comme gestionnaire

Dans certains groupes, notamment ceux n'ayant pas de membres-participantes, le conseil d'administration est cependant vu moins comme une instance représentative et responsable devant l'assemblée générale (ou les participantes), que comme un gestionnaire s'occupant de la bonne administration de l'organisme. Cette instance est bien entendu un espace qui compte, mais les femmes qui y siègent ne sont redevables qu'à elles-mêmes puisqu'elles ne représentent aucun membre.

> *D'après moi, le premier rôle d'un conseil d'administration c'est d'assurer la*
> *bonne gestion de l'organisation et de la survie aussi. Donc, c'est un rôle un*
> *peu de tuteur, si on veut, ou de bon parent, pour que ça fonctionne, pour que*
> *ça marche. [...] Une fois ça assuré, ben, c'est de s'assurer aussi du fonc-*
> *tionnement interne, avec les membres, les usagers, les travailleurs, que tout*
> *ça se fait de façon harmonieuse et satisfaisante...[31]*

Le conseil d'administration comme soutien à l'équipe ou comme lieu d'entérinement du travail de l'équipe

Pour d'autres militantes, le lieu premier de prise de décision et de gestion est d'abord l'équipe des travailleuses et, par conséquent, le conseil d'administration se limite surtout à jouer un rôle de soutien.

> *[...] il y a des décisions à prendre, mais c'est beaucoup à chapeauter*
> *l'équipe de travail... dans la mesure où les travailleuses demandent de*
> *l'aide ou qu'elles se laissent chapeauter[32].*

> *On* back *l'équipe de travail beaucoup au niveau des centres de femmes[33].*

À travers les témoignages, il ressort nettement que certains conseils d'administration sont ainsi d'abord et avant tout des lieux pour transmettre les analyses et les décisions de l'équipe de travail, plutôt que de véritables espaces de délibération.

> *En tant que membre d'un conseil d'administration, on se rencontre une fois par mois puis c'est une soirée. Je trouve ça assez au niveau de ce que je suis capable de fournir, mais c'est pas beaucoup pour prendre autant de décisions. Souvent il y a beaucoup de devoirs qui ont été faits par les travailleuses puis on regarde et on analyse, puis souvent, je veux dire, c'est rare qu'on met ben des affaires en question. [...] Je trouve que les travailleuses font énormément de travail, puis le conseil d'administration n'a pas beaucoup de choses à faire... je veux dire tout est tellement bien préparé...*[34]

> *[Concernant la décision d'une mise à pied] on informe le conseil d'administration de ce qui se passe et à moins qu'on ait fait une bêtise de jugement effrayant, le conseil donne son accord. Ils savent que c'est nous autres qui sont à même de juger sur place*[35].

> *L'ordre de jour est déjà là. Ce n'est pas vrai qu'on ne prend pas d'initiatives, mais on discute de ce qui est avancé ou ce qui est préparé par les travailleuses*[36].

Ces diverses conceptions du rôle et de la place du conseil d'administration dans les délibérations et prises de décisions soulèvent toutes la même question, celle de la composition de cette instance et le rapport qu'entretiennent les élues avec les membres de l'organisme. Envers qui sont-elles redevables : les membres, l'équipe de travail ou simplement elles-mêmes ?

La composition des conseils d'administration

« Ça se bouscule pas aux portes pour faire partie du conseil d'administration[37] »

Selon Cnaan, pour que l'organisme soit véritablement démocratique, il faudrait que les élus soient des membres de la base. Or, plusieurs des organismes étudiés ont des conseils d'administration qui ne se conforment pas à ce critère. En fait, cinq modèles de composition de conseil d'administration se dégagent : 1) des conseils d'administration formés uniquement de membres-participantes de l'organisme; 2) des conseils d'administration formés majoritairement de membres-participantes avec des sièges occupés par des salariées ou des femmes de l'extérieur du groupe; 3) des conseils d'administration qui travaillent en cogestion avec les membres du conseil d'administration et l'équipe, notamment les collectives qui sont composées de toutes les travailleuses permanentes et des militantes; 4) des conseils d'administration composés exclusivement de femmes de l'extérieur cooptées et invitées sur une base personnelle par la directrice de l'organisme et (ou) les membres actuels du conseil d'administration; 5) et finalement, une variante de ce dernier modèle, le conseil d'administration formé de personnes de l'extérieur cooptées auxquelles s'ajoute deux sièges réservés : l'un pour une travailleuse et l'autre pour une participante.

Parmi tous ces modèles, le premier correspond à certains critères de démocratie représentative proposés par Cnaan. Les élus sont issus de la base et en partagent les caractéristiques. Certaines permanentes ont même fait appel à ce raisonnement pour expliquer l'importance d'avoir un conseil d'administration composé de membres-participantes. Elles considèrent qu'à partir de leurs expériences de vie, ces élues sont plus proches des autres participantes et peuvent mieux les comprendre et les représenter.

Dans le cas du second modèle, les permanentes privilégient particulièrement ce modèle puisque, tout en ayant des avantages du premier modèle, il permet aussi d'avoir un point de vue de l'extérieur sur des problèmes internes.

> *C'est déjà arrivé qu'il y a une crise dans l'équipe de travail et les participantes de la base sont comme entre l'arbre et l'écorce. C'est des animatrices contre d'autres animatrices puis ils ont beaucoup de difficultés quand ça les touche. Fait que là dans ces moments-là les personnes cooptées vont être utiles. C'est des membres d'autres groupes*[38].

L'avantage de cette formule selon une autre répondante, c'est que l'hétérogénéité de la composition du conseil d'administration assure une diversité de points de vue et permet de véritables débats et délibérations.

> *Ce qui me fait dire que c'est une belle expérience de démocratie c'est qu'il n'y a jamais rien de coulé dans le ciment. On ne sait jamais c'est quoi qui va sortir [avant d'avoir mener le débat au sein du conseil d'administration]*[39].

Dans le cas du troisième modèle, les collectives seraient motivées par le désir de représenter les deux groupes qui sont à la base de l'organisme, c'est-à-dire les salariées et les militantes actives. La collective devient ainsi le lieu de gestion partagé entre les deux parties. Toutefois, si l'équipe de travail est représentée dans son intégralité, les militantes du groupe étant très nombreuses doivent choisir quelques représentantes en assemblée générale. Bien que l'on aimerait que la collective soit constituée majoritairement de non-salariées, il arrive que les membres de l'équipe de travail soient majoritaires. Le poids de celle-ci dans les décisions prises est donc très grand, compte tenu du fait qu'elles sont engagées à temps plein dans les dossiers.

Si ces trois premiers modèles visent à donner une place prépondérante aux membres-participantes, les deux derniers ne correspondent cependant pas du tout (du moins à première vue) aux critères de la démocratie représentative.

Dans le cas du quatrième modèle, c'est-à-dire un conseil d'administration formé exclusivement de femmes cooptées qui ne sont pas des membres-participantes et qui viennent souvent des milieux professionnels et d'affaires, cette composition est défendue avec beaucoup d'énergie par les organismes concernés parce qu'elle est jugée nécessaire pour répondre à leurs besoins.

> *Notre conseil d'administration est formé de toutes sortes de monde qui n'ont pas nécessairement utilisé les services... En fait le recrutement pour le conseil d'administration est basé sur les besoins de l'organisme. Il y a des problèmes financiers, alors, la directrice recrute des gens qui sont capables d'avoir des contacts pour avoir de l'argent. Ça c'est clair[41].*

> *On essaye de voir qui comme personne au conseil d'administration peut nous aider[42].*

> *On allait chercher les femmes d'affaires parce qu'on disait elles connaissent des gens qui peuvent nous apporter un certain financement[43].*

On retrouve surtout cette forme de conseil d'administration dans les groupes offrant des services en tant qu'activité prépondérante, et notamment, dans certains types de maisons d'hébergement. Étant donné que le conseil d'administration joue alors souvent un rôle de gestionnaire, la présence d'usagères, spécialement dans les groupes qui font du *counseling*, apparaît toutefois problématique en raison de la confidentialité de certains dossiers.

> *Il y a une certaine crainte de ne pas pouvoir discuter ouvertement des décisions qui concernaient les intervenantes [...] ou d'autres usagères[44].*

> *L'aspect confidentiel du conseil d'administration, ça elles comprenaient ça très difficilement. En plus de ça, il y avait des aspects économiques. Par exemple, on votait une augmentation de salaire pour des intervenants qui*

étaient à 9,50$ l'heure. Les filles étaient sans connaissance. C'était épou-
vantable des salaires si élevés. Disons, elles sont toutes sur l'aide sociale[45].

Ces préoccupations, quant à la confidentialité, motivent donc certains groupes à ne pas inviter leurs usagères à participer au conseil d'administration. Il faut dire par contre, qu'un conseil d'administration formé de femmes de l'extérieur cooptées n'est pas sans poser problèmes. En effet, comme c'est le conseil d'administration lui-même qui décide des nouveaux membres à inviter à en faire partie, il peut être tenté d'éliminer les personnes potentiellement dérangeantes ou ne correspondant pas à l'image que l'on se fait d'une administratrice, c'est-à-dire, quelqu'une qui nous ressemble.

> *On choisit vraiment les gens. Tu sais, choisir [dans le sens]... Ah! Elle ne me tente pas*[46].

Le fait de se tourner vers les femmes d'affaires dans l'espoir qu'elles rapportent de l'argent provoque également des effets indésirables. Souvent, selon les femmes interrogées, celles-ci ne contribuent pas au bien-être financier de l'organisme mais en plus elles tentent d'imposer leur vision gestionnaire au groupe.

> *Elles sont beaucoup plus là pour examiner les comptes et les dépenses que pour faire avancer une cause*[47].

Enfin, pour ce qui est du cinquième et dernier modèle, les conseils d'administration composés principalement de femmes cooptées et issues de l'extérieur, avec un siège réservé à une travailleuse et à une usagère, cette formule comporte à la fois des avantages et des inconvénients. Pour certains groupes, l'accès d'une représentante des usagères à ce type de conseil d'administration est considéré comme une forme d'actualisation de l'orientation du groupe, c'est-à-dire l'appropriation du pouvoir des participantes. Mais selon une répondante, cela ne se fait pas sans heurts ni oppositions de la part de certaines administratrices pour les raisons avancées précédemment concernant la nature délicate de certains dossiers.

En outre, pour les femmes interviewées qui représentent les participantes sur ce type de conseil d'administration, ce rôle n'est pas toujours facile à jouer.

> *En parlant des usagères au conseil d'administration, moi je suis la seule qui utilise les services [...] et c'est là que je me rends compte que j'ai de la difficulté à faire passer mon message parce que j'ai l'impression de plus garder en tête la mission du centre [...]. Et étant donné qu'elles [les autres*

administratrices] n'assistent pas, elles ne voient pas la vie au centre. [...] Je me sens isolée puis j'ai l'impression que je suis le martien... Je trouve ça dur d'être la seule usagère[48].

Malgré leur mandat de représentation, beaucoup d'entre elles ne se sentent pas en mesure de défendre les intérêts des participantes. Elles ont ainsi beaucoup de difficultés à faire passer leur point de vue.

En fait, dans certains conseils d'administration, le statut de représentante des participantes pose carrément problème. Les autres administratrices se demandent si elles doivent d'abord et avant tout représenter le point de vue des participantes ou si elles doivent défendre le bien commun de l'ensemble du groupe comme font les autres administratrices.

On me répond toujours: «T'es pas là pour représenter les membres.» Ben, je dis, «Je suis là pour quoi? C'est les membres qui m'ont élue. Si c'est eux autres qui m'ont élue, c'est parce que je suis là pour les représenter»[50].

«Le conseil d'administration, ce n'est pas à tout le monde»

La position inconfortable des membres-participantes, dans les conseils d'administration formés majoritairement de femmes issues de l'extérieur, peut aussi être accentuée par les attentes des permanentes face aux administratrices. En effet, plusieurs répondantes ont indiqué que ce n'est pas n'importe quelle femme qui peut siéger au conseil d'administration. Pour une permanente d'un groupe qui travaille en collective, les administratrices idéales seraient ainsi:

Des femmes que ça fait un petit bout qu'elles sont là, qui ont touché un peu à tout, qui ont fait de l'intervention, qui ont été dans des comités, qui ont une certaine disponibilité, qui ont des connaissances en gestion de l'organisme mais aussi au niveau de la problématique, qui sont proches des femmes[51].

Ainsi, on attend d'elles qu'elles soient aussi polyvalentes que les permanentes et que leur entrée au conseil d'administration ne survienne qu'après un long processus d'acquisition de connaissances et d'habilités. Une permanente abonde dans le même sens quant aux exigences de la participation au conseil d'administration.

Quand on parle du conseil d'administration, je te dis que ça prend une formation préparatoire. Tu ne peux pas arriver au conseil d'administration si tu n'as pas un minimum de formation solide [...] une initiation au conseil, au langage, aux documents[52].

Il apparaît aussi très clairement que le conseil d'administration ne fait pas nécessairement partie des lieux d'apprentissage et d'acquisition d'habilités. Ce qui amène une participante à dire :

> *Le conseil d'administration, ce n'est pas à tout le monde. [...] Ce n'est pas tout le monde qui a une attitude de leader, qui a une attitude fonceur. Il y a des gens qui ne sont tout simplement pas à leur place. [...] Ce n'est pas tout le monde qui est prêt à s'afficher en public puis de donner leurs opinions. C'est peut-être juste dans la nature des gens[53].*

En résumé, un grand nombre de conseils d'administration des groupes de femmes ne correspond pas aux critères de démocratie authentique énoncés par Cnaan puisqu'ils ne sont pas composés de membres qui partagent les caractéristiques et les analyses de la base[54] et ne sont pas élus par des membres qui sont des participantes de la base.

En fait, il existe seulement quelques groupes où les participantes sont très présentes et actives au sein du conseil d'administration et se sentent redevables face aux membres qui les ont élues.

> *Dans les membres du conseil d'administration, je regarde et on y va presque toutes [régulièrement au centre] [...] et on a presque toutes des dossiers qu'on prend aussi[55].*

> *Le conseil d'administration consulte le monde alentour, et ce qui sera décidé au conseil d'administration, c'est le point de vue de la majorité des membres. Et ce qu'ils ont pris comme décision ça circule tout le temps[56].*

Seule une toute petite partie des groupes semble donc avoir un conseil d'administration qui soit un espace qui compte, occupé par des participantes de la base qui deviendront éventuellement des actrices significatives. Le regard que portent elles-mêmes les diverses actrices interrogées nous aide à comprendre cette situation.

Les représentations du conseil d'administration

Pour plusieurs permanentes, mais aussi pour des participantes, la participation au conseil d'administration est avant tout considérée comme une tâche supplémentaire, lourde, ennuyeuse et comme une affaire de chiffres et de gros rapports à lire. C'est la raison pour laquelle plusieurs s'en désintéressent.

> *On est normalement deux [travailleuses au conseil d'administration], mais plus ça va, plus on est à personnel réduit. Donc l'autre sera là quand il y aura la présentation des états financiers ou des plus grosses affaires. Parce*

que tout le temps, trois ou quatre heures de temps supplémentaire en dehors de ce qu'on fait. On limite ça[57].

On m'a offert d'être représentante du personnel puis je ne veux pas. Ça ne m'intéresse pas. Il me semble que je suis tellement plus heureuse dans l'action. [...] Le côté administratif, les chiffres puis tout ça... ce n'est pas ça que j'ai le goût de faire. Fait que je choisis de ne me pas m'y intéresser...[58]

Ben c'est parce que c'est du bénévolat. Le conseil d'administration demande du temps en plus d'une journée de travail ou d'une semaine de travail. Et c'est le soir la plupart du temps. Pis je pense que c'est pas tout le monde qui a le goût de donner comme ça. De deux, je peux comprendre aussi que ça peut devenir fastidieux pis un petit peu ennuyant d'être obligée de lire des rapports, analyser des choses et puis essayer de prendre une décision. C'est sûr que ce n'est pas être dans l'action. Des fois c'est juste d'être dans les centres de décisions. [...] C'est sûr que ça demande un effort. Juste au niveau des rapports financiers. Je pense que les femmes, en général, les chiffres, ça nous ennuie un petit peu. [...] Ça demande d'être capable de s'affirmer face à ça d'avoir assez de confiance en soi pour le faire[59].

C'est ça que je voulais dire. Elle l'exprime mieux que moi [...]. Comme les chiffres, très peu pour moi. Pis des décisions, comme tu disais, les lectures, c'est pas dans ma manche, c'est pas dans mon domaine[60].

Effectivement, pour plusieurs participantes, le conseil d'administration fait un peu peur.

Moi, ce que j'ai vu dans les conseils d'administration... ça impressionnait énormément. Je ne serais pas capable[61] *!*

Le conseil d'administration c'est trop compliqué, je ne comprends pas ce qui se passe là-dedans[62].

Avant d'arriver dans ce milieu-là, un conseil d'administration c'était tous des messieurs à cravate qui faisaient leur petite affaire[63].

Ces témoignages font ainsi ressortir nombre de représentations du rôle et de la place des instances formelles et l'importance de la démocratie dans les groupes de femmes. D'abord, les instances formelles sont considérées comme des lieux de gestion administrative et non comme des lieux de délibérations sur les questions de première importance, comme l'orientation du groupe, sa participation à des grandes luttes, aux questions conjoncturelles, sa programmation, etc. Les témoignages des participantes laissent entendre également que le fonctionnement du conseil d'administration ne semble pas correspondre à leur culture, car elles le voient surtout comme un lieu de rapports et de chiffres. On peut se demander dans quelle mesure le conseil d'administration peut être reconnu comme un lieu d'éducation populaire nécessitant outils et pédagogie appropriés. Selon les témoignages recueillis, il apparaît surtout comme une corvée et non comme une composante de la programmation globale du groupe, au même titre que les activités d'éducation populaire ou d'intervention collective.

Nous pouvons ainsi avancer l'hypothèse que, aussi longtemps que les lieux et les activités liés au processus démocratique seront conçus comme se situant à l'extérieur de l'intervention régulière du groupe, ils seront considérés comme une surcharge de travail.

L'équipe de travail comme instance de délibérations et décisions

Quelques permanentes interrogées retrouvent des pratiques démocratiques dans le fonctionnement de l'équipe de travail.

> *L'équipe des travailleuses se réunit chaque semaine [...]. À chaque semaine on brasse notre petite piscine ensemble. On participe-tu à ça? On va-tu là? On fait-tu ci? On fait-tu ça? Puis les questions qu'on trouve qu'on doit prendre position ou décider d'investir de l'argent, on amène au conseil d'administration. Fait que, en quelque part, il y a un lien avec la démocratie, mais moi je vois ça plus comme notre fonctionnement d'équipe.*

Pour la majorité des groupes étudiés, l'équipe de travail est une instance très importante. Il semble que, peu importe l'organisation et la composition des structures formelles de démocratie, la plupart de ces équipes ont une grande marge de manœuvre. Par exemple, plusieurs travailleuses ont le mandat de déterminer la programmation de leur organisme. D'autres ont mentionné le pouvoir dont elles jouissent dans le domaine des interventions :

> *Si je regarde l'intervention directe avec les participantes, c'est nous les intervenantes qui prennent les décisions. C'est nous autres qui ont vraiment le pouvoir. Au niveau aussi de nos structures de travail, comment s'organiser, comment gérer notre façon de travailler[64].*

Ou encore sur les conditions de travail :

> *Qui décide des conditions de travail? Les travailleuses puis la coordonnatrice. On soumet ça au conseil d'administration après, mais ils sont très mal placés pour dire non. Les salaires sont tellement pas élevés que... Qui a le pouvoir? L'équipe des intervenantes[65].*

Nous autres aussi. C'est la collective qui prend toutes les décisions, mais dans les faits c'est rare que les choses qui vont être signalées par l'équipe de travail vont être refusées par la collective. D'ailleurs, c'est toujours raisonnable alors ils sont mal placés pour aller contre[66].

Peu de répondantes se sont toutefois montrées préoccupées par ce grand pouvoir de l'équipe de travail. Seules quelques-unes, provenant d'organismes où la démocratie est considérée comme un apprentissage continu traversant toutes les activités, ont indiqué que leur équipe veillait à ne pas abuser de ce pouvoir ou à usurper celui du conseil d'administration.

La démocratie c'est l'exercice du pouvoir, donc il faut que ça se fasse bien et dans des bonnes instances. Souvent dans l'équipe on va se demander: «Si on fait ça, est-ce un trip de pouvoir? Est-ce qu'on est en train de défaire des orientations ou des principes?» […] Parce qu'entre deux conseils d'administration, c'est l'équipe de travail qui va prendre les décisions, puis on va souvent vérifier quelle attitude qu'on a. Est-ce vraiment de la démocratie ou est-ce qu'on fait un trip de pouvoir[67]?

En outre, il semblerait que même dans ces groupes, les travailleuses aient un statut de chefs de file et d'expertes.

Autres lieux de pouvoir

Au-delà des instances traditionnelles de la démocratie formelle, existe-t-il d'autres lieux de pouvoir qui comptent, des lieux où se déroulent la délibération et la prise de décision, des lieux de pouvoir et d'autorité où les membres-participantes peuvent jouer un rôle significatif?

Il faut rappeler en premier lieu que tous les groupes ne sont pas homogènes et les raisons pour lesquelles les participantes se joignent au groupe peuvent varier considérablement. Aussi, la question de la place des participantes dans la prise de décisions se pose-t-elle différemment selon les groupes, comme ceux faisant de l'intervention de crise dont les maisons d'hébergements ou, encore, des groupes d'insertion à l'emploi offrant des activités à très court terme. Malgré ces contextes plus difficiles, nous avons perçu peu de préoccupation concernant la démocratie dans ces types de groupes[68]. Par exemple, une participante qui désirerait s'engager dans les activités de ces groupes pourrait «aller dans le bureau, aider à classer ou faire des choses comme ça[69]»...

D'autres groupes de femmes tentent cependant de créer des activités ou des lieux spécifiques pour permettre aux participantes de s'engager davantage. Un bon exemple de cela est la mise en place de comités comme lieux d'engagement bénévole ou comme lieux de pouvoir. Bien que les comités n'offrent pas toujours la possibilité de participer aux processus décisionnels, il arrive que les membres soient invitées à choisir les activités ou même à gérer le budget.

> *Il y a des comités de bénévoles de différentes sortes. Je vois ça dans le volet implication des femmes, le bénévolat. Je ne sais pas si ça rentre dans la question de la démocratie[70].*

> *Je pense que dans leur bénévolat, bien évidemment c'est un lieu de pouvoir, dans le sens de responsabilités, de prise de décision, d'initiatives aussi[71].*

> *Au collectif femmes, les femmes vont s'asseoir: «Nous autres on veut parler de ça, on veut entendre ça, on veut avoir de l'information sur ça. Puis l'argent va s'en aller pour ces choses-là». [...] L'argent va s'en aller où est-ce qu'ils veulent parce que c'est eux autres qui vont avoir demandé ce qu'ils veulent[72].*

L'engagement des participantes dans les comités serait-elle une pratique alternative de l'exercice de la démocratie? L'existence de comités ayant un pouvoir véritablement décisionnel pose en tout cas le problème de leur place dans les structures formelles de prise de décision et des personnes auxquelles ils doivent rendre des comptes, comme en a témoigné une permanente.

> *Il y a trois paliers officiels. L'assemblée générale qui va décider des orientations. Dans la gestion entre les assemblées générales, le conseil d'administration va avoir le pouvoir pour décider un certain nombre de choses [...]. Dans la régie interne, ce qui est la gestion des services, l'organisation des services, ça revient à l'équipe. [...] Les comités ils répondent à qui? Au conseil d'administration? Ou à l'équipe? Ça des fois il y a des petits frottements[73].*

Quelques groupes ont trouvé toutefois une réponse novatrice à cette question par la création de comités de gestion pour chacun de leurs secteurs d'intervention. Ces comités, formés uniquement de participantes, servent à la fois de lieu de prise de décisions et de collège électoral pour déléguer des personnes au conseil d'administration.

Conclusion

Nous pouvons conclure que l'existence de lieux qui comptent à l'intérieur desquels les participantes peuvent devenir des actrices significatives, varie beaucoup selon les groupes. Il semblerait toutefois que les actrices significatives dans les lieux décisionnels soient souvent les travailleuses de l'équipe et les femmes cooptées et issues de l'extérieur qui ne représentent pas les participantes, du moins pas de la façon préconisée par Cnaan.

Ces résultats corroborent ceux obtenus par Srinivasan et Davis à l'issue de l'étude d'une maison d'hébergement pour femmes battues. Rappelons que ces auteures ont en effet identifié une double structure : l'une égalitaire et collective pour les employées, et l'autre hiérarchique pour les résidentes les excluant du processus décisionnel. Tom[74], dans une recherche sur un programme de réinsertion à l'emploi dans une banque féministe, a aussi relevé que toutes les décisions étaient prises uniquement par les intervenantes.

Par ailleurs, outre ces quelques études qui mentionnent la place des participantes dans les structures démocratiques des groupes de femmes, celles-ci semblent généralement absentes des analyses des pratiques organisationnelles. Les questions relatives à la démocratie représentative ou participative et le contrôle des usagères sur leurs groupes et leurs services semblent avoir été subordonnées à des préoccupations pour l'appropriation du pouvoir des femmes comme nous l'avons vu au chapitre 2.

Notes

1. Rousseau, 1762.
2. Pateman, [1989].
3. Schumpeter, 1942.
4. Mansbridge, 1991.
5. Collin, 1992.
6. 1983, p. 29.
7. Guberman *et al.*, 1997.
8. Godbout, 1983.
9. Guberman *et al.*, 1997.
10. Entrevue de groupe, conseil d'administration.
11. Entrevue de groupe, participantes.
12. Participantes.

13. Participantes.

14. Participantes.

15. Militantes.

16. Militante.

17. Militante.

18. Militante.

19. Participante.

20. Participante.

21. Travailleuse.

22. Participante.

23. Participante.

24. Participante.

25. Cnaan, 1991.

26. La collective est une instance développée principalement par les Centres contre les agressions à caractère sexuel (CALACS). Elle est formée de l'équipe de travail dans son entier et de militantes actives dans le groupe et élues en assemblée générale.

27. Militante.

28. Militante.

29. Militante.

30. Permanente.

31. Militante.

32. Militante.

33. Militante.

34. Militante.

35. Permanente.

36. Militante.

37. Militante.

38. Permanente.

39. Permanente.

41. Militante.

42. Permanente.

43. Permanente.

44. Militante.

45. Permanent.

46. Permanente parlant d'un autre conseil d'administration.

47. Permanente.

48. Interviewée.

49. Participante.

50. Militante.

51. Permanente.

52. Permanent.

53. Participante.

54. Cnaan (1991) fait référence à des études (Regab, Blum et Murphy, 1981; Crenson, 1978; Kuroda, 1967; Cooper, 1980) qui ont révélé des écarts entre la vision des problèmes

des militantes et chefs de file des groupes de citoyens et celle des membres et des résidents du quartier. Il semble qu'avec le temps, les chefs de file perdent patience avec les résidents et qu'ils préfèrent travailler sur des questions qu'ils perçoivent comme étant pour le bien des résidents plutôt que de travailler avec eux (p. 625).

55. Militante.

56. Participante.

57. Permanente.

58. Permanente.

59. Militante.

60. Participante.

61. Participante.

62. Militante.

63. Permanente.

64. Travailleuse.

65. Travailleuse.

66. Travailleuse.

67. Permanente.

68. Dans l'introduction du livre, nous expliquons pourquoi nous nous permettons de questionner la place des usagères dans les pratiques démocratiques des groupes de service de crises comme les maisons d'hébergement.

69. Participante.

70. Permanente.

71. Permanente.

72. Participante.

73. Permanente.

74. Tom, 1995.

FAIRE LA DÉMOCRATIE :
LES COMPOSANTES DU PROCESSUS

Jennifer Beeman

Malgré l'abondance des publications sur la démocratie depuis les années 1990, notamment sur les pratiques de délibération, il est étonnant de constater le peu d'attention accordée aux éléments qui font partie intégrante de la prise de décision démocratique. Il y a pourtant lieu de se demander comment la démocratie s'exerce dans les groupes et en particulier dans les groupes de femmes. En effet, si la démocratie réside dans le pouvoir exercé par les membres d'un groupe ou d'une société du fait de leur participation au processus décisionnel, comment prend-elle forme exactement ?

Afin de répondre à cette question, nous présenterons d'abord un modèle décrivant les éléments inhérents au processus démocratique, c'est-à-dire les conditions qu'on devrait idéalement observer au sein d'un groupe lorsqu'une décision doit être prise démocratiquement. Nous examinerons aussi la façon dont les questions soulevées par les écrits portant sur la démocratie se manifestent au sein des groupes qui ont pris part à notre étude.

Initialement, le modèle présenté a été élaboré à partir des entrevues de groupe réalisées auprès des groupes de femmes. Nous en avons toutefois modifié le cadre en y intégrant les renseignements recueillis lors de nos observations. Il importe en effet de souligner que ce modèle émerge et se fonde sur des données concrètes. Souvent, les modèles revêtent un caractère normatif parce qu'ils visent à brosser un tableau complet d'un processus donné ou d'un ensemble de rapports, ou à en présenter une analyse exhaustive. Dans le cas qui nous intéresse, les choses se compliquent puisqu'on pourrait considérer que la démocratie comprend des exigences qui peuvent avoir l'air normatives. L'idée selon laquelle ce sont les gens qui exercent un pouvoir en participant à la prise de décisions suppose effectivement certaines conditions : les personnes doivent être informées de leurs droits, elles doivent avoir accès à l'information et doivent apprendre comment participer au processus décisionnel et comment travailler ensemble. Notre modèle tentera ainsi de préciser les conditions et les facteurs qui doivent être réunis. Enfin, bien que le processus n'ait rarement été présent dans son intégralité, il reflétera ce qui se passe au sein des groupes de femmes lorsque s'y exerce la démocratie.

Pour la mise en application de ce modèle, nous avons d'abord établi six éléments qui apparaissent fondamentaux au processus démocratique lui-même. Il s'agit tout d'abord de ce que nous appellerons le « stade préliminaire », soit l'étape où se mettent en place le climat, les attitudes et les pratiques associés au respect, à l'acceptation et à l'écoute, autant d'éléments qui, soit dit en passant, caractérisent la culture des groupes de femmes au Québec. Deuxièmement, il existe aussi d'autres conditions préalables et essentielles au processus démocratique, notamment l'accès à l'information, sa juste compréhension et l'acquisition des compétences requises pour participer aux délibérations et à la prise de décisions. Il suffit en effet que ces conditions fassent défaut pour que certaines personnes soient exclues du processus. Le troisième élément réside dans la délibération même : le moment où l'on discute, échange, examine les enjeux et présente des arguments en vue de prendre une décision. Quant au quatrième élément, il s'agit de la prise de décisions elle-même, qui, nous le verrons plus loin, peut être liée ou non aux délibérations. Le cinquième élément tient quant à lui aux mesures qui font suite à la décision prise. Enfin, sixième et dernier élément, l'évaluation du processus, des décisions et des mesures adoptées. Malgré l'apparente linéarité du phénomène décrit ci-dessus, il est entendu que le processus démocratique est tout sauf linéaire; c'est pour assurer la clarté du concept que nous le présentons ainsi.

Le stade préliminaire ou les bases de la démocratie

En examinant les données issues des entrevues, la chercheure qui a analysé les transcriptions des discussions avec les participantes[1] s'est aperçue que bon nombre d'entre elles définissaient la démocratie d'abord comme un climat d'acceptation, de respect, d'ouverture et d'écoute régnant au sein de leur groupe. À leurs yeux, la démocratie signifiait se sentir sur un pied d'égalité avec les employées du groupe et les autres femmes prenant part aux discussions, et l'impression d'avoir le droit d'exprimer son opinion et le sentiment que cette opinion « comptait ».

Dans le cadre d'une entrevue, des participantes ont formulé les commentaires suivants en réponse à une question sur leur conception de la démocratie :

> *C'est ça, c'est que tu as le droit de parole, quand même [...] qu'on discute d'un point avec une intervenante là-bas, ce n'est pas parce que la personne est intervenante qu'elle a le dessus sur toi, même si tu n'as pas la même opinion [...], je peux en apprendre à l'intervenante comme elle peut m'en apprendre, c'est réciproque là, l'information puis [...] les opinions vont dans les deux sens [...].*

> *Tu es sur le même pied d'égalité, elle n'est pas supérieure.*

> *C'est ça, tu as personne sur un piédestal puis ça va au rythme des personnes, [...] mettons toutes les prises de conscience, tu peux voir que la personne est un peu moins avancée mais tu la respectes là-dedans puis elle n'est pas mauvaise pour autant [...].*

> *Elle a son cheminement [...] puis les personnes sont suivies à leur rythme[2].*

Le sentiment d'être respectée, d'avoir confiance en ces gens dont le rôle est de soutenir les femmes afin qu'elles apprennent à s'exprimer et à prendre leur place au sein du groupe, ainsi que le sentiment d'être écoutée ont été exprimés maintes fois par les participantes. Certaines ont explicité leur pensée en précisant que des rapports égalitaires pouvaient favoriser la prise en charge de responsabilités au sein du groupe, en créant les conditions qui permettaient d'apprendre et de se remettre en question. Un grand nombre des femmes interviewées sentaient qu'elles faisaient partie intégrante du groupe parce que les employées les consultaient fréquemment pour s'enquérir de leur opinion.

Certes, ces aspects ne signifient pas en soi qu'il y a bien participation démocratique, les participantes n'ayant pas mentionné si elles prenaient part aux délibérations ou à la prise de décisions. Toutefois, le nombre élevé de participantes qui s'y sont référées dans leur définition de la démocratie nous amène à penser que ces aspects peuvent tout au moins être considérés comme le point de départ à une éventuelle participation au processus démocratique. Effectivement, apprendre à exprimer son opinion, tenir compte de celles des autres dans un climat marqué par l'acceptation, la chaleur humaine et l'apprentissage sont autant de facteurs qui peuvent jeter les bases de pratiques véritablement démocratiques.

Une coordonnatrice expliquait les choses de la façon suivante :

> *Je pense que le travail que nous on fait, bien, c'est sûr qu'il y a de la job là-dedans, elles sont pas habituées à ça, à avoir le droit de dire. [...] le problème, c'est pas qu'elles ne pensent pas, le problème, c'est qu'on va pas écouter ce qu'elles disent, donc elles peuvent te dire n'importe quoi en se disant que de toute façon, ça va changer quoi ? Ça fait que quand elles arrivent ici, ce qu'on leur dit, c'est « penses-y parce que là, ton opinion va compter et c'est toi qui vas décider ». Donc elles pensent, elles parlent, elles s'expriment, elles discutent, elles changent d'idée, puis c'est correct. Parce que moi aussi je change d'idée, parce que Lucie change d'idée, parce qu'il y en a eu plein qui sont passées ici qui ont changé d'idée. [...] Leur opinion est aussi valable que la mienne. La seule différence qu'il va y avoir, puis je leur dis, c'est que moi j'ai eu la chance d'en discuter ailleurs, ce qu'elles ont pas eu. Donc, j'essaie de leur permettre de faire ça.*

Sans un tel climat, fondé sur le respect, l'incitation à l'expression et à l'écoute des opinions, les participantes des groupes de femmes ne se sentent pas en mesure de prendre part aux discussions et aux débats qui se trouvent au cœur du processus démocratique. Les commentaires formulés lors des échanges au sujet des obstacles à la participation au sein des structures démocratiques le confirment. En effet, certaines participantes qui avaient eu une expérience très négative de telles structures ont mentionné le « mauvais accueil » qu'on leur avait réservé, le climat relativement froid qui y régnait et qui avait empêché leur pleine participation.

Dans les publications relatives au processus démocratique, on ne traite pas souvent du climat de respect et d'ouverture dont certaines personnes ont besoin pour être en mesure de participer (à l'exception peut-être de Phillips et Young). Il ressort au contraire que, dans bon nombre d'organisations qui font appel à des pratiques démocratiques, il y règne un tel climat de confrontation et de compétition que celui-ci suffit à exclure certaines personnes. Cette exclusion et ce manque de respect, conjugués à la prédominance de personnes de sexe masculin et à la prépondérance des modèles « masculins », comptent d'ailleurs parmi les facteurs ayant mené à la mise en place de pratiques différentes au sein des groupes de femmes en Amérique du Nord. Ces pratiques visaient à créer un climat de soutien et à assurer une prise de décision consensuelle[3].

Dans les publications traitant des groupes de femmes, on signale également l'importance du respect des émotions et du climat dans lequel se déroule le processus[4]. Cependant, peu d'auteurs associent les notions de respect et d'ouverture aux conditions nécessaires à une participation au processus démocratique. Dans ses récents articles, Mansbridge[5] s'intéresse à cette question, mais elle apparaît en fait comme l'une des rares théoriciennes à s'y attarder. Elle souligne, à juste titre, combien ce climat est important si l'on veut que les femmes participent aux processus de délibération, qu'elles osent exprimer leurs opinions et tentent de définir, même de façon imprécise, leurs points de vue et intérêts par rapport aux enjeux. Cependant, nous tenons à souligner que les participantes des groupes de femmes sont elles-mêmes si peu habituées à prendre la parole, à être écoutées avec respect, à sentir qu'on leur fait confiance et à assumer des responsabilités, qu'elles doivent d'abord s'approprier cette culture pour être en mesure de prendre part aux structures démocratiques plus formelles où les délibérations ont lieu. Qui plus est, comme ce respect et cette écoute sont pour elles quelque chose de tout à fait nouveau, au même titre que le fait de pouvoir exprimer leurs opinions en tant que personnes égales aux autres, de nombreuses femmes associent étroitement ces éléments à la démocratie elle-même. Le climat de respect et les pratiques qui y sont associées s'avèrent d'ailleurs si essentiels à la participation des femmes que les participantes se retirent tout aussi rapidement du processus lorsqu'ils en sont absents.

Il faut en effet préciser ici qu'un grand nombre d'organismes ayant pris part à notre étude œuvrent auprès de femmes très défavorisées, qui sont privées d'une partie de leurs droits et font face à des problèmes dont les conséquences s'avèrent souvent douloureuses et profondes. Si l'on veut qu'elles croient à la possibilité de participer activement et osent s'engager sur cette voie au sein de leur groupe, il faut absolument les aider à retrouver confiance en elles-mêmes et estime de soi, et à créer des lieux où elles pourront être écoutées avec respect.

Dans le cadre de notre examen des délibérations, nous nous pencherons donc sur l'importante question des émotions, sur les liens d'amitié et sur la culture de soutien, ainsi que sur la manière dont ces éléments peuvent être intégrés aux délibérations, qui devraient permettre à la fois une franche discussion et l'expression de la dissidence. L'une des questions soulevées, lorsqu'on parle de respect, est donc de savoir comment aider les femmes à participer au processus démocratique dans des contextes plus contraignants et formels.

Les conditions nécessaires à la participation démocratique

La participation démocratique suppose deux conditions préalables largement reconnues dans les publications s'intéressant aux pratiques démocratiques. Il s'agit évidemment de l'information, qui doit être accessible et comprise de tous, puis de l'acquisition de compétences nécessaires à la participation aux délibérations.

L'information : un enjeu qui dépasse la question de l'accès

Telle que présentée ici, la question de l'information va bien au-delà du simple accès à l'information et de sa compréhension. En règle générale, lorsqu'on définit la question de l'information dans la perspective du processus démocratique, on inclut aussi la compréhension du fonctionnement du groupe, des dossiers auxquels il se consacre et une connaissance des autres acteurs. Elle suppose une maîtrise du langage propre à ces instances – c'est-à-dire le jargon et les acronymes utilisés dans le domaine d'intervention. De façon plus importante, elle suppose également l'acquisition d'habiletés personnelles permettant de maîtriser ces éléments et de savoir comment obtenir l'information nécessaire à une participation aux débats. Il convient de souligner que toute participation démocratique nécessite toujours un apprentissage. Cependant, une fois que les personnes moins expérimentées ont fait certains progrès, elles acquièrent rapidement la conviction qu'il est possible de poursuivre sur cette voie et que les efforts déployés en valent la peine.

La maîtrise du langage

Dans le cadre des entrevues, toutes les femmes interviewées – employées, membres du conseil d'administration et participantes – ont indiqué que si l'on a affaire à des personnes peu scolarisées, le langage peut vite constituer un obstacle majeur à la participation démocratique. Comme le soulignait une employée d'un groupe dont le conseil d'administration compte de nombreuses participantes, il ne faut jamais sous-estimer le pouvoir d'exclusion des mots.

> *[...] quand on se retrouve en conseil d'administration, de comprendre, vulgariser les textes, s'approprier les textes puis les vulgariser, puis des fois, je vais arriver comme pour expliquer des affaires, puis là je sors un mot, je me dis ouf! On prend-tu celui-là... [...] m'assurer qu'on a compris, des fois ce n'est pas toujours évident [...] Nous autres, on pataugue là-dedans à longueur de journée, puis c'est toujours comme cette inquié-*

tude là, est-ce que c'est compris? Puis c'est d'avoir l'impression de souvent répéter.

Une autre employée ajoutait:

> *Leur vocabulaire est petit, puis nous autres, on utilise des mots qu'elles ne comprennent pas. Les outils que tu utilises, de toujours trouver les façons qu'elles vont être en mesure de prendre les décisions, qu'elles ont compris c'est quoi l'enjeu, c'est majeur ça. Tu as l'impression que tu dis des mots tellement simples, mais ils ne sont pas encore assez simples[6].*

Les employées des groupes de femmes ont signalé les efforts constants qu'il faut faire pour rendre la documentation accessible et trouver d'autres façons de présenter l'information. Les femmes qui ont un faible niveau de scolarité doivent relever un double défi: «décoder» la documentation écrite et maîtriser le jargon si répandu dans les groupes s'inscrivant dans la mouvance féministe, dans le milieu communautaire, dans les divers ordres de gouvernement et ministères, et dans la multitude de comités, de politiques et de programmes dont ces organismes sont tributaires. L'une des participantes nous a ainsi décrit l'expérience qu'elle a vécue, à cet égard, lors de la séance de réflexion annuelle de son groupe où l'on devait planifier le travail pour l'année à venir.

> *Quand j'ai commencé sur l'équipe de travail, je venais ici sur des programmes Extra au début, puis le premier camp de travail qu'on a eu, on part trois jours. Puis à un moment donné, on parlait de plein d'affaires [...] je ne comprenais rien, puis là, à un moment donné, je me suis mise à poser des questions. C'était quasiment à chaque mot, je leur demandais qu'est-ce que ça voulait dire. Ça a pris peut-être une heure de plus par ma faute, mais on m'a aidée à comprendre[7].*

Les employées et les membres des conseils d'administration, habituées au jargon et aux acronymes propres à ces instances, oublient elles-mêmes souvent à quel point il peut être difficile à comprendre pour les non-initiées, surtout lorsqu'elles sont peu scolarisées. Ces aspects peuvent même constituer un obstacle insurmontable, car ils empêchent la compréhension des termes et des appellations de base qui permettent de saisir les questions en jeu. Employées et autres initiées doivent également se rappeler que ce jargon évolue constamment, que les programmes et les structures changent d'appellation et que des néologismes apparaissent sans cesse, ce qui rend la compréhension encore plus difficile pour celles qui n'œuvrent pas régulièrement dans ce domaine.

Les sessions de formation

Bon nombre de groupes de femmes ayant participé à l'étude offrent d'ailleurs des sessions de formation aux nouveaux membres de leur conseil d'administration afin qu'ils s'approprient rapidement tous les aspects de la gestion interne. Beaucoup d'employées ont mentionné que c'était l'un des meilleurs moyens pour préparer les membres du conseil à leurs futures fonctions. Ces sessions comportent généralement des explications sur les responsabilités du conseil et sa relation avec l'équipe des employées et les membres du groupe, de même qu'une présentation des rapports financiers et du budget de l'année. Elles constituent en général une bonne «initiation» au travail des conseils d'administration. L'une des employées interviewées décrivait comme suit une série de sessions de formation:

> *Une dizaine de jours après l'assemblée générale, on prépare un, deux jours intensifs de formation. [...] Des fois, on est essoufflée, moi personnellement. Ça a toujours du bon, c'est sûr que ça demande beaucoup de jus de la part des travailleuses, un investissement épouvantable, mais ça vaut toujours la peine, parce que les quatre nouvelles qui rentrent au conseil d'administration, par exemple, qu'est-ce qu'elles savent là? Elles viennent au centre depuis un an, six mois, deux ans, mais elles savent-tu comment ça marche, en arrière? En arrière de la grande salle de rencontre? Alors la première matinée, on fait connaissance, on va être un an ou deux ensemble là, ensuite l'après-midi on présente le centre sous tous ces volets, le volet services, activités éducatives, implication sociale, nos représentations à l'extérieur, les différentes tables de concertation où est-ce qu'on est, alors on présente le Centre[8].*

La première chose qui ressort de cette description est bien évidemment toute la complexité des connaissances requises pour faire partie d'un conseil d'administration. Il faut avoir une vue d'ensemble du travail du groupe, connaître les autres acteurs avec (ou «contre» qui) celui-ci travaille, bien comprendre les pratiques démocratiques, d'intervention féministe et de gestion, savoir quelles sont les responsabilités légales du conseil et connaître les règles qui régissent l'organisme (statuts et règlements). On note par ailleurs que la formation n'est donnée qu'aux membres du conseil. En fait, que ce soit lors des entrevues ou pendant nos observations, nous n'avons pas eu connaissance de groupes offrant de telles sessions de formation à l'ensemble de leurs membres. Cela signifie donc que ces derniers n'ont pas tous accès au mécanisme par le biais duquel l'information et la formation peuvent favoriser la compréhension des dossiers ainsi que la participation au processus démocratique. Enfin, les employées qui ont pris part aux entrevues ont également mentionné qu'après les sessions de formation, elles avaient des attentes très élevées quant à la capacité des membres nouvellement formées d'assumer leurs fonctions. Si certaines reconnaissaient qu'il faut un certain temps pour s'adapter et s'approprier le travail, elles s'attendent en général à ce que les nouveaux membres du conseil soient «fonctionnelles» dès la fin de cette formation. Comme nous le verrons dans la section suivante, les membres des conseils avaient un point de vue passablement différent sur cette question.

Le processus d'apprentissage: acquisition de compétences et assimilation de l'information

Alors que les employées trouvaient que les sessions de formation destinées aux membres du conseil d'administration sont très importantes, puisqu'elles leur fournissent l'information de base nécessaire à l'accomplissement de leur travail, les membres des conseils, de leur côté, ont souligné toute l'importance de l'expérience pratique pour acquérir une certaine efficacité. Les sessions de formation sont utiles à titre d'orientation, mais leur portée reste limitée. La compréhension ne vient vraiment que par la pratique, la prise de responsabilités et le soutien reçu. Cette compréhension s'accentue également au fur et à mesure que les membres apprennent des erreurs du groupe et de leurs propres erreurs. Voici le témoignage d'une participante qui décrit son étonnement, et sa satisfaction, lorsqu'on l'a incitée à assumer certaines responsabilités au sein du groupe et lorsqu'elle a découvert qu'elle avait des capacités qu'elle ne soupçonnait pas:

> *C'est ça, moi, ça l'a été la confiance qu'il peut y avoir, parce qu'on m'a mis en charge d'une pétition [...] puis c'est moi qui étais en charge de ça, la confiance, puis je ne savais pas que je connaissais autant de monde que ça pour faire circuler la pétition, mais là, je l'ai vu, j'ai dit tabarnouche! [...] bien mon Dieu! Je ne savais pas que je connaissais tant de monde que ça, puis que j'étais capable de tout faire ça, parce que moi je suis plutôt timide, un petit peu gênée puis je ne vais pas bien, bien au devant des autres, mais là, il fallait que j'y aille, mais première des choses, parce que je croyais en ce que je faisais. Puis ça [...] en tout cas, ça a très bien été [...][9].*

Il est intéressant de constater l'équilibre délicat à atteindre entre l'encouragement offert aux femmes afin qu'elles participent et apprennent par la pratique et le fait de les pousser à participer et à continuer de le faire. Tous les groupes s'accordaient pour dire que la participation est volontaire, mais, lorsque certaines femmes hésitaient à participer, les groupes trouvaient des façons de les inciter à le faire par le biais de cadre d'actions et de structures exigeantes, tout en leur fournissant le soutien nécessaire. Par exemple, tel que vu dans le chapitre précédent, l'un des groupes étudiés, dont les membres sont généralement peu scolarisées, a mis en place un processus électoral décentralisé afin que les comités de participantes soient représentés au sein du conseil d'administration. Chaque comité responsable d'un secteur d'activité élit ainsi une représentante pour siéger au conseil. Les représentantes font au conseil un rapport des activités de leur comité à qui elles communiquent en retour les décisions du conseil. Elles bénéficient d'un soutien à chacune des étapes, ce qui représente pour elles une responsabilité « stressante », mais qui leur permet d'acquérir les nouvelles compétences nécessaires. En effet, rédiger un rapport d'activités, prendre la parole devant le conseil d'administration ou un comité, exprimer une opinion devant toutes ces instances sont souvent source d'anxiété. Par contre, comme le rôle de représentante jouit d'un grand prestige au sein des groupes, il peut aussi être une source de grande fierté. Les participantes semblaient en fait éprouver des sentiments contradictoires face à ces responsabilités. Des employées du groupe en question ont par exemple expliqué que si l'on ne demandait pas aux participantes d'assumer des responsabilités et de prendre la parole, elles ne le feraient probablement pas parce que cela les intimidait trop. Une fois par contre que les participantes décident d'assumer de telles responsabilités, elles reçoivent un soutien adéquat et en retirent une grande fierté, autant pendant qu'après l'expérience.

Pour terminer, mentionnons que l'une des participantes d'un groupe de femmes dont le conseil d'administration est formé de participantes (dont un grand nombre sont peu scolarisées) a fait le commentaire suivant : « On est toujours dans les apprentissages, à tel point que je ne peux plus séparer dans ma tête apprentissage et démocratie ». Il est vrai que la participation exige et permet un apprentissage important, et qu'on doit concevoir la démocratie elle-même comme un apprentissage. Les personnes qui possèdent déjà de l'expérience sur ce plan peuvent ressentir une certaine frustration face à cette situation, mais il est essentiel de faire place et de fournir un soutien à celles qui ne connaissent pas le processus, peu importe la lenteur de leurs progrès. Une fois qu'on a compris qu'un tel apprentissage est indispensable au processus démocratique, la compréhension des lieux de démocratie et de leurs mécanismes s'étend et se précise. Bohman[10] reconnaît que la compréhension de l'information et sa complexité constituent de toute façon de nos jours l'un des plus grands défis de la démocratie dans la société elle-même.

D'après ce que nous avons pu observer chez des groupes qui œuvrent auprès de femmes très défavorisées, mais au sein desquels elles prennent une part active aux délibérations et à la prise de décision, il y a lieu de croire que non seulement les experts mais aussi les gens qui n'ont pas beaucoup d'instruction peuvent comprendre le processus décisionnel et y participer. Il ne faut donc pas se laisser tenter par les pratiques fondées sur l'exclusion, en invoquant les soi-disant «limites» ou «exigences» de la démocratie. Notre étude indique qu'il incombe aux personnes qui ont déjà l'expérience de la démocratie de créer des occasions de participer et de fournir un soutien aux participantes, en présentant l'information de façon compréhensible et en les aidant à acquérir les habilités nécessaires à son appropriation et à la formulation d'une opinion personnelle. Une telle attitude permet aux femmes moins expérimentées et moins scolarisées de prendre la place qui devrait leur revenir dans le cadre du processus démocratique.

La délibération

Pour de très nombreux théoriciens, la délibération se trouve au cœur même de la pratique démocratique[11]. Par délibération, on entend le processus par lequel un groupe de personnes en arrive à une décision collective après en avoir discuté. En fait, la délibération suppose à la fois de bien cerner le problème, l'étude éclairée et approfondie de toutes les options possibles, l'examen de toute l'information disponible et des autres sources éventuelles d'information, la définition des questions, des opinions et des tendances ainsi que des discussions visant à concilier les points de vue divergents. Le processus est donc à la fois simple, très complexe et plein de subtilités. Sa simplicité réside dans le fait qu'il s'agit seulement de s'exprimer, de discuter, de débattre de questions et d'exercer, selon la célèbre expression de Kant, l'usage public de la raison. En revanche, la délibération s'avère extrêmement complexe si on l'envisage du point de vue des conditions qu'elle requiert. Le groupe qui délibère doit être clairement défini[12], et ses membres doivent évidemment partager certaines valeurs communes qui doivent servir de principes directeurs dans le cadre des discussions et permettre de trouver des solutions qui sont acceptables pour le plus grand nombre. En fait, la question du pluralisme en démocratie et de la remise en question éventuelle des valeurs communes, sur laquelle repose en grande partie la délibération, entraîneront toujours des tensions et des débats au sein des groupes comme de la société[13].

Au chapitre des valeurs communes, mentionnons, entre autres, la distinction entre intérêt public et privé. La démocratie exige que les membres du groupe œuvrent en faveur de l'intérêt public. Cependant, ce principe s'avère difficile à mettre en pratique. Comment peut-on le définir? Comment peut-on concilier les droits des minorités opprimées et les intérêts de la majorité? De Pateman[14] à Leidner[15], en passant par Mansbridge[16], de nombreuses théoriciennes ont montré à quel point la notion du bien commun a évolué au fil du temps et donc à quel point elle suscite tensions et débats. Par exemple, de nouvelles formes de discrimination peuvent être constatées, si bien que le groupe doit prendre des mesures pour les contrer et cela dans son propre intérêt. Mais il y a toujours matière à débat. Mansbridge décrit comme suit l'ouverture d'esprit nécessaire: «[...] les assemblées délibérantes doivent s'efforcer d'aider activement tous les participants à trouver ce qu'ils veulent et à en faire une réalité. Les préférences, sauf lorsqu'il s'agit d'intérêts, ne vont pas de soi. Elles doivent être exprimées à titre de suggestions, évaluées, examinées à la lumière de leur origine, explorées et, finalement, adoptées. Une bonne délibération doit reposer sur des institutions qui permettent la dissidence et sur des modèles de comportement adéquats en vertu desquels on peut hésiter et changer d'idée et qui s'inscrivent dans le caractère évolutif du processus. Seuls de tels mécanismes peuvent permettre aux participants de déterminer ce qu'ils veulent[17].» Le déroulement du processus de délibération n'est toutefois pas clairement défini, et, comme nous le verrons ultérieurement, plus un groupe tente de faire en sorte qu'il le soit, pour en assurer l'efficacité, plus il risque d'exclure certaines personnes, en les empêchant de se sentir concernées par la notion de bien commun qui doit les guider.

Tout comme la présente étude, notre étude précédente[18] nous a permis de constater que, dans beaucoup de groupes, le bien commun est défini à partir du point de vue des employées. C'est le cas, par exemple, des décisions relatives aux heures d'ouverture (les participantes veulent souvent avoir accès au local le soir ou le week-end, chose que beaucoup d'employées souhaitent éviter), à l'accès à certaines ressources, comme le centre de documentation ou les ordinateurs, ou encore la programmation du groupe, assurée par les travailleuses, même si les membres peuvent être encouragées à donner leur avis. Il est rare qu'un groupe s'attache à définir clairement le concept de bien commun, de sorte que l'opinion des personnes qui jouent un rôle prépondérant dans la prise de décisions (décisions qui, en bout de ligne, contribuent à définir ce concept) pèse plus lourd dans la balance. Nous avons toutefois relevé des exceptions intéressantes. En effet, la coordonnatrice d'un groupe de femmes dont le conseil d'administration se compose entièrement de membres issues de la base a reconnu qu'elle avait personnellement le pouvoir d'influencer le cours des décisions. Dans le cadre d'une entrevue, elle a expliqué qu'à ses yeux le centre doit absolument être à l'image des femmes qui en sont membres. Il est donc essentiel que le conseil d'administration prenne ses décisions de manière indépendante, même si cela va à l'encontre des intérêts des employées. Cette coordonnatrice parle ainsi ouvertement au conseil d'administration de ses intérêts et de son pouvoir décisionnel afin qu'on puisse en discuter. Lors d'une autre entrevue, les membres du conseil d'administration de son groupe ont mentionné qu'elle s'était d'ailleurs déjà retirée des discussions pour que ces dernières puissent exprimer leurs opinions plus librement. En mettant au jour ces différences de pouvoir et d'intérêts, on permet aux femmes de découvrir leurs propres intérêts, comme l'explique Mansbridge dans la citation précédente. En outre, les membres du conseil se sont elles-mêmes rendu compte que leurs intérêts, à titre de responsables de la gestion interne du groupe, ne concordaient pas toujours avec ceux des employées ou des membres de la base, même lorsqu'elles sont eux-mêmes issus de cette base. Elles ont découvert cette réalité et appris à composer avec elle.

La délibération ne consiste donc pas simplement en une mise en commun des points de vue. Elle doit faire en sorte que la diversité d'opinions donne lieu à des décisions et des choix cohérents. Une des conditions pour que le processus fonctionne consiste à ce que les personnes intéressées ne restent pas campées sur leurs positions. Celles-ci doivent évoluer, voire changer, les personnes acceptant ainsi d'être influencées et d'évoluer. Le processus ne peut donc être couronné de succès dans des situations où certaines personnes refusent d'être influencées par les autres et de modifier leur point de vue.

Lors d'un échange réunissant des participantes d'un groupe d'alphabétisation, nous avons recueilli plusieurs témoignages touchants de la part de membres de la base qui avaient appris à participer aux mécanismes décisionnels de leur groupe et qui racontaient les enseignements qu'elles en avaient tirés.

> *R: Moi, je suis prompte des fois, mais là, je suis calmée, je suis plus diplomate puis tout! Il faut que je fasse ça, là, ce bout là, parce que [...] moi, avant, c'était direct, puis tout ça.*

> *Q: C'est intéressant, alors vous apprenez la diplomatie?*

> *R: Oui, parce que moi, quand je suis arrivée ici, on m'appelait la rebelle. Moi je voulais rien savoir, je voulais battre tout le monde! Tu demanderas [...] à toute la gang! J'ai dit moi, ici, ils ne font pas de loi, je vais en faire! Je suis arrivée là enragée puis [...]*

> *Q: Et puis, qu'est-ce qui s'est passé?*

> *R: Bien, à voir le monde, de la manière qu'on agissait avec moi, là. Eux autres, là, elles gardaient leur casque, puis je veux les battre, puis regarde comment ça me parle, puis j'ai appris à la longue.*

> *Q: Elle en a battu combien avant de comprendre?*

> *R: [rires] La seule que j'ai voulu battre, on m'en a empêchée. Mais j'étais de même, moi, je n'étais pas parlable, avant. Ça m'a changée complètement, puis j'aime mieux ça. J'aime mieux la nouvelle moi que l'ancienne.*

Ces témoignages montrent toute l'importance d'instaurer une culture fondée sur le respect et l'apprentissage. Pour ce faire cependant, chacun doit accepter de participer au processus de travail et à la prise de décisions au sein du groupe, participation par laquelle les nouvelles compétences seront mises à l'épreuve et intégrées. Par conséquent, comme le souligne Mansbridge, ces processus doivent tolérer une certaine indécision et l'hésitation propre à l'apprentissage des participantes. Une femme qui siège à un conseil d'administration entièrement formé de participantes issues de la base nous a expliqué comment les choses se passaient dans son groupe:

> *Je pense que, de plus en plus, on est rendu qu'on se parle assez ouvertement, on pose nos questions assez ouvertement. On a arrêté de penser que l'autre pense comme moi, puis qu'on s'entend. On a une question à poser, puis même si ça met en doute ou ça va chercher des affaires, on est capable de se le dire, puis de poser des questions. Mais les femmes n'ont pas besoin de savoir qu'on se pose ces questions-là, puis qu'on met en doute des choses [...]. Puis je pense que c'est normal de le faire, parce que c'est notre place*

[...] aller chercher le plus d'éclaircissements qu'on peut, mais je ne pense pas que tout le monde a besoin de savoir que ça l'a été écrit, puis on ne sait pas si c'est vrai, puis ce n'est pas aussi clair que ça.

Dans d'autres groupes à l'étude, nous avons remarqué des expériences semblables, où l'on avait fait l'apprentissage de la diplomatie et de la discrétion, et où l'on avait appris à assumer les échanges de points de vue de façon responsable au sein du groupe. Ces groupes étaient d'ailleurs d'accord avec Mansbridge quant au caractère «désordonné» du processus. Certains en sont même venus à la conclusion, à l'instar de la personne dont les paroles sont rapportées plus haut, qu'il n'est pas nécessaire que tout cela se sache à l'extérieur de l'instance décisionnel. Les membres du conseil d'administration doivent se sentir libres de poser des questions et d'exprimer leurs doutes et leurs «malaises» sans se préoccuper du fait qu'on pourrait mal les interpréter à l'extérieur du conseil. Une telle attitude soulève l'importante question de la transparence du processus démocratique, qui constitue une valeur fondamentale à toutes ses étapes. Plusieurs des groupes qui ont participé à l'étude ont d'ailleurs déclaré qu'ils affichaient les procès-verbaux des réunions du conseil afin d'en assurer la diffusion, mais que certaines parties comportant des renseignements plus sensibles pouvaient être volontairement retirées et considérées comme «confidentielles». Les extraits des procès-verbaux qu'on affichait contenaient les décisions et les arguments présentés de façon générale, mais pas nécessairement tous les détails du processus. Fait intéressant, il ressort de cet exemple que la question de la circulation de l'information et la nature des décisions prises, ainsi que le processus menant à celles-ci, sont très complexes, tout comme de nombreuses questions liées à la démocratie. La manière dont un groupe donné y fait face dépend évidemment de ses expériences, de sa culture et des valeurs de ses membres, qui peuvent changer au fil du temps. Il importe toutefois de souligner que, si l'on ne peut ignorer l'apparence désordonnée du processus, toutes les participantes doivent comprendre qu'il s'agit là d'un phénomène tout à fait normal.

Dans l'un de ses premiers articles, Mansbridge[19] soutenait qu'en matière de démocratie, le facteur temps, l'égalité entre les parties et les émotions constituaient les aspects les plus délicats à gérer au sein des organisations non conventionnelles. Les résultats de notre étude nous portent à croire que ce point de vue est tout à fait fondé. Étant donné la nature même de la démocratie, surtout au sein des petits groupes, ces questions sont toujours en jeu. Le facteur temps apparaît toutefois vraisemblablement comme le plus important, puisqu'il a une incidence sur les deux autres, en particulier sur l'égalité entre les parties.

Le facteur temps

La démocratie n'a rien d'efficace si on considère tout le temps qu'il faut consacrer aux délibérations. Elle repose en effet sur la discussion et sur le fait que la légitimité des décisions émane de ce que chacun ait «voix au chapitre» au sein du groupe et qu'il peut donc en influencer les décisions[20]. Même si les décisions prises ne vont pas toujours dans le sens de ce qu'on aurait souhaité, le fait que l'on ait eu la possibilité d'exprimer ses idées et d'avoir une influence sur le groupe devrait nous amener à reconnaître la légitimité de la décision finale. Il faut donc prendre le temps nécessaire afin que les gens puissent échanger leurs opinions, comprendre l'information présentée et discuter des propositions, examiner les compromis possibles, et parvenir à une décision que le groupe jugera finalement satisfaisante. C'est un long processus, et toute tentative pour le rendre plus «efficace» aura pour effet d'exclure les personnes qui ne peuvent soutenir un rythme élevé de discussion, ou empêchera celles-ci de poser des questions ou d'exprimer leur insatisfaction, de crainte de se faire reprocher de ralentir le processus. Si les discussions avancent très lentement ou semblent même impertinentes (comme la couleur dont on devrait repeindre les locaux), certains membres pourront évidemment ressentir une certaine frustration. La question du temps à accorder aux discussions comme celle des thèmes discutés pourront toutefois être débattues librement et se régler de façon tout à fait démocratique. Le temps investi dans le processus décisionnel sera ainsi compensé par une mise en œuvre efficace de la décision, celle-ci n'ayant pas été imposée de l'extérieur, sans une participation des personnes concernées. En théorie, les gens les plus touchés par la décision auront ainsi participé au processus et devraient donc s'y rallier.

L'égalité des parties

Dans notre société, les sources d'inégalité sont nombreuses, et on les retrouve dans tout groupe constitué d'êtres humains, quels qu'ils soient. En outre, les gens possèdent différentes aptitudes qu'ils peuvent mettre à profit dans le cadre de tout processus démocratique. En matière de démocratie, les deux principales sources d'inégalité sont probablement l'accès à l'information, sa juste compréhension ainsi que le pouvoir de persuasion incitant les autres à se rallier à son opinion. Fait intéressant, les groupes affichant les pratiques démocratiques les plus originales sont ceux qui œuvrent auprès des populations les plus défavorisées, ce qui n'a rien d'étonnant quand on sait que les employées sont directement confrontées au problème des inégalités sociales. Au sein de ces groupes, les coordonnatrices reconnaissent d'emblée leur pouvoir et en parlent explicitement, car la seule façon d'aider les autres à y faire face est de les amener à en être pleinement conscients et à en comprendre l'origine.

Dans ces groupes, les coordonnatrices ou les directrices jouissent en fait généralement d'une grande « autorité morale » en raison des qualités qui leur sont reconnues. Pour les membres d'un conseil d'administration, qui appartiennent à une couche sociale très défavorisée, c'est en effet tout un événement déterminant (et exceptionnel) lorsqu'une coordonnatrice leur dit que leurs opinions ont autant de valeur que les siennes et qu'en plus elle leur explique comment elle-même a accès à l'information et aux ressources qui lui permettent de se faire une opinion. Cela ne signifie toutefois pas que ces membres ne doivent pas remettre en question les positions de la coordonnatrice ou être en désaccord avec elle. Dans le cas qui nous intéresse, tant la coordonnatrice que les membres du conseil nous ont affirmé que celle-ci les encourageait à trouver des sources d'information à l'extérieur du groupe. La meilleure façon de s'attaquer aux problèmes liés aux inégalités lors de la délibération est donc d'en parler, de déterminer leur origine et d'investir le temps et les efforts nécessaires pour les compenser. Dans le cadre du processus démocratique, il est en fait de première importance de ne pas sauter ces étapes. Nous discuterons d'ailleurs dans notre conclusion des « exigences » pour assurer la démocratie et nous verrons que la question des inégalités constitue l'aspect du processus démocratique le plus difficile à surmonter.

Les émotions

Dans les groupes relativement petits, fondés sur une communauté de valeurs et d'objectifs, l'expression des émotions peut aussi jouer un rôle très important. Il arrive ainsi que de solides liens d'amitié se nouent entre les membres du groupe. Dans bon nombre des groupes que nous avons observés, des couples s'étaient même formés parmi les employées ou les participantes. Ce phénomène engendre des émotions qui rendent cependant parfois le processus plus complexe. Comme nous l'avons mentionné précédemment, les théoriciennes qui étudient les pratiques en vigueur dans les groupes de femmes (Morgan, Mansbridge) ont remarqué que l'une des valeurs fondamentales de ces organismes réside dans l'acceptation et l'expression des émotions en tant que pratiques légitimes s'inscrivant dans le fonctionnement normal du groupe. De nombreux groupes de femmes ont ainsi formellement mis en place une culture basée sur une vision holistique des femmes où on ne s'attend pas à ce que les femmes «mettent de côté» leurs émotions et leurs liens d'amitié lorsqu'elles prennent part aux discussions du groupe, qu'elles soient formelles ou informelles. Une telle philosophie peut s'avérer problématique dans la pratique, mais, comme l'ont souligné les employées et les membres de groupes qui ont participé à notre étude, il est important d'aborder ces sujets afin de pouvoir en discuter et assainir le climat. Nous examinerons d'ailleurs à nouveau cette question, dans la section consacrée au consensus et à la dissidence.

De nombreux théoriciens reconnaissent eux-mêmes que la participation aux délibérations correspond à un processus en évolution constante. Mill a étudié soigneusement les transformations que subissent notamment les idées des représentants gouvernementaux, par leur participation aux débats, et qui les amènent à les préciser et les épurer. La théorie de la démocratie discursive de Habermas se fonde aussi sur la prémisse selon laquelle les opinions exposées dans le cadre du débat démocratique subissent nécessairement une transformation plutôt qu'un amalgame. Nous serions tentée d'avancer que, dans les organisations qui ont des pratiques démocratiques, il s'agit d'une triple transformation: celle de l'information considérée en vue de la prise de décision, celle des personnes qui participent au processus et tentent d'œuvrer dans l'intérêt du bien commun et celle du groupe, qui passe d'un simple regroupement d'individus à un groupe où la cohésion et un sentiment d'appartenance et d'engagement règnent. Dans les groupes qui ont pris part à notre étude, on a déjà mentionné à plusieurs reprises ce sentiment d'appartenance ainsi que les liens fondés sur le respect et la solidarité qui se nouent entre les personnes qui surmontent ensemble des difficultés et prennent collectivement des décisions. La participation aux délibérations entraîne donc des changements intéressants et notables, tant chez les individus que dans le groupe, ce qui montre bien toute l'importance de pouvoir participer au processus. Par contraste, il est intéressant de noter ce qui se passe lors de la dernière transformation du groupe – au sein des organisations, des organes gouvernementaux formés de représentants ou des organismes bénévoles – où les choses ne se déroulent pas nécessairement ainsi. Invariablement, on observe que le processus décisionnel s'avère plus difficile, que les compromis sont beaucoup moins satisfaisants et que, en fin de compte, plus de gens ont l'impression de «perdre» ou de «gagner».

Le processus décisionnel

Bien que la délibération et la prise de décision devraient toujours être intimement liées, nous faisons nettement la distinction entre les deux. Cela nous permet en effet d'examiner certaines questions plus en détail, mais aussi parce que nous avons constaté combien, dans la pratique, ces deux exercices sont souvent dissociés.

Les liens entre la délibération et la prise de décision

Une fois que le groupe a bien cerné le problème, étudié attentivement l'information pertinente, examiné les solutions de rechange possibles ainsi que les conséquences de chacune, il doit choisir une option et déterminer sous quelles conditions celle-ci pourrait être finale. Dans la culture des groupes de femmes au Québec, l'équipe des employées joue sur ce plan un rôle central et tout à fait prépondérant[21]. Très souvent, bon nombre de questions, dont le conseil d'administration est saisi, ont d'abord été examinées par cette équipe. En règle générale, c'est la coordonnatrice ou une représentante de l'équipe qui prépare l'ordre du jour de la réunion et qui fournit l'information au conseil. C'est aussi cette personne qui présente le point de vue de l'équipe sur la question à l'étude. Parmi les membres des conseils d'administration ayant participé à notre étude, beaucoup ont indiqué que, souvent, la position de l'équipe est si bien exposée que le conseil ne peut faire autrement que de l'entériner. À nos yeux, cette situation montre bien les problèmes et risques que peut entraîner le fait de dissocier délibération et prise de décisions. Si le conseil ne participe ni à la définition de la question, ni à l'examen de l'information et des solutions possibles, il ne lui reste que peu de marge de manœuvre lorsque la question lui est finalement soumise, toute la matière du débat ayant été déjà élaguée, organisée et évaluée. Voici comment une membre d'un conseil d'administration décrit ce phénomène:

> *On a vécu une expérience, à un moment donné, où la coordonnatrice se disait: «pour faciliter le travail aux gens autour de la table, je vais préparer chaque document avec un peu une analyse pour rendre ça plus acces-*

sible.» Elle se disait: «Comme ça, les gens vont être libérés, que de lire de gros documents puis tout ça.» On l'a expérimenté un bout. Mais là, les gens, ça leur arrivait dans les mains tout mâché, [...] la coordonnatrice, elle se sentait isolée, puis elle disait «J'ai l'impression que j'avance toute seule là.» Ça fait qu'elle a arrêté de tout mâcher. Elle apporte des documents politiques, des représentations. Elle les met sur la table, on prend une heure puis on en discute. [...] Là, ça exige que les gens s'impliquent puis prennent leurs responsabilités. Ça aurait été bien facile pour elle de continuer puis dire «C'est efficace, puis envoye, je dépose ça!»[22]

Il est en fait difficile de prendre part véritablement à la prise de décisions lorsqu'on n'a pas participé aux délibérations préalables. Pourtant, il en est souvent ainsi pour les membres des conseils d'administration et celles issues de la base et qui se retrouvent presque toujours dans cette situation, au moment par exemple des assemblées annuelles. Habituellement, les décisions prises à ces occasions ne consistent qu'à entériner les propositions déjà formulées et présentées par l'équipe et, parfois, le conseil lui-même. Les membres de la base peuvent demander des précisions, mais ils sont rarement en mesure de remettre sérieusement en question les propositions présentées, tout simplement parce qu'ils ont été exclus des délibérations qui ont précédé l'assemblée annuelle.

Décision par consensus ou vote à la majorité

Dans les groupes de femmes visés par notre étude, l'une des questions les plus importantes était de savoir si la décision se prenait par consensus ou par un vote à la majorité. De nombreux groupes choisissent la voie du consensus, estimant qu'il est trop difficile d'aller de l'avant dans des dossiers lorsque la question n'a pas fait l'objet d'une décision consensuelle. L'importance du consensus tient à la nécessité de faire en sorte que tous s'y rallient afin que sa mise en œuvre bénéficie d'un maximum d'appui et de solidarité, tout en assurant la légitimité de la décision. Compte tenu de la culture de ces groupes qui favorise le soutien entre tous les membres, la prise en considération de l'expression des émotions et la création de liens étroits au sein de l'équipe, l'expression de la dissidence peut causer des difficultés. L'une des employées interviewées décrit bien la situation:

Je trouve qu'un des obstacles, c'est l'apprentissage à la dissidence et de ne pas prendre ça personnel. Ça, je pense que c'est beaucoup plus difficile que l'apprentissage du consensus parce que le consensus, les gens apprennent à

fermer leur gueule. Oui, c'est correct d'abord, je vais fermer ma gueule.
[…] La dissidence, c'est vraiment beaucoup plus difficile. D'abord, ça veut
dire prendre une position, pas celle de la permanente, pas celle qui a le pou-
voir informel, parce que souvent, on plie à ces gens-là parce que c'est réel
ça. En tout cas, moi je trouve que chez nous, c'est pas évident, c'est telle-
ment émotif que finalement, ça crée comme des espèces de polarités entre
les gens sur une base affective et non pas sur la base de ce qu'on a à faire[23].

À l'évidence, cet aspect de la pratique démocratique provoque un véritable malaise au sein de nombreux groupes. D'ailleurs, parmi les groupes que nous avons observés pour leurs pratiques démocratiques novatrices, plusieurs s'étaient dotés de politiques prévoyant que le groupe ne fonctionne pas de manière consensuelle. Comme l'a souligné une employée lors d'une discussion à ce sujet avec les membres du conseil de son groupe, on ne peut pas toujours être d'accord sur tout. Dans la pratique cependant, ces groupes tentent de fonctionner dans une large mesure par consensus. Toutefois, en abordant la question et en admettant que des divergences d'opinions sont à prévoir, on peut éviter que les désaccords soient considérés de façon personnelle ou nuisibles au groupe.

Quand le groupe opte pour une prise de décision à la majorité, il doit d'abord se demander comment la minorité opposée à la décision pourra se rallier, voire appliquer cette décision. Comme nous l'avons vu précédemment, les décisions prises démocratiquement revêtent une légitimité pour l'ensemble du groupe précisément parce que tous les membres, ou leurs représentants élus, ont eu l'occasion d'exercer une influence sur l'issue de l'exercice. La minorité est donc moralement liée par la décision de la majorité: elle doit l'accepter et s'y conformer. Bien entendu, dans la pratique, les choses ne sont jamais aussi simples. Bien que les groupes ne doivent pas passer sous silence le fait qu'une décision n'est pas unanime, une fois la décision prise, le désaccord ne doit pas persister et on ne doit pas se mettre à dénigrer le groupe ou certains de ses membres. Par ailleurs, on ne peut raisonnablement s'attendre à ce que des personnes qui sont opposées à une décision jouent un rôle de premier ordre dans sa mise en œuvre. Toutefois, si quelques individus sont très souvent opposés aux décisions ou que certaines questions suscitent régulièrement de l'insatisfaction, le groupe aurait intérêt à se pencher sur le problème avant qu'une fracture irréparable ne se produise dans ses rangs. En effet, on ne peut pas être satisfait en tant que membre quand on se retrouve sans cesse opposé aux décisions de la majorité. De toute façon, certaines questions sont si fondamentales (comme la mission du groupe ou les critères établis pour l'adhésion des membres) que les dissidents pourront éventuellement se trouver dans l'obligation de quitter le groupe lorsque celles-ci seront soulevées. Il s'agit là d'un sujet très délicat et si cette situation se répète trop souvent, cela pourrait tout simplement signifier que le groupe a de la difficulté à faire face à la dissidence.

La consultation n'est pas synonyme de démocratie

Lorsqu'on a demandé, dans le cadre des entrevues, comment les membres des groupes participaient au processus décisionnel, un grand nombre d'employées ont répondu qu'elles étaient souvent consultées. Les membres des groupes ont quant à elles affirmé que les employées les consultaient et les écoutaient. Malheureusement, il existe dans bien des groupes et associations, comme dans la société en général, une idée fausse selon laquelle la consultation constitue en soi un processus démocratique, alors qu'il n'en est rien. La démocratie repose sur la participation des gens concernés aux délibérations et au processus décisionnel tandis que la consultation, elle, évite de faire appel à la participation. On consulte les gens, mais ceux-ci expriment leur point de vue sans jouer de rôle dans les délibérations, lesquelles supposent l'examen de toutes les opinions et l'atteinte d'un compromis ou d'une solution qui soit acceptable pour le plus grand nombre. Ceux que nous avons consultés n'ont aucune idée de la façon dont la décision finale a été prise. Ils ne savent pas s'ils ont eu une influence sur cette dernière ni, le cas échéant, dans quelle mesure. En outre, ils ne prennent aucunement part aux transformations inhérentes au processus de délibération (celles de l'information, des personnes et du groupe). Le fait que les gouvernements ont de plus en plus recours à la consultation, bien souvent avant de procéder à une réforme qui risque de susciter la controverse (et qui, dans bien des cas, est élaborée avant même que les consultations aient lieu) peut accentuer le malentendu général. Il devrait être dénoncé lorsqu'on ne sait pas exactement à quel point les opinions exprimées par les citoyens seront prises en compte, ni si l'exercice engage véritablement le gouvernement dans quelque mesure que ce soit.

Les mesures faisant suite à la décision

Le plus souvent, après l'adoption d'une décision, le groupe doit prendre des mesures pour la mettre en application. Pour les participantes de la base comme pour les membres de conseils issues de la base, il est important, lorsqu'elles participent à la prise d'une décision, que celle-ci débouche sur des mesures concrètes. Pour certains nouveaux membres de conseils, cet aspect est même un volet fondamental du rôle des conseils d'administration, puisque c'est dans les résultats et les changements qu'ils constatent son importance pour le groupe, ainsi que le pouvoir qu'ils ont sur les actions du groupe.

Il arrive que le groupe se heurte à des difficultés quand vient le temps de mettre une décision en pratique, et cela peut indiquer que la décision comportait des problèmes imprévus. En effet, nous avons constaté au sein de certains des groupes observés que la mise en place de mesures devant suivre certaines décisions était entravée. Lorsqu'une telle situation survient, il peut être nécessaire de faire marche arrière et de réévaluer la décision ou le processus lui-même. Dans l'un des groupes visés, où l'on enseignait aux participantes des pratiques démocratiques, on nous a relaté un cas où le conseil avait pris des décisions relativement à une activité de financement sans inviter les membres de la base – qui devaient ensuite l'appliquer – à y participer. Au moment de tenir l'activité, les participantes se sont présentées en très faible nombre, car elles avaient été exclues du processus décisionnel et n'étaient pas satisfaites de la décision. Le conseil d'administration a alors pris conscience de l'importance de la participation à la prise de décision des personnes concernées.

L'inaction délibérée, à la suite d'une décision, peut ainsi entraver le processus démocratique. C'est ce qui peut arriver si, par exemple, il y a une affectation insuffisante de fonds ou de ressources pour un projet. Contrairement à ce qui se passe au sein des gouvernements, une telle inaction est rare au sein des groupes de femmes ou des groupes communautaires. Il arrive plus souvent que ces groupes ne se rendent pas compte que l'insuffisance des ressources attribuées à un secteur affecte la capacité d'agir de ses responsables. Dans tous les groupes observés, l'équipe préparait le budget pour ensuite le soumettre au conseil d'administration, lequel l'examinait soigneusement. Cependant, tout comme il est difficile d'influencer une décision lorsqu'on n'a pas participé aux délibérations, il n'est pas facile pour un conseil de modifier le budget s'il n'a pas contribué à son élaboration. Pourtant, ce sont en grande partie les affectations budgétaires qui déterminent les mesures que l'on pourra prendre. Par exemple, dans l'un des groupes, les employées, interrogées sur le peu de fonds accordés à un groupe de soutien pour les mères célibataires, ont écarté la question du revers de la main en affirmant que, de toute façon, le groupe n'utilisait jamais tout l'argent qu'on lui octroyait. Cependant, quand nous avons posé la question aux membres de ce groupe, elles ont déclaré qu'elles n'utilisaient pas tous les fonds accordés parce qu'elles ne pouvaient s'en servir que pour acheter du café et des biscuits en vue des réunions. Elles avaient pourtant des idées de projet intéressantes mais ne disposaient pas des fonds suffisants pour leur réalisation. La façon dont les ressources sont réparties, les affectations budgétaires et l'utilisation des fonds, est ainsi l'un des facteurs qui déterminent les actions qu'un groupe peut entreprendre, tout en relevant en général presque exclusivement des employées ou encore de la direction et des coordonnatrices. D'un point de vue démocratique, il s'agit d'un problème important sur lequel les groupes de femmes doivent se pencher.

L'évaluation des décisions

La démocratie, ainsi que son exercice au sein des groupes de femmes et des groupes communautaires, exige l'évaluation des décisions et des mesures qui y font suite, de même que l'évaluation des processus y ayant mené. Le groupe procède alors à une évaluation et à des rectifications, et examine les façons d'améliorer le processus pour l'avenir. L'évaluation permet également l'expression de l'insatisfaction ainsi que l'amélioration des pratiques. Dans bien des groupes, on n'attend pas la fin d'un projet pour l'évaluer. L'évaluation fait partie intégrante du processus de mise en œuvre, ce qui permet d'apporter les changements nécessaires au fur et à mesure de la réalisation du projet. Les groupes de femmes que nous avons observés avaient généralement de saines pratiques à ce chapitre, ce qui renforçait le processus démocratique.

Cependant, les pratiques observées varient considérablement selon les personnes responsables de l'évaluation. Règle générale, les participantes à qui l'on demande d'évaluer un service ou une activité reçoivent simplement un questionnaire où elles doivent indiquer leur degré de satisfaction. En revanche, les employées et les membres du conseil d'administration ont l'occasion de discuter du sujet avant de procéder à l'évaluation. Cette façon de faire est comparable à la pratique qui consiste à «consulter les membres», tout en réservant les délibérations aux employées et au conseil d'administration. On demande alors aux membres de la base de faire connaître leur réaction «spontanée», mais elles ne peuvent partager leurs opinions formellement avec d'autres afin d'en arriver à une évaluation plus complète. Les membres du conseil et, surtout, les employées, qui sont habituées à discuter en petits groupes, ont de telles pratiques lorsqu'elles doivent évaluer le travail et les activités. Le processus d'évaluation pourrait être une belle occasion d'initier les membres du groupe à des méthodes plus rigoureuses et de leur permettre de juger ce qui est important pour les employées et pour elles-mêmes. Nous avons eu connaissance de ce procédé dans certains groupes de femmes, mais nous n'avons malheureusement rien pu observer de tel chez les groupes qui ont participé à notre étude.

Conclusion

Les pratiques démocratiques en vigueur dans les groupes ayant pris part à notre étude allaient bien au-delà du processus démocratique. La démocratie s'exerçait à tous les niveaux d'action et était parfois devenue, inconsciemment, un mode de fonctionnement normal pour le groupe. Cependant, en analysant les rouages et en examinant de plus près les mécanismes de la participation à la prise de décision, grâce auxquels le pouvoir était accordé aux gens et débouchait sur l'action, nous avons pu identifier quelques « éléments » caractéristiques de ce processus.

Depuis la réalisation de notre étude, nous avons mis sur pied une série de sessions de formation portant sur les défis posés par l'exercice de la démocratie, sessions au cours desquelles sont abordés, entre autres, les éléments dont il est ici question. Les employées et les membres des groupes de femmes et des groupes communautaires ont d'ailleurs réagi de manière très favorable à notre modèle. Tous étaient heureuses d'avoir enfin des bases leur permettant d'améliorer ou de modifier leurs pratiques. Notre modèle a été largement validé par les personnes qui exercent la démocratie dans les groupes.

Le principal élément qui ressort des discussions, observations et entrevues réalisées dans le cadre de notre étude réside dans les transformations majeures que la participation au processus peut entraîner sur divers plans – celui du contenu des discussions, celui des individus ou celui du groupe. C'est probablement pour cette raison que certaines des pratiques démocratiques les plus originales en matière de démocratie s'observent dans les groupes qui œuvrent auprès des couches les plus défavorisées de la société. Ces groupes doivent en effet redoubler d'efforts et d'imagination pour que la participation revête un sens aux yeux de leurs membres, qui quitteront rapidement le groupe si elles n'y jouent pas un rôle véritable. Les groupes en question se trouvent confrontés à tous les défis que peut poser la démocratie – inégalité, temps, rapports de pouvoir, émotions, compréhension de l'information, création d'un climat de respect et d'écoute – et qui se présentent pour eux dans toute leur ampleur. Pourtant, c'est chez eux que nous avons noté les signes les plus encourageants de ces transformations que la participation au processus démocratique peut engendrer.

Notes

1. Nancy Guberman s'est chargée de l'analyse portant sur le stade préliminaire.
2. Mauricie.
3. Eschle, 2000.
4. Mansbridge, 1973; Morgen, 1994.
5. Mansbridge, 1990; 1991.
6. Groupe d'alphabétisation, TR.
7. Participante. Comsep.
8. Permanente, Montréal.
9. Mauricie.
10. 1996.
11. Voir Benhabib, 1996; Bohman, 1996; Bohman et Rehg, 1997; Elster, 1998.
12. Voir le chapitre sur les membres.
13. Bohman, 1996.
14. Pateman, 1990.
15. Leidner, 1991, 993.
16. Mansbridge, 1990, 1991, 1996.
17. 1991, texte non publié.
18. Guberman *et al.*, 1997.
19. 1973.
20. Bohman, 1996.
21. Guberman *et al.*, 1997
22. Conseil d'administration, Mauricie.
23. Permanente, Montréal.

LES PRATIQUES DÉMOCRATIQUES EN ACTION

Nancy Guberman

Au-delà des représentations et des perceptions des participantes sur les pratiques démocratiques de leurs organismes, nous avons voulu cerner les processus et les manifestations concrètes du pouvoir des membres-usagères à l'intérieur des groupes. Pour atteindre cet objectif, l'observation participante ciblée nous semblait le meilleur moyen puisqu'elle nous permettait de voir à l'œuvre tous ces processus et leur manifestation.

Six groupes, qui ont tous été observés durant une période de six mois à un an, ont été retenus du fait de leurs pratiques démocratiques novatrices. Les observations se sont déroulées sur les lieux et au moment même de leur déroulement, c'est-à-dire pendant les processus décisionnels des membres-participantes : réunions du conseil d'administration, réunions de comité de travail, assemblée générale, actions collectives ainsi que certaines activités régulières. Les groupes étudiés comprenaient deux centres de femmes, deux comités de femmes de groupes mixtes, un groupe travaillant sur l'intégration des femmes au travail et, enfin, une entreprise d'économie sociale composée principalement de femmes.

Nous considérons toutes ces expériences comme novatrices parce que la démocratie apparaît ici comme une valeur fondamentale de ces groupes, et parce que le désir de mobiliser les membres sur tous les plans, afin qu'elles soient partie prenante de la vie du groupe, est un processus conscient et continu. En fait, la participation des membres au processus décisionnel et les pratiques visant à les outiller sont parfois même plus importantes que les objectifs visés par les diverses activités du groupe (c'est-à-dire informer les membres de leurs droits, réfléchir sur le rapport au corps, etc.). Mais comment cette valeur et cette volonté se traduisent-elles concrètement dans la pratique ?

Pour répondre à cette question, nous nous sommes particulièrement arrêtées à tous les aspects des pratiques démocratiques novatrices observées et qui ne se sont pas toutes développées également parmi les groupes. Tous les groupes vivent en fait un certain nombre de tensions autour de cette question. Nous avons en effet observé beaucoup de pratiques à la fois extrêmement riches en enseignement et contradictoires. À travers nos observations et nos discussions avec les femmes de ces groupes, nous avons ainsi pu cerner la difficulté à mobiliser les membres, malgré les efforts déployés en ce sens, de même que certains paradoxes quant aux pratiques démocratiques qui continuent à poser des défis. Il faut noter, par ailleurs, que ces groupes sont toujours en mouvement et en remise en question et qu'ils sont souvent eux-mêmes conscients de leurs propres contradictions.

Dans ce chapitre, nous présenterons quatre stratégies principales qui, selon nous, sous-tendent les pratiques démocratiques des groupes observés : 1) assurer l'appropriation du groupe par les membres-participantes; 2) soutenir l'émergence des femmes en tant que sujets et actrices de la démocratie; 3) vivre la démocratie comme une culture qui traverse toute la vie du groupe; et 4) intégrer les instances formelles dans la vie quotidienne du groupe.

L'appropriation des groupes par leurs membres

Le rapport à l'espace

Un aspect notable et commun à la plupart des groupes observés est la place (les lieux physiques) que l'on réserve aux membres, qui semblent volontiers se les approprier. Les participantes peuvent, par exemple, avoir accès au local en l'absence des permanentes. En entrant sur les lieux et dans les locaux de plusieurs groupes, on a d'ailleurs l'impression de ne rencontrer que des participantes, les permanentes (souvent peu nombreuses) adoptant souvent une attitude très effacée. Le local apparaît ainsi incarner davantage la culture des membres que les exigences administratives. Comme nous l'avons constaté dans notre dernière recherche[1], les préoccupations ne concernent pas avant tout les bureaux ou les lieux réservés au travail des employées, mais bien le fait que tous les espaces doivent demeurer accessibles aux participantes.

> *Le rapport à l'espace me semble différent d'ailleurs. Il y a une non-exclusivité impressionnante. La directrice indique aux membres du conseil d'administration qu'une travailleuse a écrit une lettre de remerciements*

pour un don et qu'elles devraient la regarder sur l'ordinateur. Les femmes sont hésitantes face à l'ordinateur, mais la coordonnatrice remarque que plusieurs d'entre elles ont suffisamment de connaissances et pourraient dépanner les autres. Le seul ordinateur du centre se trouve dans le bureau qu'on aurait cru réservé aux travailleuses[2].

Fait intéressant à noter, certaines membres-participantes du conseil d'administration d'un groupe auraient même été heurtées à un point tel par le fait que deux nouvelles contractuelles, spécialement engagées pour organiser un événement, fermaient la porte de leurs bureaux qu'elles s'en seraient plaintes. Cette politique d'accès aux espaces semble par ailleurs parfois entrer en contradiction avec la nécessité de délimiter des espaces de travail où l'on peut travailler sans être dérangée.

Nécessité de la transparence

En fait, par souci de transparence et d'accessibilité, ces groupes croient que les femmes doivent toujours avoir accès tant aux lieux qu'aux documents du groupe. Cette valeur et toutes les pratiques qui y sont associées contribuent à faire comprendre aux membres que le groupe constitue un espace qu'elles peuvent réellement s'approprier et où elles peuvent se sentir à l'aise et exercer un rôle et des responsabilités.

D'autres exemples pour illustrer cette transparence, dans un de ces groupes, à la suite d'un congé de maladie, la coordonnatrice avait été remplacée par la présidente du conseil d'administration. Plusieurs membres du conseil d'administration considéraient en effet qu'avoir une présidente salariée serait une bonne chose. Par souci de transparence et afin d'être conforme aux statuts et règlements, elles ont donc proposé à l'assemblée générale une modification de ceux-ci («Sur recommandation du conseil d'administration, la présidente peut être une salariée ou pas. Elle travaille en collaboration avec la coordination») dans le but de poursuivre cette expérience avec l'accord explicite des membres. Dans un autre groupe, une permanente avait pris l'initiative de présenter le courrier et les courriels reçus aux membres afin d'assurer la libre circulation de l'information. En revanche, la transparence ne signifie pas toujours absence de confidentialité à propos de certaines questions discutées au conseil d'administration. Bien au contraire, plusieurs femmes nous ont même admis qu'elles avaient dû faire un apprentissage afin de conserver confidentielles les discussions au conseil d'administration, et permettre ainsi la libre expression des idées de chacune. Toutes les décisions étaient en retour communiquées aux autres membres après la tenue du conseil.

Toujours par souci de transparence, les réunions du conseil d'administration de certains groupes étaient même ouvertes à tous les membres et les procès-verbaux des réunions étaient aussi affichés afin qu'ils puissent être lus par toutes. Ces pratiques avaient pour but de faciliter la démystification des instances formelles des groupes.

Des pratiques pour faire émerger les femmes comme sujets

Pour devenir des actrices de la démocratie, la plupart des participantes ont dû cheminer longuement. Afin que les femmes émergent comme sujets, c'est-à-dire comme actrices capables de donner un sens à leurs expériences, d'orienter leur vie et celle de leur collectivité, elles doivent en effet développer leur estime de soi, apprendre à ne pas craindre de résister aux conventions sociales et reconnaître les autres femmes sujets comme elles-mêmes[3].

À cet égard, plusieurs des groupes travaillent, dans toutes leurs activités, à faciliter l'émergence de sujets par le biais, entre autres, de la parole. On tente ainsi d'aider les femmes à traduire et à faire expliciter clairement leurs idées, leurs pensées et opinions confuses, ce qui favorise une appropriation par celles-ci «des mots pour se dire». Le tout se fait d'ailleurs dans un climat de respect et d'ouverture. Les femmes apprennent, d'abord, à se raconter puis on les soutient dans leur apprentissage des débats et de la délibération afin qu'elles soient en mesure de défendre leur point de vue tout en restant à l'écoute des autres. À travers ces débats, se révèle ainsi graduellement le pouvoir des unes et des autres. Souvent, les délibérations et les analyses qui les sous-tendent permettent aussi aux femmes d'émerger en tant que sujet collectif et de passer à l'action. Considérons de plus près les différentes manifestations de l'émergence des femmes en tant que sujets telles qu'observées dans les six groupes.

Poser des questions – expliciter les idées

Dans un comité, comme les femmes s'expriment en des termes vagues, les animatrices doivent souvent les aider à clarifier leur pensée.

> L'animatrice annonce qu'on va faire un retour sur la rencontre de la semaine dernière avec le groupe Espace sur les agressions sexuelles. Une femme dit qu'elle l'a trouvée longue. Une autre – «très intéressante car j'ai

appris beaucoup de choses. » *L'animatrice lui demande – comme quoi ? Elle répond avec des exemples concrets[4].*

Traduire des opinions en idées claires et en argumentaires

Lors d'une activité visant à sensibiliser les femmes au fait qu'elles ont tendance à laisser les autres parler à leur place, on a par exemple improvisé un jeu de rôles. Un sous-groupe devait faire valoir des revendications en matière d'emploi, mais il a rencontré des difficultés telles que l'animatrice a dû intervenir afin d'aider les participantes à reformuler leurs idées exprimées vaguement ou à transformer leur expérience vécue en revendication.

> *Dans le groupe Emploi, une femme déclare qu'aux États-Unis, on n'a pas besoin de formation pour faire des jobs comme laver les personnes âgées, tandis qu'au Québec il faut une formation de dix mois. L'animatrice traduit sous forme de demande : on devrait vérifier les compétences et pas seulement les papiers. Une autre femme se plaint du fait qu'il faut avoir une formation pour devenir chef cuisinier – ce qu'elle veut faire – parce que couper des légumes n'est pas compliqué et qu'elle a déjà du leadership pour gérer une cuisine. Donc pourquoi toutes ces études si longues ? L'animatrice traduit : trouver une façon de condenser la formation[5].*

Dans un autre comité de femmes :

> *Une femme qui sort à peine de l'hôpital témoigne et l'animatrice reformule ce que la dame a dit et explique à quel point on interprète de façon sexiste la colère des femmes en psychiatrie[6].*

Ces deux techniques, faire expliciter les idées et les traduire en arguments plus clairs, sont employées, d'une part, afin de s'assurer que l'on a bien compris le point de vue des femmes et, d'autre part, afin de les aider à s'exprimer clairement. Les femmes s'approprient alors les mots pour « se dire », les mots pour le dire. Dans certains groupes, on utilise d'autres techniques, comme celle qui consiste à favoriser la prise de parole de chacune en faisant notamment des tours de table. Pour certains groupes, tout en encourageant la prise de parole, il est aussi très important que les femmes apprennent à ne pas s'égarer dans des sujets hors propos et même, comme le dit une participante, qu'elles doivent apprendre « à se taire et à écouter ». Un autre groupe a choisi une approche complètement différente : les discussions sont peu encadrées et le groupe accepte qu'il y ait des interventions spontanées. La coordonnatrice de ce groupe nous a en effet expliqué que, si elle devait toujours les rappeler à l'ordre, les femmes n'oseraient plus prendre la parole.

Elle utilise cependant les mêmes techniques de reformulation mentionnées plus haut afin d'aider les femmes à expliquer clairement leurs idées.

Attitude respectueuse et ouverte

Au cours de certaines entrevues, des membres de conseils d'administration nous ont d'ailleurs fait remarquer qu'une attitude impartiale et respectueuse envers les points de vue exprimés par les femmes est un des éléments essentiels au processus d'apprentissage des pratiques démocratiques.

> *Mais je te jure, tu apprends dix fois plus en te plantant! Bien plus qu'en ne te trompant jamais. Ça te donne du pouvoir de te tromper puis d'être acceptée[7].*

> *Je te souhaite de vivre l'expérience, de voir que tu sois fine ou pas fine, elles [les travailleuses] vont t'aimer pareil, elles vont te respecter pareil. Tu es quelqu'un d'important. T'es toi[8].*

> *Au début tu ne veux pas déplaire à ce qu'elles [les travailleuses] t'apportent ou tu ne comprends pas vraiment, fait que tu dis oui, oui, oui à quasiment tout ou non, non, non à quasiment tout. [...] Je pense que de plus en plus on est rendu à..., on se parle assez ouvertement, on pose nos questions assez ouvertement. On a arrêté de penser que l'autre pense comme moi, puis qu'on s'entend. On a une question à poser et même si ça met en doute ou ça va chercher des affaires, on est capable de se le dire, puis de poser des questions[9].*

Développement de sujets collectifs

Pour aller au-delà du « se dire », il faut aussi que les femmes puissent donner un sens à leur expérience et faire des liens avec les expériences présentées par les autres femmes afin que le « je » devienne « nous ». Pour y arriver, les groupes observés offrent des formations ciblées et spécifiques, en plus du travail de conscientisation quotidien qui caractérise toutes leurs interventions. Comme nous l'avons vu, l'entreprise offrait par exemple des formations mensuelles dont les travailleuses (c'est-à-dire les membres) choisissaient les thèmes : une présentation des revendications de la Marche mondiale des femmes, des rencontres sur la violence faite aux femmes, tout cela dans le but de permettre aux participantes de développer une analyse sociale des problèmes de la pauvreté et de la violence qu'elles peuvent vivre. Dans un autre groupe, on organisait des animations pour sensibiliser les jeunes femmes à la nécessité de s'organiser afin de prendre la parole collectivement et éviter que les autres ne le fassent à leur place.

L'animatrice présente la rencontre. C'est une animation-participante qui porte sur la citoyenneté et la démocratie. L'animatrice joue le rôle du gouvernement, du sous-ministre de la jeunesse. Elle envoie deux personnes pour consulter des jeunes afin de préparer sa nouvelle politique. Une autre animatrice joue le rôle de l'une de ces personnes, elle est la représentante du Carrefour Emploi-Jeunesse. La troisième animatrice joue le rôle de représentante de la vie étudiante à l'école. On se divise en deux équipes pour discuter avec les représentantes et ensuite elles vont donner des résultats de la consultation à la sous-ministre. Dans chaque atelier, les représentantes des groupes intermédiaires (Carrefour Emploi-Jeunesse et vie étudiante à l'école) demandent aux filles ce qu'elles veulent. Après avoir délibéré sur leurs besoins, elles en dressent la liste. Les deux représentantes font un rapport à la sous-ministre. Dans leurs rapports, elles ne disent pas tout ce qui a été discuté dans l'atelier et la représentante du Carrefour Emploi-jeunesse insiste beaucoup sur la volonté de son groupe de répondre aux besoins des jeunes [à la place des groupes de jeunes eux-mêmes]. Elle affirme que son groupe pourrait bien représenter les jeunes si l'État leur donnait plus de financement. À la suite des rapports des deux représentantes, la sous-ministre annonce sa politique en indiquant que le gouvernement répond déjà suffisamment aux demandes des jeunes – par exemple, qu'il vient d'augmenter le salaire minimum de dix sous – et elle parle du chercheur Tremblay et de ses théories sur les jeunes mères. (Les filles connaissent ces théories et réagissent)[10].

À la fin du jeu de rôles, l'animatrice demande aux participantes si elles trouvent que ça ressemble à ce qui se passe réellement.

R : Oui !

Q : Quoi au juste ?

R : On n'a pas accès direct au gouvernement. On était mal représentées. La déléguée n'a pas été aussi revendicatrice que nous autres – le ton de la présentation n'était pas le même. Elle ne se bat pas pour nous. Elle ne vit pas ce qu'on vit[11].

Par le biais de ces diverses techniques (reformulation, demande de clarification, attitude ouverte, formation et conscientisation) les groupes travaillent donc tous à outiller les femmes à devenir des actrices de la démocratie. Cependant, certaines de ces techniques peuvent avoir des effets pernicieux.

L'articulation ambiguë de démocratie et de conscientisation

Comme nous l'avons vu précédemment, les intervenantes recourent souvent à la technique de la reformulation pour aider les femmes à clarifier leurs idées. Nous avons toutefois aussi vu des situations où les reformulations semblaient davantage refléter le point de vue de l'intervenante que celui des femmes.

Ainsi, lors d'un atelier où l'on discutait d'argent, d'emploi et d'études afin d'arriver à des propositions de revendication, nous avons observé la situation suivante :

> *Plusieurs participantes disent qu'elles sont d'accord sur le fait que le gouvernement retire l'aide sociale aux jeunes car plusieurs en abusent. D'autres suggèrent d'abolir l'aide sociale en faveur d'une augmentation des salaires. Une personne dit qu'elle a été lésée au niveau des prêts-bourses à cause des revenus de ses parents. L'animatrice propose donc une première revendication : à dix-huit ans, les jeunes ne devraient pas dépendre de leurs parents en ce qui concerne les prêts-bourses et l'aide sociale. De toute évidence, cette revendication n'est pas conforme à la discussion. Après la pause, l'animatrice de l'atelier revient au groupe avec deux revendications qu'elle considère résumer les discussions. La revendication sur l'aide sociale est devenue : création d'une allocation universelle pour les étudiants rejoignant les barèmes d'aide sociale. Or, l'idée d'une allocation universelle n'a jamais été proposée par les participantes[12].*

L'une des hypothèses possibles, pour expliquer ce glissement, peut se trouver dans le fait que les intervenantes se donnent pour objectif de conscientiser les femmes. Ainsi, dans leurs tentatives de développer la pensée de celles-ci, afin qu'elles soient plus critiques et plus « militantes », il peut arriver que des travailleuses ne respectent pas toujours le sens exact de leurs propos et, par conséquent, le rythme des participantes. L'efficacité exige en effet que l'on saute rapidement aux conclusions, dans ce cas-ci, aux revendications qui sont alors formulées sans tenir compte du temps requis pour faire l'éducation populaire de ces femmes.

Nous avons aussi observé cette tension, entre conscientisation et démocratie, dans certains groupes où les permanentes avaient si bien étudié et préparé leur dossier qu'il était très difficile pour les femmes d'explorer et d'articuler leur propre analyse, tout le processus de délibération ayant déjà eu lieu en leur absence.

La démocratie : plus que des lieux, une culture

Une troisième stratégie commune aux groupes observés est de faire en sorte que la démocratie soit toujours une valeur centrale et omniprésente dans le groupe. Tous les groupes observés possèdent des instances formelles où les participantes peuvent participer au processus de délibération et de décision. Mais au-delà de ces lieux formels, la plupart des groupes ont des pratiques quotidiennes qui reflètent leur préoccupation démocratique. La démocratie est à la fois considérée comme faisant partie intégrante des objectifs et de la culture générale du groupe et donc comme un processus d'apprentissage continu.

Soutenir les apprentissages partout

Afin de s'assurer que les participantes puissent prendre part activement à certaines décisions, plusieurs des groupes observés offrent de la formation et du soutien pour favoriser la compréhension des enjeux sur diverses questions. Lors de réunions de formation à l'entreprise, par exemple, les travailleuses ont débattu des revendications de la Marche mondiale des femmes, tandis qu'un comité d'un autre groupe de femmes travaillait sur l'analyse d'un programme d'intervention. Lors de l'assemblée générale d'un groupe mixte, au moment des élections, une membre a expliqué très longuement ce qu'était la démocratie et le rôle des administrateurs. Selon elle, les administratrices doivent susciter des débats partout dans le groupe et apprendre aux membres à mener ces débats dans un esprit non conflictuel. Elle a également souligné que la démocratie ne se réduit pas à la tenue d'élections et qu'elle doit interpeller tous les membres constamment.

Tout en ayant une attitude d'ouverture, les travailleuses des groupes tentent en fait d'aider le plus possible les femmes à prendre la parole et à s'exprimer, de manière à favoriser la discussion et le débat, comme l'explique la coordonnatrice d'un groupe.

> *Elles ne sont pas habituées à avoir le droit de dire. Elles sont habituées qu'elles ont le droit de gueuler. Elles sont habituées qu'elles ont le droit de chialer. Là où elles ne sont pas habituées, c'est de penser avant d'émettre une opinion. Pas parce qu'elles ne pensent pas, elles pensent constamment. Le problème c'est qu'on ne va pas écouter ce qu'elles disent. Donc, elles peuvent te dire n'importe quoi en se disant que, de toute façon, ça va changer quoi? Ça fait que quand elles arrivent ici, on leur dit: «pensez-y, parce que là, ton opinion va compter et c'est toi qui vas décider». Donc, elles pensent, elles parlent, elles s'expriment, elles discutent, elles changent d'idées, puis c'est correct[13].*

En tous lieux, les femmes sont ainsi encouragées à exprimer leurs opinions et à en débattre avec les autres. Ce fonctionnement est ainsi privilégié tant dans les ateliers que dans le cadre de diverses activités de plusieurs groupes. Même si les travailleuses de ces groupes visent à faire avancer les réflexions des femmes et à les ouvrir à une certaine critique sociale, le fait d'avoir une attitude respectueuse et ouverte, d'encourager l'expression de la dissension montre aussi aux femmes qu'il peut y avoir divergence d'opinion et qu'il est possible d'en discuter calmement. On apprend alors à accepter de se laisser influencer par les idées des autres tout en essayant de les influencer à notre tour.

Par exemple, lors d'une réunion du comité des femmes, les membres du comité devaient rencontrer une animatrice – qui proposait de réaliser un café-rencontre sur le thème du harcèlement sexuel – afin de déterminer si cette proposition convenait aux autres participantes.

> *Après le départ de l'invitée, la permanente interroge les deux membres présentes pour savoir si le sujet est une bonne idée. Une femme est très enthousiaste et suggère le thème pour une session de septembre. L'autre membre propose une activité mixte pour tout l'organisme. L'animatrice (permanente) parle de prendre la décision en septembre. Une des femmes insiste pour qu'elle se prenne immédiatement; elle souligne qu'en septembre il sera temps de partager le travail concret: faire l'annonce, la chaîne téléphonique, prévoir la collation, etc. La permanente se laisse convaincre par ses arguments et la décision est prise de tenir un café-rencontre en septembre[14].*

Ce fonctionnement permet aux femmes de constater qu'elles peuvent ainsi influencer le cours des choses.

Nous avons d'ailleurs observé que lors d'une discussion importante, pendant une réunion de ce comité, il avait été question de prendre une décision afin de rendre formel le mandat des femmes siégeant au conseil d'administration, pour qu'elles deviennent de véritables représentantes du comité en ayant des comptes à rendre. L'une des membres expliquait aussi toute l'importance d'indiquer les dissidences au moment de la tenue du vote. De cette façon, même si les membres se ralliaient à la majorité, le procès-verbal ne donnerait pas l'impression que la décision avait été prise par consensus. On apprend ainsi aux femmes qu'elles peuvent avoir des opinions différentes de celle de la majorité.

Lieux multiples d'engagement et de prise de décision

En fait, afin que les femmes soient partie prenante du processus de délibération et de prise de décision, il faut qu'il y ait des lieux d'expérimentation où la présence des participantes soit requise. Dans tous les groupes observés, ces lieux existaient et prenaient diverses formes : structures formelles (assemblée générale et conseil d'administration), mais aussi comités de travail, activités menant à des actions et, dans le cas d'entreprises fonctionnant en gestion participative, réunions d'équipe.

Pour plusieurs groupes, l'assemblée générale est un véritable lieu de délibération et de prise de décisions. Dans un centre de femmes, par exemple, où l'équipe de travail et le conseil d'administration avaient décidé de supprimer certaines activités de la programmation, les participantes avaient réussi à renverser la décision du conseil à la suite d'une discussion en assemblée générale.

Autres exemples de son importance comme lieu de délibération et de pouvoir des membres, les membres-participantes devaient évaluer durant l'assemblée l'atteinte des objectifs de l'année précédente et déterminer les priorités d'action pour l'année suivante. Dans un autre groupe, la direction et l'orientation de l'assemblée générale étaient dans les faits assumées par les membres, puisque les permanentes avaient choisi d'y jouer un rôle effacé. L'assemblée était ainsi conduite par la présidente du groupe, une participante, et le rapport d'activités était présenté par des membres. Fait à noter, pendant l'assemblée, on y débattait, entre autres, de points particulièrement importants à la vie associative.

Dans plusieurs groupes, on tient de véritables élections à l'assemblée générale afin de choisir les membres du conseil d'administration.

> *A. explique qu'il y a six postes pour des participantes au conseil d'administration et un pour une représentante des employées. Cette année il y a quatre postes à combler. A. nous lit la lettre de M. qui est intéressée à poursuivre son mandat au conseil d'administration mais ne pouvait pas être présente ce soir. Huit femmes sont proposées et cinq d'entre elles acceptent dont une qui a un peu hésité… Pour l'encourager, une ancienne du conseil d'administration lui fait part de son expérience et de son enthousiasme: «C'est fou, j'ai hâte à chaque réunion!» Une autre ajoute: «c'est souple, il n'y a pas de pression et c'est la liberté totale». A. demande à chaque candidate de présenter ses motivations. Les membres passent au vote[15].*

Quant au conseil d'administration, dans la moitié des groupes observés, celui-ci était formé majoritairement ou entièrement de participantes en plus de la coordonnatrice, qui n'avait toutefois pas le droit de vote. Dans deux des groupes en particulier, le conseil d'administration était formé de représentantes de différentes appartenances (permanentes, participantes, membres de l'extérieur), mais il existait d'autres instances décisionnelles réservées exclusivement aux participantes (réunion d'équipe, assemblée des membres). Dans un groupe mixte, le comité des femmes agissait en tant que véritable lieu de délibération et de prise de décisions. Ce comité était formé de membres (dont trois siégeaient aussi au conseil d'administration du groupe) et d'une permanente. Ce comité permettait aux membres d'expérimenter un processus formel parce qu'« ici, on fait une pratique pour le conseil d'administration ». Ainsi, en formalisant le fonctionnement du comité, on permettait aux membres d'être initiés au processus de délibération et de prise de décisions.

Les conseils d'administration sont donc aussi un lieu essentiel d'initiation et d'apprentissage aux pratiques démocratiques. La plupart des groupes offrent ainsi aux nouveaux membres une formation sur le fonctionnement démocratique et les responsabilités qu'elles auront éventuellement à assumer en tant qu'administratrices. Il arrive que la formation soit insuffisante, il faut alors aider les femmes à assimiler le vocabulaire, les acronymes et les concepts ou notions de base. Par exemple, le conseil d'administration d'un des centres de femmes devait se prononcer sur la base d'unité de leur Regroupement, un énoncé de principes qui sert de critère d'adhésion, mais certaines participantes trouvaient sa compréhension très difficile. Une stagiaire s'est donc offerte pour organiser des rencontres visant à comprendre le document. Entre-temps, elles ont envoyé leur adhésion conditionnelle au Regroupement pour se donner le temps nécessaire de comprendre ce qu'était la base d'unité.

> *N. lit le premier point sous le titre « Orientation féministe : favoriser une prise de conscience des stéréotypes sexistes ». M. émet un son d'exaspération pour indiquer son incompréhension. N. commence à expliquer l'idée des stéréotypes. Plusieurs personnes nomment des préjugés comme exemples de stéréotypes. Ensuite, « sexiste ». Plusieurs personnes donnent des exemples et ce n'est pas toujours clair. D. et M. tentent d'expliquer ce que signifie « sexiste » et redoublent d'effort pour mettre des mots sur quelque chose d'abstrait. J'observe leur tentative de s'approprier ces termes, d'apprendre à les utiliser pour mieux les appliquer à des choses concrètes qu'elles connaissent[16].*

Le conseil d'administration offre d'autres formes d'apprentissage liées à la démocratie. Des participantes ont ainsi parlé, au cours d'entrevues, de l'apprentissage qu'elles avaient dû faire de la différence qui existe entre intérêt personnel et intérêt collectif, de la façon dont il fallait gérer les divergences d'opinion, le processus formel d'une instance décisionnelle et de la façon de prendre sa place et de donner son opinion.

Le conseil d'administration est donc un lieu particulièrement approprié pour faire l'apprentissage de la délibération. Par exemple, un

conseil d'administration a invité ses membres à réfléchir sur les différents modes de fonctionnement et de gestion.

> *À un moment donné, il y a eu beaucoup de questionnements sur le rôle du
> conseil d'administration, des travailleuses, de la coordonnatrice. Parce
> qu'il y a eu des formations de l'R des centres de femmes et ça a amené
> beaucoup de discussions. [...] c'étaient des gros questionnements. Quand
> est-ce qu'on a le droit de prendre des décisions? [...] Est-ce que toutes les
> décisions doivent se prendre en consensus ou est-ce qu'à un moment donné
> je mets mon pied à terre[17]?*

Les groupes qui favorisent de bonnes délibérations semblent avoir
moins tendance à favoriser la recherche systématique du consensus,
comme l'explique la présidente d'un conseil d'administration aux nouvelles membres :

> *On marche à la majorité. Une personne peut vouloir que sa dissidence soit
> notée dans le P.V. On ne sera jamais d'accord sur tout, tout le temps[18].*

Les femmes apprennent que leur parole compte, même si elles sont
en désaccord avec la majorité ou qu'elles se trompent, et qu'elles peuvent toujours revenir sur leur position. Elles apprennent ainsi les règles
de la délibération. Des participantes aux conseils d'administration
décrivent cet apprentissage :

> *Ce qu'elles [les travailleuses] m'ont appris, et ça c'est extraordinaire, elles
> m'ont appris que je pouvais m'exprimer, me planter [...] puis revenir et de
> dire «bien ça n'a pas d'allure ce que j'ai dit», d'avoir ce droit là. Et t'es pas
> niaiseuse parce que tu fais ça[19].*

> *[...] c'est qu'on nous encourage énormément à prendre nos propres déci-
> sions... à poser des questions et à y aller selon nos convictions... On ne t'ac-
> cusera pas ... parce que tu as pris une décision que tu n'es pas une bonne
> personne ... c'était ta conviction, et ça c'est une grosse différence. Tsé je
> veux dire tu ne sors pas démolie parce que tu n'es pas d'accord, c'est que
> tu n'as pas été d'accord, cette fois-là point...[20]*

> *Ce n'est pas évident de travailler comme ça. Puis après, tu commences à te
> poser des questions. Pourquoi j'ai dit oui? C'était peut-être un non. Puis je
> me rappelle une fois c'est arrivé qu'on avait une décision à rendre puis
> c'était... je pense que c'est une des seules fois où il a fallu que je tranche
> puis je me suis sentie assez croche avec cette mautadite[21].*

Enfin, les femmes peuvent progresser suffisamment dans leur cheminement pour pouvoir éventuellement tenir tête aux travailleuses
lorsqu'elles sont en désaccord.

> *Je pense que dans les deux dernières années il y a des décisions qu'on a prises en tant que membres du conseil d'administration avec lesquelles elles [les travailleuses] n'étaient pas du tout d'accord, et elles les ont assumées[22].*

Participation à des débats et des décisions importantes

Lors des réunions du conseil d'administration, les membres étaient appelées à prendre des décisions sur des sujets importants. Elles devaient analyser des enjeux, donner leur opinion et la défendre si nécessaire face à des points de vue différents. Les femmes des conseils d'administration que nous avons observées ont ainsi eu à se prononcer sur plusieurs dossiers importants comme leur participation ou non au Sommet des peuples à l'occasion du Sommet des Amériques, à un projet politique de reconnaissance de l'action communautaire autonome, au rapport Tremblay portant sur l'intervention auprès des jeunes mères, à l'évaluation des travailleuses, au congédiement d'une travailleuse, à la nécessité de poursuivre quelqu'un pour fraude envers une petite entreprise gérée par le centre. Dans une réunion, il était par exemple question du bien-être des travailleuses :

> *La coordonnatrice explique que les travailleuses n'ont pas de temps pour se ressourcer. Elles désirent avoir du temps pour faire des réflexions et apprivoiser le nouveau code de vie. Elles demandent des conseils au conseil d'administration, car elles tentent de trouver une façon d'intégrer leur code de vie à la vie du centre. Les membres du conseil d'administration discutent à savoir si le centre devrait fermer une ou plusieurs journées pour leur permettre de le faire. Elles discutent, proposent, expriment leurs opinions. La discussion est extrêmement riche d'expériences et vivante. Elles participent pleinement et tout cela se déroule dans une atmosphère agréable, détendue. Je trouve que les membres du conseil d'administration prennent plus de place que les deux travailleuses présentes. Ce sont même les membres qui disent aux travailleuses comment elles devraient s'approprier le code de vie[23].*

Au comité des femmes et au conseil d'administration d'un groupe mixte, on a même étudié et pris position sur des dossiers aussi délicats et complexes que l'informatisation des dossiers médicaux des personnes (avec la carte à puce), l'isolement et la contention (des mesures extrêmement dures et vécues très douloureusement par les personnes psychiatrisées), le retrait de la garde des enfants, la violence faite aux femmes psychiatrisées ou encore la confidentialité des dossiers.

Dans l'entreprise où nous avons fait de l'observation, l'équipe des travailleuses a aussi débattu de l'hypothèse d'une assurance collective et des moyens afin d'assurer à chaque employée un nombre minimum d'heures travaillées par semaine. Ces deux débats étaient d'une grande importance pour l'entreprise du fait de leurs conséquences possibles sur le plan financier.

On peut ainsi constater que dans tous ces groupes, le processus démocratique dans les instances formelles assurait un véritable pouvoir aux membres. Dans ces lieux, les participantes prenaient part activement aux délibérations et aux décisions ainsi qu'aux actions qui en résultaient.

De la prise de parole à l'action

Dans un processus démocratique, la prise de conscience des enjeux sociaux et du «nous» amène les femmes à vouloir participer aux délibérations et aux actions qui en découlent. Dans le cas, par exemple, de jeunes femmes qui contestaient les orientations quant à l'intervention auprès des jeunes mères, cela supposait à la fois une analyse des documents et des politiques dans le domaine concerné mais aussi une prise de position publique. D'ailleurs, pour une membre d'un comité des femmes, «la démocratie c'est de passer à l'action. Si on dialogue et on se raconte tout le temps, on va pas très loin. Rien que parler ça donne quoi ? »

Pour répondre à ce besoin, plusieurs des groupes observés offraient donc aux femmes la possibilité de participer aux comités.

> *Pour les femmes, on a un comité des fêtes, on a un comité pour des activités, on a un comité d'autofinancement, on a un comité journal[24].*

Dans plusieurs groupes, les membres étaient même invitées à faire de la représentation, à parler au nom du groupe, que ce soit pour témoigner ou pour prendre position sur des enjeux sociaux. De plus, on invitait les femmes à participer activement à des actions collectives incluant, par exemple, la mise en place de conditions pour faire en sorte que celles qui voulaient assister à la Marche mondiale des femmes à New York puissent le faire.

Être conscient du pouvoir des travailleuses

Dans tous les débats et délibérations dans les groupes, la possibilité pour les femmes de se mesurer aux travailleuses, de critiquer leur point de vue, exigeait tout un cheminement et surtout la mise en place consciente de conditions favorables. Dans plusieurs de ces groupes, les femmes arrivaient très démunies, fragiles et vulnérables. Souvent, pour la première fois de leur vie, quelqu'un les écoutait avec respect, avec empathie et sans jugement. Les travailleuses qui accompagnaient les femmes dans leur démarche de réappropriation de la parole et de prise en charge de leur vie pouvaient alors prendre une importance si démesurée, qu'on allait jusqu'à les idolâtrer.

> *J'ai accepté d'être au conseil d'administration parce que j'étais fine puis que ça me gênait de dire non à celle qui m'avait protégée[25].*

> *J'ai tellement une belle relation avec… s'il faut que je me trompe, je vais-tu baisser dans leur estime?[26]*

> *Je suis venue en relation d'aide ici, puis tu es très, très vulnérable. Moi j'étais très fragile, fait que la personne qui réussit à te sortir – moi, elles m'ont sortie de la merde, pas à peu près […] – cette reconnaissance, elle est là. Ça fait que des fois au conseil d'administration je me trouvais en désaccord. Et de ne pas me sentir coupable! d'être acceptée là-dedans, ça a été quelque chose de très difficile. J'avais tellement peur d'être rejetée. […] Puis à chaque fois de sentir la main sur l'épaule puis de dire: «je suis contente de ton intervention»[27].*

Comme la dernière citation l'indique, les travailleuses de ce groupe sont conscientes de tout le pouvoir dont elles disposent et travaillent donc à mettre en place différents mécanismes pour que les femmes puissent enfin prendre leur place et la partager. Parmi les stratégies mises de l'avant, nous avons ainsi pu identifier l'encouragement, le partage de l'information et les mécanismes de prise de parole à tour de rôle. À cet effet, nous avons plus particulièrement observé la coordonnatrice d'un centre de femmes lors d'une réunion du conseil d'administration qui annonçait: «S'il y a une chose que je veux que vous appreniez ici, c'est de toujours questionner le coordonnateur ou la coordonnatrice. C'est pas parce qu'on est coordonnatrice qu'on a toutes les bonnes réponses.»

Une des femmes de ce groupe parlait ainsi de sa perception du rapport avec les travailleuses:

> *La coordonnatrice, la place qu'elle prend, c'est de la formation pour les femmes du conseil d'administration. C'est de nous apprendre graduellement à dealer avec notre pouvoir, à nous informer sur notre pouvoir, à nous donner de la place[28].*

Mais ces femmes ont besoin de beaucoup de soutien pour arriver à défendre des positions minoritaires ou qui vont carrément à l'encontre de celles des travailleuses. Comme une intervenante nous le disait:

> *Une des deux représentantes des travailleuses [de l'entreprise] a pris la parole et le lendemain elle m'appelait: «est-ce que j'étais correcte?» J'ai*

dit : « bien oui. Tu es là pour ça. C'est ta job. On t'a demandé comment tu te sentais, il fallait que tu le dises. On est pas là pour juger, on est là pour donner notre opinion. » Puis je l'ai dit au conseil d'administration aussi. « On ne peut pas toujours être d'accord parce que si non on ne se remettrait jamais en question un et l'autre, on ne ferait pas une bonne job. Des fois, il faut des remises en question[29] ».

Certains groupes vont donc jusqu'à mettre une permanente à la disposition des femmes afin de les soutenir dans le processus d'apprentissage de la démocratie.

Je suis accompagnatrice des projets. J'essaie d'accompagner le processus démocratique au niveau du conseil d'administration, d'installer les pratiques. Ce n'est pas simple. Les filles ne voient pas tout le temps le rôle qu'elles pourraient avoir, la place qu'elles pourraient prendre là-dedans. [...] concernant l'éducation populaire, c'est moi qui suggérais des affaires, elles étaient beaucoup dans une situation d'attente. Là maintenant, c'est elles qui disent : « on aimerait telle chose »[30].

Afin d'encourager les femmes à participer, une intervenante parle des diverses techniques auxquelles elle fait appel :

Je savais que sur 32 [travailleuses à la réunion de l'équipe], il y en a tout le temps deux ou trois qui parlent, les autres ne parlent pas. Alors j'ai demandé à tout le monde d'écrire une solution sur un papier. « Je sais que vous n'aimez pas ça écrire, mais écrivez-moi votre idée sur un bout de papier ». On a tout écrit ça au tableau puis on a essayé de regarder tout le monde ensemble quelles idées pouvaient faire un bout. [...] Puis elles ont vu qu'elles étaient capables d'amener quelque chose[31].

Une autre façon de modifier les rapports de pouvoir consiste à développer des liens avec les femmes sur plusieurs plans, comme nous l'avons mentionné à plusieurs reprises dans les chapitres précédents.

Rapport ambivalent à la dissidence

Même si plusieurs groupes observés encourageaient l'expression de la dissidence, cette dernière n'est pas toujours facile à gérer pour les groupes. Nous avons ainsi pu observer des groupes qui tenaient des discours très intéressants et réfléchis face à la question de la dissidence, mais qui, dès qu'il y avait une divergence d'opinion importante, avaient de la difficulté à maintenir un climat ouvert, s'accommodant de l'expression de cette dissidence.

Reprenons l'exemple de l'atelier portant sur les questions d'argent, d'emploi et d'étude. Nous avions alors pu observer le débat qui s'était engagé entre l'animatrice et les participantes qui n'avaient pas du tout le même point de vue. Ainsi, lorsque des personnes ont déclaré qu'il y avait des fraudeurs sur l'aide sociale, elle a répliqué en soutenant qu'en réalité les fraudeurs ne représentaient que 5 % des bénéficiaires et que Paul Martin commettait une plus grande fraude encore, même si elle était légale, en ne payant pas d'impôt pour ses sociétés grâce aux paradis fiscaux. Quand d'autres ont alors proposé d'abolir l'aide sociale en faveur d'une augmentation des salaires, elle a répliqué en prétendant qu'une telle proposition ferait l'affaire du gouvernement, puisqu'elle s'inscrivait dans le courant de la mondialisation. Ses interventions semblaient non seulement ne pas permettre de faire avancer le point de vue des participantes, mais avaient pour conséquence de faire taire tout point de vue divergeant.

Autre exemple pertinent, lors de la rencontre du conseil d'administration d'un autre groupe, une membre posait beaucoup de questions sur l'une des propositions. Elle semblait saisir des enjeux importants sans parvenir à les exprimer clairement. Plutôt que d'essayer d'aider cette membre à éclaircir son opinion, ses questions sont restées sans réponse et n'ont pas été prises en considération dans la décision finale. Nous avons aussi constaté au cours des observations dans ce groupe que les opinions dissidentes étaient parfois perçues comme des attaques personnelles.

La question des procédures et l'encadrement des discussions

Pour tous les groupes, faire en sorte que les délibérations soient productives, tout en favorisant la compréhension et l'appropriation par les femmes du sens de la discussion, demeurait toujours une question difficile. Aucun groupe participant à la recherche n'est cependant tombé dans la « procédurite », c'est-à-dire que les procédures ne primaient jamais sur tout. Aucun groupe ne suivait non plus de façon formelle le Code Morin. Les groupes semblaient reconnaître qu'il n'y avait pas de modèle unique pour tenir compte de la réalité des participantes dans la culture de travail et dans les procédures. Dans l'un des groupes mixtes, tout en permettant de prendre le temps nécessaire pour que toutes les femmes comprennent bien, les réunions du conseil d'administration tenaient aussi compte de la difficulté de concentration des personnes lorsqu'il n'y avait que des membres (dont une majorité du comité des femmes). Pour ce faire, le groupe tentait de tenir des réunions plus courtes. Chaque point à l'ordre du jour était donc minuté, le groupe prévoyait aussi deux pauses et il faisait une évaluation à la fin de chaque réunion pour «réajuster le tir», si nécessaire.

Dans un autre groupe, les différents rythmes de fonctionnement et de compréhension entre deux groupes de participantes ont failli causer une rupture. Il a finalement fallu apprendre à faire des compromis.

> *Puis il y a beaucoup de conflits à ce niveau-là, de dire «bien vous allez trop vite! Vous nous obligez à prendre des décisions trop vite! Vous nous poussez trop dans le dos». Il y a eu des menaces de démission du conseil d'administration. C'était vraiment des clivages entre ceux qui travaillent, qui prenaient des décisions, et ceux qui n'étaient pas sur le marché du travail. Il a fallu à un moment donné se réajuster pour apprendre à discuter puis à aller au même rythme[33].*

Face à ces difficultés, certains groupes observaient plutôt une certaine souplesse quant aux procédures formelles. Dans un comité de femmes, par exemple, on se donnait un ordre du jour et on rédigeait un procès-verbal, mais on ne faisait pas de propositions formelles avant la prise de décisions, permettant ainsi un fonctionnement plus souple, plus spontané et plus détendu qui correspondait mieux aux capacités des membres. D'ailleurs, celles qui étaient aussi déléguées au conseil d'administration faisaient remarquer que les règles de cette dernière instance étaient pour elles une source de stress en comparaison avec la détente ressentie au comité de femmes.

Par contre, l'absence de formalisme peut aussi avoir des effets pernicieux. Quelquefois, le manque de structure dans l'animation nuit effectivement à la possibilité d'une véritable délibération. Par exemple, lors de l'observation d'un groupe, on a remarqué qu'une femme interrompait souvent les autres et prenait beaucoup de place, en faisant par exemple dévier la discussion, sans que l'animatrice n'intervienne. Dans un autre groupe, les procédures (lecture et adoption de l'ordre de jour, des procès-verbaux, proposition et appui aux propositions) étaient considérées comme de la «poutine» et le conseil d'administration n'en était pas très soucieux. Au début de la réunion, on lisait simplement l'ordre de jour et la présidente demandait si tout était correct. Quant aux procès-verbaux, ils n'étaient pas lus sur place ni distribués avant la réunion mais ils étaient quand même adoptés. Les seuls suivis donnés aux procès-verbaux étaient en fait ceux apportés par la présidente. Enfin, les noms des «proposeures» et «appuyeures» n'étaient inscrits que lors de la transcription du procès-verbal. Dans ce cas-ci, la prise de notes au cours de la réunion semblait alors minimale. Ce qui devait être consigné dans le procès-verbal n'était pas clairement identifié. Ainsi, pendant une observation :

> *Une membre du conseil d'administration remarque qu'un point amené par quelqu'un d'autre ne se retrouve pas dans le compte rendu de la dernière réunion. Elle se fait dire que tout n'y est pas inscrit et que l'idée n'était pas une proposition en bonne et due forme, mais plutôt une suggestion que l'équipe peut reprendre ou non en considération. La membre veut savoir comment s'assurer que quelque chose se fait s'il n'est pas inscrit. Elle reprend la suggestion en faisant une proposition[34].*

> *Quelquefois, les discussions sont très éclatées. La présidente ne donne pas toujours le tour de parole. Il y a rarement une proposition claire sur la table qui est débattue, ni une demande formelle à la fin de la discussion pour savoir s'il y a un accord sur une décision. Donc il n'est pas évident de distinguer les suggestions des propositions[35].*

Lors de certaines observations, nous avons aussi assisté à plusieurs incidents montrant les dangers de l'absence de formalisme. L'animatrice s'adressait au groupe afin de lui demander son opinion, mais lorsqu'une femme donnait son point de vue, elle considérait que c'était le point de vue de l'ensemble du groupe sans s'en assurer, établissant ainsi des dialogues entre elle-même et une seule femme. Par exemple, lors d'une réunion où l'on devait décider des activités pour la saison estivale, si une femme faisait une suggestion, l'animatrice l'inscrivait automatiquement au tableau sans vérifier si les autres étaient d'accord. Donc, si personne ne soulevait d'objections (sans qu'on demande explicitement s'il y a des objections), la suggestion était considérée comme une décision collective.

Rapport ambigu entre les instances formelles et les membres

L'absence de lien formel entre les représentantes des participantes au conseil d'administration et les participantes elles-mêmes constitue une autre situation paradoxale observée dans certains groupes. Il semble en fait y avoir une faiblesse sur le plan de la reddition des comptes, la démocratie représentative dans ce cas se réduisant souvent à la simple tenue d'élections. Par exemple, une intervenante a fait les commentaires suivants (au conseil d'administration) concernant les deux déléguées des travailleuses de l'entreprise (c'est-à-dire les membres) :

> *Elles peuvent trouver lourd de ramener les décisions qu'elles prennent, porter le poids, dans le fond, de ça devant les trente autres. Alors je ne pense pas qu'elles jouent tout le rôle qu'elles pourraient jouer.*

Q: Est-ce que tu penses qu'actuellement elles font un compte rendu à l'équipe, «voilà ce qui s'est passé au conseil d'administration?»

R: Elles devraient, mais je te dirais que d'après moi, non[36].

D'autres membres de conseils d'administration, élues en assemblée générale comme représentantes des participantes, exprimaient ainsi leurs sentiments quant au rapport à la base.

Moi, je me sentais plus représentative du groupe dans lequel j'étais en atelier. [...] Mais aussitôt que je n'ai plus d'activités comme telles, je me suis sentie moins proche des membres, plus administratrice que membre[37].

Moi, je m'identifie plus aux travailleuses[38].

Moi je n'ai pas l'impression de représenter qui que ce soit...[39]

Ces mêmes femmes parlent de la circulation de l'information sur les décisions prises au conseil d'administration:

Quand on fait partie du conseil d'administration et puis qu'on est dans une activité, tout le monde sait qu'on fait partie du conseil d'administration, hein! Fait que, on se fait questionner. Mais de là à donner de l'information par écrit ou quelque chose, non[40]!

Q: Comment les membres peuvent-elles être informées des décisions qui ont été prises au conseil d'administration[41]?

R: J'imagine que c'est par les animatrices, les travailleuses[42].

Ces exemples montrent bien que les représentantes élues à l'assemblée générale n'ont pas toujours le souci d'être redevables envers celles qui les ont élues, et que cette situation témoigne d'une certaine faiblesse dans le processus démocratique.

Tiraillements entre le mandat de l'équipe et celui du conseil d'administration

Le rapport de pouvoir entre l'équipe des travailleuses et le conseil d'administration, composé de participantes, pose de sérieux défis aux pratiques démocratiques. La plupart des groupes fonctionnaient bien en cogestion et les pouvoirs étaient bien partagés entre l'équipe de travail et le conseil d'administration. Ce partage n'était toutefois pas toujours strict, à l'instar des bases sur lesquelles il reposait.

Dans un des groupes observés, l'équipe de travail semblait vouloir limiter le pouvoir du conseil d'administration au minimum afin que ce dernier ne joue qu'un rôle de comité conseil. La coordonnatrice avait ainsi tendance à soulever certaines questions à discuter au conseil d'administration, tout en évitant qu'une décision n'y soit prise. Elle semblait plutôt vouloir y favoriser l'expression des idées afin de les amener devant l'équipe de travail pour qu'une décision finale soit adoptée quant aux orientations du groupe.

Autre exemple du rapport entre travailleuses et conseil d'administration, au cours d'une réunion du conseil d'administration d'un autre groupe, la permanente a présenté des informations sur une activité d'autofinancement et a demandé la participation des autres femmes. La coordonnatrice a alors indiqué que, comme cette activité aurait lieu en même temps que le congrès de leur regroupement, il y aurait deux travailleuses en moins de disponibles. Plus tard au cours de la réunion, on a fait le point sur ce congrès. La coordonnatrice a alors informé le conseil d'administration que deux travailleuses y assisteraient tout en désirant savoir si des membres du conseil d'administration étaient intéressées à se joindre à elles.

> *Les membres du conseil d'administration ont en leur possession l'horaire de la fin de semaine. Je constate qu'il n'y aura pas de rencontre de préparation pour le congrès. Je perçois que c'est davantage un dossier de l'équipe que du conseil d'administration. Une membre n'est pas satisfaite car elle vient de se mettre en disponibilité pour les journées d'autofinancement. «Eh! Vous saviez ce que vous faisiez en nous proposant les journées d'autofinancement avant! Moi je veux aller à la soirée d'ouverture!» La permanente dit qu'on peut arranger cela, mais je sens que les membres de l'équipe ont décidé que la priorité du conseil d'administration était l'autofinancement. La coordonnatrice indique aussi que, pour assister au congrès, il est préférable d'être présente les deux jours pour qu'il y ait un suivi, ce qui décourage les femmes[43].*

Problèmes persistants face à l'élargissement des espaces démocratiques

Un des défis importants auquel tous les groupes avaient à faire face est l'inclusion de toutes les participantes ou membres dans les espaces démocratiques. Comme nous l'avons vu dans les sections précédentes, un des problèmes qui caractérisait ces groupes de femmes (quoique rarement discuté de façon explicite) concernait la capacité des participantes à prendre part aux délibérations et aux instances formelles. Ce problème était d'ailleurs récurrent dans plusieurs entrevues. Même si nous avons observé des pratiques visant à soutenir les participantes par le biais d'apprentissages, l'ouverture des instances formelles à des femmes ayant peu d'expérience ou un faible niveau de scolarité est loin d'être acquise partout. Par exemple, au sein d'un conseil d'administration, des participantes soutenaient que les femmes qui n'avaient jamais eu l'occasion d'être sur le marché du travail, qui n'avaient jamais eu l'occasion de discuter avec leur patron ou de prendre de décisions, étaient souvent plus lentes et craintives quand il y avait des décisions à prendre au conseil d'administration.

> *Disons que ça prend des discussions plus longues... des explications plus grandes... la peur d'être poursuivie, la peur de prendre des décisions... La peur... de ne pas être aimée, de ne pas être appréciée des travailleuses. [...] C'était ça qui était difficile[44].*

Pour d'autres, les participantes «ne connaissent pas leur pouvoir. Elles ne savent pas c'est quoi la place du conseil d'administration, c'est quoi leur place... comment ça fonctionne»[45]. Elles faisaient aussi remarquer toutes les difficultés qu'avaient ces femmes à se démarquer des positions de la coordonnatrice.

> *Advenant que la coordonnatrice n'est pas d'accord [avec les femmes au conseil d'administration], bien elle n'a pas le choix! Ça a passé au conseil d'administration. Mais eux autres, ils me disent qu'ils ne peuvent pas faire ça parce que c'est elle qui sait ce qui se passe dans la boîte. Mais ce n'est pas vrai...[46]*

Aussi, beaucoup de participantes se sentent dévalorisées quand elles ont la possibilité de participer au processus décisionnel. «Elles ont peur de lire des textes. L'an passé quelqu'un disait: je ne suis pas rendue là. Je suis juste en train de commencer... puis je ne suis pas bonne, j'ai de la difficulté à lire, j'ai de la difficulté à écrire[47]».

Sur ce plan, les entrevues ont d'ailleurs fait ressortir un certain nombre d'obstacles à l'engagement des femmes dans les instances formelles comme le conseil d'administration. Les travailleuses et militantes interviewées soulignaient les difficultés et craintes des participantes: la peur des responsabilités et de la somme de travail, la peur de ne pas être à la hauteur, le manque d'estime de soi et le doute quant au fait de pouvoir être réellement utile à quelque chose.

En comparaison, un membre du conseil d'administration de l'entreprise mettait plutôt l'accent sur des éléments structuraux:

> *Les obstacles, je me dis, on ne peut pas faire de la gestion participative, on ne peut pas faire de l'éducation populaire, on ne peut pas installer des pratiques démocratiques si on ne se donne pas le temps. Puis pour avoir du temps, il faut avoir des outils de soutien financier. C'est clair[48].*

En fait, il nous a été très difficile, au cours de nos observations, de trouver des pratiques permettant aux participantes de la base de s'engager dans les instances formelles bien que, paradoxalement, durant les élections au conseil d'administration, il y avait toujours plus de candidates que de postes disponibles. À un point tel que, dans certains groupes, le conseil d'administration devait effectuer une rotation et une administratrice ne pouvait y siéger plus de deux mandats consécutifs de deux ans, ce qui avait l'avantage de favoriser la participation d'un plus grand nombre.

Dans cette section, l'analyse de nos observations révèle que, pour que la démocratie devienne une valeur et une pratique quotidienne dans la vie des groupes, il faut qu'elle soit comprise d'emblée comme un processus d'apprentissage continu qui traverse toutes les activités du groupe, et non comme quelque chose qui se vit ailleurs qu'en intervention. On doit offrir à la fois du temps et de multiples espaces aux participantes afin qu'elles puissent expérimenter la délibération et la prise de décision, participer aux actions qui en découlent, et ainsi acquérir la conviction que leur participation active dans le groupe est importante. Sur ce plan, nous avons observé des pratiques novatrices et créatives, mais aussi des zones grises où la façon de vivre la démocratie peut poser de grands défis. Parmi ces zones grises, mentionnons la place que prennent les procédures formelles dans les discussions, le rapport entre les instances de démocratie représentative et la base, le rapport de pouvoir entre les représentantes élues et la permanence et, enfin, l'ouverture d'espaces démocratiques au plus grand nombre.

La démocratie pose ainsi d'importants défis à tous ces groupes. C'est pourquoi ces derniers se remettent constamment en question afin de répondre le mieux possible aux exigences du processus démocratique. D'ailleurs, une dernière chose observée indique bien toute la diversité des pratiques des groupes. Il s'agit de la façon dont on tente d'intégrer les instances dans la vie quotidienne du groupe.

Instances intégrées à la vie du groupe

Présence dans la vie quotidienne des groupes

La façon dont ces groupes se réfèrent aux instances formelles quotidiennement est un autre indice que les pratiques démocratiques sont présentes dans l'ensemble de leurs activités et sont vécues comme une culture générale pour plusieurs. Au cours de l'observation d'une activité avec des participantes, à laquelle deux ou trois femmes assistaient pour la première fois, nous avons pu en effet constater à quel point l'animatrice prenait le temps d'expliquer en quoi le groupe consistait et pourquoi il y avait un comité de femmes dans un organisme mixte. Elle expliquait la nécessité de ce comité par le fait qu'il fallait donner une place aux femmes dans les débats, afin qu'elles prennent leur place, et parce que la question des femmes concernait l'ensemble des analyses et actions du groupe.

Si ce ne sont pas tous les conseils d'administration qui sentent le besoin d'établir des rapports avec la base, dans certains groupes, les procès verbaux des réunions du conseil d'administration sont volontiers distribués aux participantes qui sont aussi consultées quant aux orientations que leurs représentantes doivent prendre.

> *C'est pour ça qu'on les écoute les femmes, à savoir c'est quoi leurs besoins, c'est quoi qu'elles veulent. Puis nous au conseil d'administration, on peut le rapporter. Si on voit que ça ne passe pas, si on pense que les travailleuses ne nous écoutent pas, on est capable de leur dire : «maintenant, ça là, on veut que ça passe au centre». [...] Les anciennes savent que s'il y a quelque chose qui leur semble pas correct, bien elles nous emmènent une lettre, ou elles viennent au conseil d'administration[49].*

Dans un groupe, afin d'assurer un lien organique entre le conseil d'administration, composé de membres, et les membres de la base, chaque membre du conseil travaillait dans au moins un comité de travail, ce qui permettait d'assurer leur participation à l'action, et leur contact avec les membres de la base et de la permanence. Les comités étaient responsables devant le conseil d'administration. À l'assemblée générale, on parlait des comités comme d'un lieu où l'on retrouve «le pouvoir réparti en collectif», ou le partage du pouvoir.

Participation aux instances valorisées et valorisantes

Comme nous l'avons vu, dans plusieurs groupes, la participation des membres aux instances formelles est valorisée à un point tel que les élections sont toujours chaudement disputées. Les participantes aux instances semblent trouver une véritable satisfaction au fait d'y participer.

> *Mais aujourd'hui, si j'étais capable de faire une campagne de publicité pour devenir membre du conseil d'administration, je te jure que je la ferais! Ça l'a été super! Puis ça l'a été très très enrichissant pour moi[50]!*

En effet, selon les femmes siégeant aux conseils d'administration que nous avons rencontrées, leur présence à cette instance a été une grande source d'enrichissement. D'abord, pour certaines d'entre elles, c'est l'occasion de redonner au groupe tout ce qu'il a pu lui apporter. Il s'agit là d'une forme de reconnaissance pour l'aide reçue.

> *La raison pour accepter c'était justement de rendre ce qu'on vous avait donné. Parce que je me souviens qu'au début du conseil d'administration c'était... ils ont tellement... ils m'ont tellement aidée, ils m'ont tellement soutenue, ils m'ont tellement écoutée, je voulais bien leur rendre service[51].*

Pour d'autres, siéger au conseil d'administration leur permet de participer activement à la survie du groupe. C'est une façon de manifester leur attachement profond au groupe :

> *Moi, je dirais que je participe au conseil d'administration parce que je veux savoir, j'ai à cœur le succès du centre puis je veux savoir ce qui se passe en tout... puis pour essayer d'attirer des femmes d'ici, comment faire pour les attirer [...]. Ça prend du monde qui s'intéresse au fonctionnement du centre pour que le centre continue d'exister[52].*

Ainsi, les membres des conseils d'administration diffusent une image très positive de leur participation à cette instance. Les participantes nous disent : «Comment ça, tu es encore en réunion! Tu étais en réunion hier!» «Bien oui, mais je fais ça en votre nom[53].»

Des instances qui s'adaptent aux participantes

L'observation de quelques groupes nous a également permis de constater à quel point leur style d'action était influencé par la culture spécifique des femmes du milieu. Dans un centre de femmes d'un quartier pauvre, c'est la culture populaire du quartier qui domine : expression d'émotions fortes, jurons, et souplesse quant à l'ordre du jour. De plus, les travailleuses font attention d'éviter d'utiliser des expressions comme «enjeux, problématiques, vie associative» qui sont difficilement comprises par les femmes et se donnent aussi la peine d'expliquer tous les sigles auxquels elles se réfèrent (MSSS, l'R, MÉPAQ, PACE, etc.). Nous avons également été témoin de l'expression de la culture particulière des participantes dans d'autres groupes. Dans un groupe travaillant avec des jeunes femmes, nous avons été étonnées de constater la facilité avec laquelle les animatrices adaptaient leurs interventions au style des jeunes : tolérance face à une certaine indiscipline et soutien quant à l'expression de leurs opinions et idées. Un groupe travaillant avec les femmes ayant des problèmes de santé mentale, quant à lui, devait évidemment composer avec la fragilité de ses membres :

> *Le déroulement de la réunion a été un peu chaotique. L'ambiance est difficile à décrire. Les femmes se connaissent, se respectent, s'écoutent et prônent le dialogue et la recherche du consensus et à la fois elles s'emportent facilement lorsqu'elles ne s'entendent pas ou lorsqu'elles ne sont pas à l'aise. À quatre ou cinq reprises en deux heures, il y a eu échange de commentaires sur un ton plus élevé et plus dur. En revanche, cela ne dure pas et n'affecte en rien l'ambiance[54].*

Le temps que l'on prend pour que chacune comprenne et participe aux délibérations en toute connaissance de cause est en fait un autre élément indiquant que l'on tient compte de la composition particulière des instances.

> *Pour permettre aux femmes d'apprendre à discuter, on va prendre le temps qu'il faut. On refuse d'être bousculées par des personnes de l'extérieur[55].*

Cette préoccupation a été confirmée par nos observations :

> *Aux réunions du conseil d'administration, elles prennent le temps qu'il faut pour faire le tour de la question. […] On regarde occasionnellement l'heure, mais les réunions progressent à leur rythme. Dans le procès-verbal de la dernière réunion, il est indiqué qu'elle s'est terminée à 23 h 15. La présente réunion a commencé à 19 h et s'est terminée à 23 h[56].*

> *Les participantes ont une grande confiance dans les résultats de la discussion franche, directe mais respectueuse. Le temps n'a pas la même valeur. La majorité des sujets abordés au cours de la réunion l'ont déjà été et ils le seront encore. À chaque discussion, les choses se clarifient un peu et il n'y a aucunement l'urgence de «régler la question». La planification est longue, mais elle respecte le rythme que ces femmes veulent (et probablement peuvent) avoir[57].*

En outre, travailler avec les femmes vivant des situations très difficiles suppose qu'on leur donne la chance d'exprimer leurs frustrations ou colères quand elles en ressentent le besoin.

> *Il y en a qui disaient que les conseils d'administration duraient trop longtemps. Puis c'est vrai qu'ils durent longtemps, parce qu'on est un conseil d'administration qui laisse la place pour s'exprimer. Si on est fâchée, s'il y en a une qui arrive et qui a eu une mauvaise journée, une mauvaise semaine, qu'il est arrivé quelque chose de dramatique, on va prendre le temps de l'écouter. On va prendre le temps de voir si elle est correcte pour partir le conseil d'administration[58].*

Quoique la démocratie ne se réduise jamais au déroulement des instances formelles, ces dernières ont une certaine importance en tant que lieu privilégié de délibération et de prise de décisions. Les groupes observés travaillent à intéresser les femmes à participer activement à l'assemblée générale et à suivre les travaux du conseil d'administration pour éventuellement s'y présenter comme candidates. Les instances ne sont donc pas coupées de la vie quotidienne du groupe. On tente de créer un lien organique entre les activités, l'intervention et les instances, notamment grâce aux relations développées par les participantes qui y siègent avec les autres participantes. De plus, on tente de rendre les instances attrayantes et adaptées aux réalités des participantes.

Conclusion

Nos observations nous ont permis de témoigner de pratiques qui traduisent bien plusieurs éléments que nous avions relevés dans les groupes de discussion et dans nos lectures sur les pratiques démocratiques. Dans le chapitre sur le processus démocratique, nous avons mis en évidence l'importance du développement d'un sentiment d'appartenance au groupe pour que les femmes désirent s'y engager. On identifiait deux stratégies employées par les groupes observés, soit l'accès libre aux espaces physiques pour les participantes et la transparence du groupe quant à sa gestion, ses décisions et la circulation de l'information. Le chapitre 4 a aussi fait ressortir l'importance du climat et de l'apprentissage de la démocratie par l'acquisition d'habilités pour débattre, prendre la parole ou prendre des décisions. Nos observations nous ont effectivement permis de constater ce processus d'apprentissage. L'importance des techniques d'animation utilisées, comme la clarification des points de vue énoncés par les femmes et la traduction de leurs opinions en idées claires et argumentaires, est apparue clairement. Nous avons d'ailleurs pu constater le climat de respect et d'ouverture, de convivialité et de chaleur qui règne dans la plupart des groupes, permettant aux participantes de prendre la parole sans peur d'être jugée. Nous avons également été témoin de pratiques visant à soutenir les participantes dans leur cheminement pour devenir des actrices et des sujets collectifs capables de situer leur expérience personnelle dans le cadre d'enjeux sociaux. Si plusieurs participantes aux groupes de discussion nous ont raconté des situations où le statut de participantes demeurait vague (absence d'adhésion ou adhésion sans droits réels), les six groupes observés comprenaient de membres-participantes à part entière (ou travailleuses dans le cadre de l'entreprise) à qui on tentait de donner du pouvoir. Les membres participaient aux délibérations et aux prises de décisions et composaient la majorité, voire l'ensemble des conseils d'administration (sauf dans le cas de l'entreprise).

Souvent, dans les discours des participantes des groupes de discussion, la démocratie est apparue comme un fardeau, comme quelque chose qui s'ajoutait à des tâches déjà perçues comme très lourdes. Dans les groupes observés ici, les pratiques démocratiques sont en tout cas parties prenantes de l'intervention car la démocratie est une valeur qui se manifeste à travers toutes les activités, une culture vécue au quotidien. La démocratie est donc à la fois une façon de faire et un objectif de l'intervention. Les instances formelles dans les groupes observés se sont d'ailleurs avérées de véritables lieux de délibération et de prise de décisions qui exerçaient un pouvoir réel, au contraire de plusieurs expériences décrites lors des groupes de discussion.

Nous avons donc beaucoup appris des pratiques novatrices des groupes étudiés. Ils ne sont toutefois pas à l'abri de difficultés ou de paradoxes, ce qui confirme que la démocratie est un processus en mouvement constant. Certains enjeux importants sont liés au pouvoir des intervenantes et de l'équipe de travail, aux tensions entre conscientisation, appropriation du pouvoir et ouverture à la dissidence, à la responsabilité des élues face aux membres et, enfin, à l'élargissement continuel des espaces démocratiques à un plus grand nombre de personnes.

La participation active fait-elle une différence ?

À la fin de la présentation des pratiques démocratiques novatrices permettant aux participantes de devenir des actrices engagées dans leurs groupes, nous pouvons nous demander ce que ces femmes tirent de leur expérience. À cette fin, nous avons demandé à des participantes qui sont membres du conseil d'administration de leur groupe de nous parler de l'impact de cette participation sur leur vie. Plusieurs se sont référées aux apprentissages faits en matière de délibération, comme la gestion d'opinions différentes ou de la difficulté à concilier intérêts personnels et intérêts collectifs.

> *Les premières années de conseil d'administration ont été très enseignantes. J'ai été une femme déterminée qui parle fort, qui donne des tapes sur la table. Ça impressionnait tout le monde. Puis là, à un moment*

donné, les filles se sont fâchées puis elles m'ont montré à bien faire ou à mieux faire[59].

En fait, ces apprentissages ont été tellement significatifs que les femmes n'aspirent qu'à les transférer à d'autres sphères de leur vie.

Je ne travaille pas dans le communautaire, je travaille dans un autre réseau. Transposer ça ailleurs n'est pas facile. Mais, je me dis, à partir du moment où tu as connu ça, tu as envie de l'implanter [...]. Moi, ce que j'ai découvert ici, c'est une philosophie qui fait partie de ma vie maintenant. [...] Je parle en je, je respecte l'opinion des autres et tout ça c'est en train de devenir intégré[60].

Oui, c'est marquant puis c'est quelque chose qu'on va traîner avec nous, qu'on a l'honneur de traîner avec nous pendant longtemps, c'est un bagage qu'on va garder tout le temps[61].

À la question «qu'est-ce que ça apporte de s'impliquer dans un comité femmes», les participantes ont répondu: «plus de discernement», «à me taire et écouter», «lieu de parole et de liberté où je ne suis pas connue», «à comprendre les autres et à les aider», «le droit d'avoir une opinion»[62].

Plusieurs théoriciens ont avancé l'idée que la participation à la gouvernance améliore le sort des participantes sur plusieurs plans: leurs capacités de penser, de sentir et d'agir[63], le sentiment d'efficacité politique[64], la capacité d'identifier ses intérêts[65]. Les personnes opprimées n'ont pas souvent la possibilité de comprendre leurs propres intérêts parce qu'elles sont exclues des mécanismes de participation. Si elles pouvaient participer et déterminer leurs intérêts, sans doute verraient-elles que leurs intérêts sont en conflit avec ceux des élites dirigeantes. Mansbridge[66] est également convaincue que la participation à la démocratie directe permet aux citoyens de développer une compréhension éclairée de leurs intérêts. Elle souligne ainsi le rôle éducatif de la participation démocratique dont les théoriciens parlent très peu, un silence qu'elle attribue généralement à la difficulté pour les spécialistes d'avoir accès aux données empiriques pertinentes.

Dans notre étude, les participantes, notamment celles qui ont eu l'occasion de siéger à un conseil d'administration, semblent confirmer qu'il y a bel et bien eu développement personnel à travers cette expérience, avec l'acquisition d'habilités, l'acquisition de ressources personnelles comme l'estime de soi et, enfin, la capacité de faire la distinction entre intérêts personnels et ceux des autres, notamment ceux des travailleuses du groupe.

Notes

1. Beeman *et al.*, 2004; Guberman *et al.*, 1997.
2. Notes d'observation du conseil d'administration.
3. Touraine, 1975, 1997.
4. Discussion dans un comité de femmes.
5. Observation, réunion comité de femmes.
6. Observation, comité de femmes.
7. Participante.
8. Participante.
9. Participante.
10. Observation, comité de femmes.
11. Observation d'une activité.
12. Observation d'un atelier.
13. Coordonnatrice.
14. Observation.
15. Observation de l'assemblée générale.
16. Observation du conseil d'administration.
17. Membre.
18. Observation du conseil d'administration.
19. Participante.
20. Participante.
21. Participante.
22. Participante.
23. Participante.
24. Entrevue, conseil d'administration.
25. Entrevue, conseil d'administration.
26. Entrevue, conseil d'administration.
27. Entrevue, conseil d'administration.
28. Entrevue, conseil d'administration.
29. Entrevue, coordonnatrice.
30. Entrevue, membre de conseil d'administration.
31. Intervenante.
32. Entrevue, conseil d'administration.
33. Participante.
34. Observation.
35. Notes d'observation.
36. Membre du conseil d'administration.
37. Membre.
38. Membre.
39. Membre.
40. Membre.
41. Membre.
42. Membre.

43. Coordonnatrice.
44. Participante.
45. Participante.
46. Participante.
47. Entrevue avec une travailleuse.
48. Participante.
49. Participantes.
50. Participante.
51. Participante.
52. Membre du conseil d'administration.
53. Entrevue, conseil d'administration.
54. Observation.
55. Entrevue, coordonnatrice.
56. Observation.
57. Observation.
58. Participante.
59. Entrevue, conseil d'administration.
60. Une femme.
61. Entrevue, conseil d'administration.
62. Entrevue, comité de femmes.
63. Kaufman, 1960.
64. Pateman, 1970.
65. Bachrach, 1975.
66. Mansbridge, 1995.

Troisième partie

DEVENIR DES COSUJETS D'UN MONDE COMMUN[1] : LE COMITÉ DES FEMMES D'ACTION AUTONOMIE

Jocelyne Lamoureux

Le bon sens définit la santé mentale comme la capacité de croire en nos propres perceptions...

Kate Millet

...et la défense de nos droits comme le processus par lequel nous arrivons à affirmer que plus jamais cela ne nous sera enlevé[2].

Le Comité des femmes d'Action Autonomie

Présentation des acteurs-actrices

Le collectif Action Autonomie[3]

Issu d'un groupe de défense des droits, Auto-Psy, actif depuis les années 1980, Action Autonomie le Collectif pour la défense des droits en santé mentale de Montréal est un groupe régional membre de l'Association des groupes d'intervention en défense de droits en santé mentale du Québec (AGIDD-SMQ). Cette association réunit des groupes de base d'entraide, de promotion et de vigilance, des groupes régionaux de défense de droits en santé mentale (présents dans quinze régions du Québec) et des comités d'usagères et d'usagers d'hôpitaux de soins de longue durée.

Action Autonomie, fondé en 1991 et dont les membres, les administratrices et les administrateurs sont des personnes vivant ou ayant vécu des problèmes de santé mentale, revendique sa filiation à un important réseau de groupes et d'organismes alternatifs et communautaires d'entraide, de défense de droits et de services, qui sont apparus au Québec durant les 25 dernières années. Le groupe a pour but de rejoindre les personnes touchées par ces problèmes, de promouvoir et de défendre leurs droits en les aidant, en les accompagnant ou en les représentant dans leurs recours judiciaires. Le groupe est actif dans des dossiers collectifs, comme le plan de transformation des services en santé mentale et l'appropriation du pouvoir, la loi d'exception portant sur la garde en établissement (cure fermée), les pratiques psychiatriques de la contention, de l'isolement, des électrochocs et de la médication abusive, l'accès aux soins et le libre choix du professionnel mis en cause par la sectorisation, l'assurance-médicament et le projet de carte santé (ou carte à puce).

Le comité des femmes d'Action Autonomie

Le comité des femmes d'Action Autonomie, qui a vu le jour en 1995, se donne pour mandat de regrouper des membres et de développer des analyses et des interventions sur les questions touchant spécifiquement les femmes quant à la défense des droits en santé mentale. L'objectif est, entre autres, «d'alimenter les dossiers politiques d'Action Autonomie et [d']y intégrer nos perspectives, nos analyses et nos recherches[4]». Les membres constituent un noyau formé d'une douzaine de femmes. Une conseillère en défense des droits, permanente du groupe, anime le comité et le représente. Une ou deux membres l'accompagnent dans des comités ou des activités à l'extérieur, comme à la Table des groupes de femmes de Montréal ou au comité des femmes de l'AGIDD-SMQ, «Droits vers Elles». Les principales activités du comité consistent en des réunions mensuelles, l'organisation de cafés-rencontre thématiques pour les femmes, la présence active à des comités, comme ceux cités plus haut, ou encore à des activités d'envergure, comme les manifestations du mouvement des femmes, des colloques et des conférences du réseau des alternatives en santé mentale ou des groupes de défense des droits sociaux. Enfin, comme la liaison avec d'autres groupes est un des objectifs poursuivis, le comité des femmes tient, dans les groupes de femmes, des rencontres d'information sur les droits et recours en santé mentale. Différents thèmes peuvent alors être abordés: le consentement aux soins, la cure fermée, la *Loi sur la santé et les services sociaux*, la violence faite aux femmes et ses impacts sur la santé mentale, la confidentialité et l'accès à l'information, la sectorisation et le libre choix du professionnel et de l'établissement.

Pourquoi un comité de femmes dans un groupe de défense de droits ?

En 1995, au moment où quatre membres et permanentes d'Action Autonomie créent un comité, cela fait déjà près de 25 ans que la seconde vague du mouvement des femmes au Québec bat son plein (la première ayant donné lieu au droit de vote) et que les idées d'égalité et d'autonomie des femmes se propagent dans toutes les sphères de la société. Des mesures radicales de redressement du statut juridique de la femme mariée ont été adoptées. Des revendications relatives au libre choix des maternités, à l'accès aux divers métiers et à l'égalité de traitement ont été entendues. Des pratiques taboues, comme l'inceste, la violence conjugale, le harcèlement sexuel de toute nature, sont devenues des questions d'intérêt général et de politiques publiques. Des centaines de groupes autonomes de femmes se sont également constitués et ont inauguré des pratiques sociales et culturelles originales : centres de femmes, maisons d'hébergement, cliniques de santé, maisons d'édition, groupes de lutte contre la violence, grandes associations nationales de pression, etc. Des comités de « condition féminine » ont aussi surgi au sein des syndicats, des partis politiques, des associations professionnelles et même des Églises. Le grand « nous les femmes » a commencé heureusement à prendre un nouveau visage, alors que des femmes immigrantes, autochtones, lesbiennes, de diverses cultures et origines, classes et générations ont cherché à faire entendre leurs voix singulières. Depuis près d'une dizaine d'années, de grands rendez-vous féministes de mises au point, de bilans et de débats donnent ainsi lieu, soit à des réflexions, comme celle ayant conduit à la prise de position « Pour un Québec féminin pluriel », soit à des projets collectifs comme la grande marche des femmes « Du pain et des roses », en 1995. Le mouvement communautaire au Québec est également influencé par la visibilité, les revendications et les formes d'organisation du mouvement des femmes. Du reste, il est constitué en grande partie de membres féminins (près de 80 %) et de nombreuses militantes féministes y œuvrent.

C'est donc dans ce contexte que des femmes d'Action Autonomie créent, au cœur d'un groupe mixte communautaire, un espace spécifique pour les femmes, le comité des femmes. Qu'ont-elles à nous apprendre sur ce projet ?

> *On se posait la question : si ça existe le comité des femmes, qu'est-ce qu'on fait ? qu'est-ce qu'on espère ? quels seraient nos objectifs ? On a fait une sorte de remue-méninges dont sont sortis un ensemble d'objectifs : de pouvoir*

créer un espace pour les femmes, qu'elles puissent aussi parler en termes de santé mentale, de défense des droits, de choses qui sont spécifiques. Puis, le souci de dire que si Action Autonomie a des dossiers collectifs et politiques, que ce soit garde en établissement, peu importe, que le comité des femmes puisse alimenter ce qui est spécifique aux femmes. [...] Pas juste élaborer ce contenu en vase clos, mais s'assurer que ça s'intègre ailleurs. Donc il y avait ça. [...] Mais quel genre d'activités ? C'est sûr que les cafés-rencontre c'est toujours bon, toujours fort. Les femmes ont besoin de parler. Il n'y a pas assez d'espaces de parole[5].

C'était plutôt confus au départ. Une conseillère se souvient :

Le monde se sont rassemblés. À ma connaissance, on parlait de tout. Cela a duré très longtemps. On avait plein d'idées mais il n'y avait pas beaucoup de réalisations concrètes, de projets. C'est juste que c'était une question préoccupante et un goût de se réunir[6].

Revenons sur ces citations pour les mettre en relation avec le thème de la démocratie qui nous occupe ici. Trois choses peuvent être considérées : les femmes ont besoin d'un espace de délibération propre, d'une place pour laisser libre cours à leur parole, puisqu'il y a urgence à explorer et à dire le rapport spécifique des femmes au vécu psychiatrique. Les femmes doivent aussi prendre place dans les débats collectifs pour que leur perspective traverse l'ensemble des analyses et des actions d'Action Autonomie. Autrement dit, pour faire partie du monde commun d'Action Autonomie, y être membre à part entière, il apparaissait important de créer un lieu non mixte afin de mieux permettre l'expression de la parole des femmes et être en mesure, dans cet espace, de penser le rapport particulier des femmes à la santé mentale et d'étendre les perspectives et positions du groupe de défense des droits afin d'y être incluses, comprises et parties prenantes. Il semble, en effet, que dans ce « domaine bourré de préjugés », on ne considère les personnes concernées (et leurs réalités) qu'en termes « neutres, abstraits et asexués[7] ».

Nous nous sommes rendu compte *a posteriori* que les instigatrices du comité des femmes et le comité lui-même permettaient de remettre en question leur conception de la démocratie. La démocratie n'est pas homogène[8] : des voix différentes doivent pouvoir s'y exprimer et se faire entendre. Elle n'est pas neutre ou même universelle : les rapports sociaux de sexe y ont tracé de profonds sillons qu'il s'agit de mettre au jour. Si les femmes ne sont pas là, c'est-à-dire si leur expérience de la vie et de la société n'est pas prise en compte, si elles sont majoritaires comme membres d'un groupe mais qu'elles sont invisibles et inaudibles, c'est qu'elles sont accessoires plutôt que parties prenantes. D'ailleurs, n'est-ce pas un reflet de la société où, la plupart du temps, les femmes sont, au mieux, un problème social, une «espèce» victimisée ? Le comité des femmes d'Action Autonomie a été mis en place justement pour que les femmes passent d'objets à sujets, de «figurantes[9]» à actrices. Les femmes deviendront-elles ainsi des cosujets d'un monde commun ? Voilà un enjeu important pour la démocratie.

Devenir visibles et audibles

Des dossiers pour sortir de l'ombre

Qui sont ces femmes du comité que nous avons côtoyées pendant un an et demi ? La très grande majorité d'entre elles étaient des membres actives d'Action Autonomie, c'est-à-dire des personnes membres de la base vivant ou ayant vécu beaucoup de souffrance sur le plan émotionnel et ayant survécu au système psychiatrique. Il est bon de rappeler que les premières personnes s'étant regroupées pour former des groupes alternatifs et de promotion des droits en santé mentale aux États-Unis se nommaient elles-mêmes les *survivors,* indiquant par là tout le chemin parcouru avant de devenir enfin actrices de leur vie et de leur collectivité. Plusieurs des femmes fréquentaient le collectif depuis au moins trois ou quatre ans. Certaines avaient déjà eu l'occasion de participer à d'autres groupes (groupes de femmes, du mouvement communautaire ou du mouvement syndical). D'autres comités d'Action Autonomie bénéficiaient aussi de leur participation. Entre autres, cinq des femmes que nous avons rencontrées étaient, ou avaient été, membres du conseil d'administration, dont deux avaient siégé à la présidence.

Deux remarques pourraient compléter ce trop bref portrait. Action Autonomie est un groupe de défense des droits. Le discours, la préoccupation pour les principaux enjeux et abus du système de santé et des services sociaux, les notions de protestation et de solidarité sont donc certainement plus explicites que parmi d'autres organismes étudiés. Enfin, vivre au quotidien, ou avoir vécu, l'expérience de la folie avec les risques que cela comporte de transformer son regard sur le monde de la soi-disant *normalité*, mais aussi de vivre dans «l'extrême cruauté du désespoir, [...] la douleur lancinante des chutes dans le vide après les montées vertigineuses, [...] la confusion, la fureur des grands dérangements[10]», est le lot de plusieurs femmes autour de la table.

Cela peut expliquer la présence plus ou moins régulière de certaines d'entre elles aux réunions. Quelques-unes avaient fait des séjours à l'hôpital, d'autres avaient basculé dans la dépression, certaines étaient quelquefois très fébriles ou, au contraire, abattues, sans doute en réaction à la médication; enfin, une des femmes ayant participé à un café-rencontre et à l'assemblée générale s'était suicidée... Les conditions étaient donc souvent difficiles, les obstacles peu communs. Peut-être peut-on ainsi comprendre le logo d'Action Autonomie : un funambule en équilibre, accompagné de la citation suivante, «Quand la vie ne tient qu'à un fil, c'est fou le prix du fil». C'est pourquoi la ténacité, le courage, la lucidité des femmes que nous avons eu le privilège d'accompagner sont sans pareils. Elles sont généreuses de leur personne, de leur temps, de leur énergie créatrice et des multiples compétences et talents qu'elles possèdent. Comme le disait si justement une participante lors de l'entrevue : «Il fait bon voir des femmes qui sont debout et qui inventent leur vie!»

Un des premiers dossiers du comité concernant les enjeux démocratiques est sans doute celui de la sous-représentation des femmes dans les instances de direction d'Action Autonomie, le conseil d'administration et l'exécutif. Il s'agissait à la fois de se préoccuper et d'agir sur la représentation des femmes et sur l'esprit qui parfois perturbait les travaux. Une membre se souvient :

> *Au début, on se sentait quand même toute seule au conseil d'administration. Alors qu'une femme était présidente à l'époque, sur onze postes, nous étions trois femmes. Une des femmes n'était pas souvent là. J'ai même été quelques fois seule autour de la table. C'était très macho, très gars. Pas tellement ou toujours dans la façon d'aborder les questions à l'ordre du jour, les préoccupations. Mais c'était les commentaires! Je réagissais sur plein de farces bien plates sur les femmes. J'étais incapable de supporter. [...] C'était au conseil d'administration majoritairement, tout le temps, tout le temps des hommes. Pourtant, si on regarde : la majorité des personnes qui fait appel à Action Autonomie pour des services, du soutien, c'est des femmes malgré les fluctuations. Les membres sont des femmes majoritairement. Moi, c'est ça que j'amenais[11].*

La stratégie retenue est celle de la persuasion par le débat et les exemples concrets. L'égalité mathématique n'est pas requise :

> *Il y avait des réserves. Il ne faut pas que notre position soit coulée dans le béton, que partout au conseil d'administration, à l'assemblée générale annuelle, dans les comités, chaque fois qu'il y ait des élections... On vou-*

lait plutôt dire que ce soit une préoccupation présente, générale, qui traverse tout. Ce souci-là de représentativité doit bien sûr donner quelque chose au conseil d'administration, dans les comités[12].

Lors de notre séjour à Action Autonomie, nous avons pu observer la parité homme-femme au conseil d'administration. Le climat des rapports sociaux entre les sexes était serein, complice et très propice au travail conjoint et solidaire. Il en était de même à l'assemblée générale annuelle (sur laquelle nous reviendrons) où le rôle des membres du conseil d'administration était important et où la prise de parole générale des femmes semblait aller de soi. Une petite anecdote pour illustrer notre propos : lorsque nous sommes allées présenter notre requête au conseil d'administration concernant la participation d'Action Autonomie à cette étude, les plaisanteries sympathiques fusaient : les femmes disaient que, depuis l'existence du comité, elles avaient mis les hommes à leur main et en retour les hommes du conseil d'administration disaient espérer que nos travaux donneraient lieu à un groupe de défense des hommes ! Une membre fondatrice faisait remarquer :

> *Je reviens à l'idée du conseil d'administration comme une possibilité de pouvoir participer, puis partager le pouvoir. Depuis que le comité des femmes existe, ç'a changé de poil la composition du conseil d'administration. Non seulement la participation des femmes, mais les postes d'officiers. Moi, j'ai pu être témoin, car j'ai été là quatre ans. Pas pour dire de cause à effet, mais juste le fait qu'il y ait un espace, on se met à discuter au conseil d'administration de la Marche des femmes...[13]*

En résumé, pour que les femmes prennent leur place au sein du monde commun d'Action Autonomie, il fallait que le climat, les comportements, les attitudes, les propos soient exempts de connotation sexiste, que les femmes soient équitablement représentées dans les structures décisionnelles et qu'elles obtiennent quelques victoires symboliques prenant acte de leur présence.

Le but ne consiste pas toutefois à rendre visibles et audibles les femmes uniquement au sein de la culture organisationnelle du groupe. Si on conserve à l'esprit les objectifs de la création du comité des femmes, il faut aussi considérer l'urgence de comprendre le rapport spécifique que les femmes entretiennent avec le système psychiatrique et qui conditionne plus globalement leur santé mentale. En effet, comment ne pas examiner de façon critique le discours récurrent qui nie ce fait, pourtant évident, que des femmes vivent des problèmes de santé mentale parce qu'elles sont des femmes, parce que leur condition de femme dans la société les maintient dans une situation d'infériorité culturelle, de dévalorisation sociale, de marginalisation économique, d'«invisibilisation[14]» ou de négation de leur existence et de leur travail et de «marchandisation» de leur corps.

Le comité des femmes a donc mis en branle un grand chantier, consistant à explorer, par le biais d'un sondage auprès de ses membres féminins, l'impact de la violence sur la santé mentale des femmes. Ce projet concret a séduit les femmes du comité. On a d'abord élaboré un questionnaire, quatorze femmes l'ont ensuite validé et un grand nombre ont voulu mettre la main à la pâte : distribution des questionnaires en mai 1998, collecte de l'information, informatisation des données, etc. Lors d'une entrevue collective, une femme relatait ainsi une expérience de la démocratie qui l'avait marquée :

> Quand on a travaillé sur l'impact de la violence faite aux femmes dans le domaine de la santé mentale, j'ai trouvé qu'il y avait beaucoup de démocratie là-dedans, dans ce travail. Chacune avait son droit de parole, ses idées, sa façon de les dire, le droit de s'exprimer. Vraiment, ça s'est fait de concert, tout le monde ensemble. Cela a été un bon dossier. Les questions ont été préparées par toutes les femmes du temps qui étaient présentes[15].

Pourquoi avoir choisi le thème de la violence ? Une des membres fondatrices du comité explique :

> Les parcours de vie de nos membres à Action Autonomie sont parlants : l'enfance, l'âge adulte, toutes les formes de violence, la pauvreté comme forme de violence. La violence vécue en psychiatrie fait appel à toutes les autres expériences de violence. [...] C'est incroyable, les expériences d'inceste, de leur famille, de viol, d'infantilisation, de se sentir toujours diminuée, violence physique, psychologique, agression dans le milieu psychiatrique. [...] C'est un fil conducteur : que tu sois internée contre ton gré, tu as toujours l'étiquette, on t'enlève tes enfants, la violence du système[16].

Parallèlement à la démarche du comité des femmes d'Action Autonomie et sous l'impulsion de tels comités dans les groupes régionaux, l'Association des groupes d'intervention en défense de droits en santé mentale (AGIDD-SMQ) a aussi créé un comité des femmes, «Droits vers Elles», organisé une vaste consultation sur les réalités vécues par les femmes en santé mentale et enfin, convoqué en mars 2002 une rencontre nationale intitulée «On lève le voile». Les témoignages abondaient sur la façon dont la psychiatrie traditionnelle avait bâillonné les femmes, les avait mises dans un moule, une camisole de force au sens propre et figuré. La course à obstacles était épuisante : violence physique, psychologique, sexuelle; infantilisation, répression de la différence; hôpital psychiatrique, quelquefois en garde ou cure fermée, presque toujours accompagnée de contention, d'isolement, de psychotropes puissants; les contraintes et les abus ramènent de façon traumatique à des violences antérieures; interprétation sexiste et méprisante de la colère des femmes, incompréhension des soubresauts de révolte, infantilisation de nouveau, chantage face à la garde des enfants, menaces, incitation aux comportements soumis et conventionnels, etc. Les femmes exigent alors que s'organise par l'entremise de l'AGIDD-SMQ une dénonciation massive de la violence institutionnelle et du rôle indigne des compagnies pharmaceutiques et du système psychiatrique. La thématique de l'appropriation du pouvoir en santé mentale se conjuguera désormais au féminin pluriel[17]. Dans le journal du comité des femmes «Droits vers Elles» de l'AGIDD-SMQ, Jocelyne Hamel, membre de longue date du comité des femmes et du conseil d'administration d'Action Autonomie, fait paraître un magnifique dessin accompagné d'un témoignage: «M'approprier de mon pouvoir en coupant les cordes![18]»

Lors de l'assemblée générale annuelle, elle nous explique personnellement le sens de son dessin:

C'est une marionnette à qui on dit quoi faire, comment penser, comment agir. Chaque corde est une voix qui use son mental au point qu'elle se sent folle. [...] Sa tristesse lui enlève le goût de vivre car le fardeau est trop lourd. [...] On lui a coupé ses rêves, [...] sa créativité, sa joie de vivre. [...] Puis une idée géniale: [...] des ciseaux, oui des ciseaux pour couper les cordes de tout le pouvoir que les autres ont sur elle, faisant tomber la multitude de visages remplissant sa tête de tourbillons. [...] J'ai pris mon pouvoir en prenant ma place dans ma vie [...] écoutant mon silence s'élever dans le silence[19].

Au cours d'une entrevue collective pour la présente recherche, elle ajoute:

Moi, ce que j'ai appris dans toutes mes années au comité des femmes, à Action Autonomie, au conseil d'administration, ce qu'on m'a appris tranquillement: avoir le droit d'écouter, le droit de parler, d'exprimer mon opinion, [...] à être quelqu'un, à avoir confiance en moi-même, [...] à prendre des décisions, faire le bilan des choses et faire mes propres propositions. [...] J'ai appris à prendre ma place. Depuis l'an passé, à reprendre du pouvoir sur ma vie. [...] Il y a eu un article dans La Renaissance[20] *de ce mois-ci, c'est la première fois en cinq ans que je mettais un article dans le journal: ça me faisait tout drôle[21].*

Pour revenir à cette volonté de remise en question de la démocratie, le premier projet d'envergure du comité des femmes d'Action Autonomie permet de repousser les frontières du politique, de la démocratie et ce, sur au moins trois plans. D'abord, on conteste la division classique du politique (ce que n'a cessé de faire le mouvement des femmes durant les dernières décennies) : société civile-État, sphère publique-sphère privée. On connaît la célèbre affirmation : le personnel est politique. Un des acquis du féminisme, c'est effectivement d'avoir démontré que, d'une part, les sphères considérées comme privées (amour, sexualité, famille) sont traversées par le politique et, d'autre part, que la politique féministe est aussi une politique du privé. En exposant à quel point certains rapports sociaux, notamment ceux de sexes, se traduisent en situations de domination, de mépris, de discrimination et de violence, les femmes d'Action Autonomie, et celles des comités à l'AGIDD-SMQ et au Regroupement des ressources alternatives en santé mentale, contribuent ainsi à transformer la conception de l'espace politique.

En second lieu, et cela aussi est un indice de la transformation de la représentation politique, les femmes dévoilent à quel point l'expérience de la perte de sens, du chaos intérieur, de la souffrance insoutenable est incarnée dans leur corps, leur psyché et leurs conditions de vie. Il n'est donc plus possible de parler de la folie sans aussi signaler à quel point elle semble avoir un sexe. Il n'est plus possible de dénoncer le système hospitalo-centré, la pseudoscience de certains psychiatres, la gourmandise effrénée de l'industrie des psychotropes en faisant fi de l'expérience et de la parole de celles qui en sont majoritairement les « usagères[22] ». Le langage des droits et libertés si important en démocratie ne peut plus faire abstraction de l'expérience des femmes. L'horizon souhaitable de l'égalité ne peut que passer par une remise en cause d'une conception abstraite de l'humanité, par des efforts pour dégager les femmes de l'emprise du même, et surtout par l'obligation d'une réflexion sur le statut politique à donner à la différence. D'ailleurs, penser le pluralisme ne touche pas seulement les rapports sociaux de sexes, mais aussi ceux qui concernent l'âge, l'orientation sexuelle, l'origine ethnoculturelle, la couleur de la peau et la religion.

Enfin, en troisième lieu, la prise de parole publique des femmes ayant vécu ou vivant des problèmes de santé mentale remet aussi en question la démocratie dans sa contribution à l'émergence de nouveaux espaces de débat. Des revendications prennent corps, de nouveaux enjeux apparaissent, les groupes d'accueil des comités de femmes affinent leurs analyses et leurs représentations[23].

Libérer la parole, occuper l'espace

Au moment des deux entrevues collectives, à la question «quand le mot démocratie est prononcé, qu'est-ce que ça évoque principalement chez vous?», les expressions clés jaillissaient assez spontanément: peuple, liberté de parole et de pensée, droits, valeur humaine, contraire d'abus de pouvoir, avoir une place, pouvoir la prendre et l'occuper, pouvoir prendre la parole, le pouvoir, pouvoir prendre des décisions. Prendre sa place d'abord en libérant sa parole, avoir une place pour que la parole émerge: place et parole sont interchangeables, c'est pourquoi nous les traiterons conjointement dans notre analyse. À la seconde question, qui vise à étoffer la première par des exemples plus concrets, «expliquez par une expérience vécue marquante», les réponses ont été multiples. Nous les avons regroupées sous trois grands thèmes: la démocratie comme espace de rassemblement, la démocratie comme espace de parole, la démocratie comme capacité d'agir. Enfin, nous commenterons sommairement le profond scepticisme des répondantes face au pouvoir politique institutionnel.

Une première figure de représentation de la démocratie pour les femmes interviewées est celle d'un espace de rassemblement, de liberté, où il est possible de «juste être là», de «[se] déplacer avec d'autres femmes», de «commencer à avoir de l'emprise sur une situation». Un désir très fort s'exprimait: se renseigner, comprendre, «apprendre à penser», «connaître les choses sociales, laisser sortir [ses] idées, [son] inspiration». Pourquoi? Pour trouver une force, reprendre confiance, témoigner, se mettre en mouvement, prendre sa place, participer à sa mesure, se sentir valorisée, utile et reprendre du pouvoir. Une jeune femme affirmait:

> *Il faut que tu t'informes, après tu as des implications, ne serait-ce que de signer des choses que tu appuies. Moi, c'est ma manière de m'impliquer dans la société. Je ne suis pas capable d'en faire plus. Je ne suis pas intéressée à faire plus, parce que je ne l'ai pas trouvée ma place[24].*

Une deuxième figure récurrente est celle de l'espace de parole sur lequel nous reviendrons plus longuement. Voici certaines des expressions utilisées: «trouver une parole à moi», «que ma parole ne soit plus un grain de sable, que je ne sois pas crue parce que je ne *feel* pas», «ne plus jamais laisser les autres parler à ma place». Il a aussi beaucoup été question des difficultés à tolérer une femme qui proteste: peut-être est-ce un relent d'une vieille façon de penser selon laquelle les femmes qui s'emportent sont hystériques. «Si je hausse le ton, parce que je suis méprisée, humiliée, c'est moi qui perds le contrôle.» «Une femme revendicatrice qui parle trop, qui pense trop est souvent taxée de "femme frustrée", de façon sexiste et paternaliste.»

Enfin, troisième figure qui se dégage, celle de la démocratie comme capacité d'agir. Il faut trouver le moyen de transformer les convictions en actes. «Si on parle, chiale mais qu'il n'y a pas d'action, ça donne quoi?» «Si on ne veut pas reculer, si on veut vivre en démocratie, il faut passer à l'action.» Une autre femme ajoutait: «Il faut cesser de documenter ce qu'on connaît déjà trop et se mettre ensemble pour intenter un recours collectif contre les psychiatres.» Les actions qui évoquaient la démocratie sont de toutes natures: procédurales dans le sens d'apprendre à dégager des débats «des propositions pour passer à l'action»; de l'ordre de la revendication des droits, du «droit d'être mère» en récupérant ses enfants, d'être accompagnée dans ses recours contre les traitements reçus à l'hôpital, de lutter contre la pauvreté et en faveur des logements sociaux. On fait référence à un espace précieux de la démocratie, celui de la protestation.

Dans l'entrevue collective conduite avec les participantes se dégage, enfin, le scepticisme, le désenchantement face à la politique partisane et au pouvoir politique en place. En voici quelques exemples:

> *Mes valeurs ont pris le bord sur toute la démocratie. Je n'allais même pas voter: je n'y croyais plus. [...] Avec le bien-être qui revient, la valeur revient aussi. Je me dis: OK, c'est pas toujours parfait la démocratie mais on a un soupçon... Si on n'en avait pas du tout, on en souffrirait encore plus*[25].

> *Je ne crois pas du tout à la politique: je ne vais pas voter. Tant que je ne verrai pas quelqu'un qui a des idées qui me rejoindraient: je trouve que c'est de la marde... Je pense que «tous» des petits grains de sable ensemble, ça fait plus grand à un moment donné*[26].

> *Moi, ça ne me tente pas de regarder la démocratie sur un plan politique, parce que c'est trop gros. Pour moi, c'est du pelletage de nuages. Que ça s'appelle P.Q., Libéral, whatever, que ce soit au Québec, au Canada, aux États-Unis, dans n'importe quel pays: c'est beaucoup trop gros. Moi, je veux commencer par modifier mon petit bout, puis essayer de briller par mon groupe, briller par ma ville. [...] Parce que si on essaie de changer par le haut, j'ai l'impression, moi, de perdre mon temps*[27].

Après ce bref tour d'horizon des réponses spontanées à nos questions sur la démocratie, reprenons le thème, si important dans notre démonstration, des enjeux et des pratiques démocratiques à Action Autonomie, particulièrement au comité des femmes. C'est évidemment celui de la « visibilité » et de l'« audibilité », condition d'appartenance à un monde commun et surtout, de participation à la création de nouvelles représentations et pratiques plus inclusives, égalitaires et critiques.

Quels sont donc les lieux et les places à investir ? Ils sont multiples et enchevêtrés. Les femmes interviewées et observées affirmaient qu'ils sont tous importants et qu'il ne faut pas les hiérarchiser. Commençons par le comité des femmes. Ce qui est frappant au premier abord, c'est que ce qui s'y passait n'était pas nécessairement et en tout temps exceptionnel. Tout dépendait du contexte, des femmes qui y venaient, de la dynamique des interrelations et des sujets de discussion qui s'y développaient, de la qualité de l'animation et des enjeux. Tous les comités à Action Autonomie aménageaient un espace-temps. Lors de l'assemblée générale annuelle, un jeune homme, membre du conseil d'administration et du comité de lutte contre la pauvreté, a expliqué aux 35 membres présents que les comités représentaient « le pouvoir réparti en collectifs, là où on partage le pouvoir[28] ». Mais entre l'énoncé et la réalité, la « vraie vie » s'installe avec son processus en zigzag, son va-et-vient plutôt ordinaire, ses moments magiques et ses heures creuses. C'est à la fois sur la longue durée et dans la latence que les processus importants ont lieu. Ce qui semble certain, c'est que tous les pas franchis comptent et que l'élément clé est la croyance et la mise en action des compétences des femmes. Une membre fondatrice expliquait ainsi :

> *Je crois qu'il faut commencer par comprendre qu'il y a plusieurs façons de participer, qui sont bien valables. Entre aider, assister à faire un envoi postal – pour annoncer une formation aux groupes de femmes de la région ou convoquer plus largement à un café-rencontre toutes les membres –, c'est quoi les autres possibilités, est-ce seulement le conseil d'administration ? [...] Il me semble qu'il y a là un problème. C'est quoi les façons de participer selon les intérêts ? Ce n'est pas tout le monde qui veut se pointer au conseil d'administration. La représentation aux tables de concertation, à un comité à la Régie régionale, ce n'est pas non plus tout le monde qui veut y aller. Mais en même temps, oui il y a du monde que ça intéresse. Qu'est-ce que ça prend ? Ça veut peut-être divers parcours pour participer, évoluer, expérimenter, apprendre des choses. Ça devrait être possible d'ouvrir des espaces, d'avoir la souplesse de créer des choses à l'initiative de suggestions et d'idées diverses, créer d'autres façons de participer. Que les femmes sentent que ça a une valeur[29].*

Investir l'espace simplement, spontanément, à partir de ce qu'on est, d'où on est, des habiletés que l'on désire partager. Certaines femmes étaient là pour observer en silence : « J'ai tant à apprendre sur la santé mentale ». D'autres étaient toujours disponibles pour faire le procès-verbal de la réunion. Des internautes du groupe ont même dressé des listes de ressources sur la santé mentale, et informatisé les données du sondage sur la violence. Comme l'expliquait une des membres du comité et du conseil d'administration qui préparait les repas lors des fêtes, des assemblées et des conseils d'administration :

> Si moi j'ai une idée, c'est important que je l'amène. Par exemple, l'idée de faire à manger pour nos réunions du comité d'administration, c'est venu comme ça : je vivais avec cette idée-là dans mon cœur et je n'osais pas le faire en me disant que ce n'était pas la place. Moi, je reçois rarement du monde chez nous et ça correspond à un besoin. Et ça m'amène à tellement déborder de moi-même, puis moi, je mets tellement d'amour dans ce que je fais que il me semble que les gens sont mieux. C'est une autre façon de participer. C'est parce que j'ai osé dire : moi, je voudrais faire, j'aimerais le faire. Quand je ne bougeais pas, que je ne passais pas à l'action, pendant tant d'années... Quand on est dans un endroit où l'on se sent bien, je pense que l'on se doit, si on a un besoin, de l'exprimer[30].

Une autre membre du comité et du conseil d'administration possédait une grande expérience syndicale, ce qui lui a permis d'acquérir une bonne connaissance des procédures d'assemblée et de prise de décisions. Il ne se passait d'ailleurs pratiquement pas une réunion où elle n'avait pas à éclairer les autres sur les techniques de la délibération, de la formulation de propositions ou de l'expression de points de vue divergents ou d'impossibilité de se prononcer. Elle avançait :

> Ça va arriver dans une réunion... qu'une personne est consciente qu'elle ne réussira pas à changer l'avis des autres... Tout le monde est pour, mais qu'elle est contre... mais elle sent le besoin d'émettre son opinion de façon démocratique. La façon la plus respectueuse de l'exprimer, c'est de dire... je vais me rallier à la décision du groupe mais je demande le vote. [...] Ça sera accepté à la majorité plutôt qu'accepté à l'unanimité. On a fait appel à la démocratie[31].

Plus tard dans l'entrevue, elle expliquait qu'à la dure école syndicale, il fallait du courage pour se lever devant une assemblée de 200 personnes et se prononcer au micro. Et que maintenant qu'elle évoluait dans le monde communautaire, elle était disposée à « donner toute cette force-là ».

On se rend compte que cinq, six, sept personnes disent la même chose et elles
ne savent pas comment faire une proposition, [...] des propositions pour qu'on
parte à l'action. Alors des personnes comme moi peuvent... écrire une propo-
sition. Ça unifie le monde et s'il faut changer quelque chose, on bonifie la pro-
position. Yahoo! on continue... Ça donne au moins l'impression d'avancer[32].

Tous les talents sont donc les bienvenus. « Je me suis rendu compte que
j'avais le sens de l'organisation, non pour ma vie personnelle mais pour la
vie collective », notait une membre. « C'est important d'exploiter ses
forces, [...] il ne faut pas "médiocriser" ce qu'on aime et ce qu'on fait, si
on est bon là-dedans : on va rayonner » a renchéri une autre femme.

Qu'en est-il maintenant de la parole qui est prononcée dans ces
espaces ? Une des fondatrices, animatrice, avançait qu'elle avait « quand
même l'impression que quand les femmes viennent au comité des
femmes, c'est pour parler, plus que pour réaliser des projets ». Une
autre fondatrice, membre du comité, faisait la réflexion suivante :

Pourquoi sont-elles encore là ? Il faut être attentif à ça. Il y a différentes
façons de participer et elles doivent être valorisées. [...] Si ta participation
consiste [...] à dire que c'est comme ça que tu le vis, que c'est ce que tu
penses, [...] c'est correct : ta parole compte pour quelque chose, que c'est
entendu. [...] C'est ça ma contribution, c'est la place que je veux prendre.
[...] Donc l'idée de l'espace, de la parole, le vécu ; qu'on n'est pas là uni-
quement dans une vision légaliste, de défense des droits[33].

L'expression complète de ce que l'on veut dire demande toujours une
écoute patiente et respectueuse, souvent une grande solidarité. Lors de
l'assemblée générale annuelle, une femme au micro peinait à trouver
les mots pour exprimer correctement sa pensée. Dans l'assistance, on
cherchait donc à l'aider en lui soufflant des expressions. Deux femmes
du comité sont alors intervenues au micro pour rappeler qu'il faut laisser les gens s'exprimer jusqu'au bout, ne pas leur mettre des mots dans
la bouche, parce que c'est particulièrement crucial en santé mentale.

« Ici, je trouve ça le *fun* d'avoir une place où je peux exprimer ma pensée jusqu'au bout sans qu'il y ait de préjudice à cause de ma santé mentale ; dans la société, souvent juste d'être une femme... femme et santé
mentale... », commentait une jeune fille à sa première présence au comité
des femmes, le jour de l'entrevue collective. On note ici le thème du
temps : « Ça prendra le temps que ça voudra, le temps qu'il faudra. » Un
temps qui tourne d'ailleurs toujours en spirale : ces sujets ont déjà été
abordés, le seront de nouveau, les choses se clarifient, on discute et on
pourrait passer à l'action.

Étant donné l'importance de la narration pour les femmes marginalisées, nous avons observé l'espace de parole «pour se dire» lors d'un café-
rencontre sur la cure fermée. Un des thèmes au cœur de l'expérience des
femmes avec la psychiatrie, c'était leurs enfants. On disait à quel point il
était traumatisant de se faire conduire de force à l'hôpital par les policiers
devant leurs enfants éplorés, de s'inquiéter de qui en prendrait soin pendant la crise ainsi que de la férocité de la Direction de la protection de la
jeunesse, du chantage au calme et de la prise de puissants médicaments
si elles voulaient revoir leurs enfants. Mais il faut aussi trouver de nouvelles voies/voix pour compenser le fait qu'elles ne sont pas entendues,
trouver les «mots pour le dire». Une des femmes rencontrées s'exprimait à l'aide du bricolage (cadeaux personnalisés pour les membres), du
dessin, du récit, des poèmes, de la caricature et de la fête. La privation
continue de la parole (ou l'incapacité d'agir dans la délibération) exige
souvent de théâtraliser sur d'autres scènes pour se faire entendre,
d'adopter d'autres raisonnements que le raisonnement logique. Des
membres du comité des femmes ont participé au projet «signé Femme»
du Regroupement des ressources alternatives en santé mentale: près de
400 femmes de ce réseau se sont exprimées dans le cadre d'ateliers d'expression créatrice où elles étaient conviées à explorer tant l'écriture que
la peinture. Comme le dit si bien la préface du livre:

> *Qui a dit que seuls les mots organisés en rapport de recherche, en article
> bien ficelé ou en livre savant comptaient?*
>
> *Qui a dit que la folie se parlait, se disait, se raisonnait seulement dans les
> termes des maîtres officiels de la pensée et qu'elle se lovait docilement
> dans les diagnostics, les pronostics, les traitements, […] le raisonnement
> raisonné?*
>
> *Et si cette expérience bouleversante, parfois, souvent, était indicible? Si elle
> exigeait un autre langage, ou encore des éclats de mots et de couleurs? […]
> Si pour protester, c'est telle forme, telle image qui veut vivre? Si pour dire
> la parcelle d'espoir, il faut ce trait de pinceau ou de plume[34]?*

Dans une autre perspective, nous avons aussi observé l'espace de parole
qui a été pris afin de poser des questions, émettre des opinions, discuter
de points de vue divergents, lors d'un autre café-rencontre portant sur le
harcèlement sexuel au travail. Comme pour le premier café-rencontre
auquel nous avions été conviées, nous avons pu constater le haut niveau de
remise en question, le vocabulaire simple mais précis et adéquat, l'avidité
extraordinaire des personnes présentes à vouloir s'informer, à partager des
témoignages ou des opinions, à poser des questions, à discuter de points

de vue. L'espace des cafés-rencontre, et quelquefois celui des réunions mensuelles du comité, permettait non seulement de verbaliser des situations propres à chacune mais aussi de mettre en évidence des logiques structurelles liées aux rapports sociaux, notamment aux rapports de sexes. Des lieux où l'on apprend à entrer en relation, à discuter, à évoluer sur le plan de ses conceptions et des processus liés étroitement à la démocratie. Toutefois, les discussions constructives d'analyse de situations conflictuelles, de problèmes de fonctionnement, de questions clés quant à l'orientation de l'action, ont été plutôt rares au sein des réunions régulières et mensuelles du comité des femmes pendant notre période d'observation. Pourtant, quand cela a été le cas, les femmes n'ont pas manqué de manifester leur satisfaction. Nos notes d'observation soulignaient :

> *À l'évaluation de la réunion, quatre des cinq membres présentes s'entendent pour dire qu'elles ont apprécié que la réunion ait été beaucoup plus calme que les dernières et que c'était très intéressant puisqu'elles ont pris le temps d'expliquer clairement les choses et de «se parler pour de vrai»*[35].

Une des principales questions soulevées concernait justement le fonctionnement collectif dans les rencontres du comité. Certaines insistaient pour «relaxer avec les procédures», le comité devait rester un espace moins rigide et officiel que le conseil d'administration. Avec un ordre du jour, des procès-verbaux certes, mais il devait conserver une marche à suivre générale souple et spontanée. Deux femmes, également membres du conseil d'administration, insistaient sur le bien-être ressenti pendant les réunions du comité en comparaison avec les règles plus strictes et stressantes du conseil d'administration. En revanche, d'autres personnes souhaitaient conserver un minimum de règles puisque certaines femmes avaient tendance à passer outre aux procédures et à aborder tous les sujets en même temps. La discussion devenait alors impossible, le travail de la secrétaire de la réunion entravé, et certaines membres, indisposées, risquaient de ne plus venir. On insistait surtout sur l'importance de l'ordre du jour, du procès-verbal, de son suivi et l'écoute des autres. Les suggestions fusaient de toutes parts sur la coanimation des réunions du comité sur l'animation assumée par d'autres personnes, «afin de changer de rôle, de prendre de l'expérience», sur une courte formation des nouvelles membres, sur les règles minimales à observer, doublée d'un «marrainage» par les plus anciennes afin de faciliter leur intégration au comité. Il fallait aussi remplacer tous les sigles et acronymes qui rendaient les procès-verbaux illisibles.

Au cours de la réunion, le contenu de deux cafés-rencontre a ainsi été discuté : celui sur le harcèlement sexuel et celui sur la garde des enfants. Une longue discussion s'est engagée sur le fait que ces sujets étaient particulièrement sensibles et délicats, puisque plusieurs femmes d'Action Autonomie avaient vécu des situations douloureuses. Il faudrait prévoir une bonne préparation des rencontres avec les invitées, réserver du temps après pour libérer toutes les émotions et, si nécessaire, pour soutenir les femmes présentes. Les membres réitèraient aussi leur désir d'animer à tour de rôle ou de coanimer les réunions, les séances de formation données par le comité des femmes à l'extérieur (et d'être formées en conséquence) et de coreprésenter le comité au cours des diverses rencontres. Nous avons pu constater à quel point les femmes étaient intéressées par les rencontres de formation que le comité avait données, par exemple au comité des femmes de Rosemont, au Foyer des femmes autochtones, à la Communauté des femmes du Sud-Est asiatique. Nous avons donc assisté à une réunion où les malaises et les tensions avaient été soulevés, où l'initiative à accorder aux membres avait été de nouveau soulignée afin, entre autres, « de prendre le relais de l'animatrice débordée ».

Toujours à propos de l'espace réservé à la parole, une membre fondatrice, en entrevue, a vivement réagi et mis en garde contre les comportements « admissibles », le vocabulaire « juste » :

> *Quand il y a des revendications, des luttes, ça vaut autant pour les groupes de femmes que les groupes de défense des droits […] on peut se sentir exclue par les discours. Ce qui est excluant dans les discours ? « L'approche gars » des têtes fortes qui influencent par la parole. D'autres qui n'ont pas nécessairement le vocabulaire en prenant la parole, ou qui proposent des choses farfelues dans des assemblées générales […]. Alors là quelqu'un vient au micro pour invalider la personne : « Ça ne se fait pas de même, tu n'as rien compris, ton idée est farfelue. » Toi, tu sens la réaction. « Tu as un maudit chemin à faire pour comprendre […]. Moi je sais ! » Simplement par les attitudes, les mots, les façons d'amener les droits. Le reste n'a pas raison d'avoir lieu : tu es dans les patates, en termes de démarches pour faire le changement. […] J'ai pas d'affaire à me conformer à des discours, d'être correct avec une façon de faire ou de voir les choses, de parler[36].*

Durant nos observations nous avons constaté qu'il n'y avait aucun sujet tabou et que l'on pouvait toujours donner son opinion sur tout. Ce n'était pas toujours évident, mais l'apprentissage du débat, de la discussion de points de vue divergents se faisait graduellement. L'important était de maintenir l'espace de confrontation ouvert, comprendre le « désaccord non [comme une] catastrophe mais comme moteur d'avancée[37] ». Si la discussion était nécessaire, les contre-arguments étaient présentés. Ainsi, lors d'une rencontre mensuelle, alors que l'on prenait connaissance de tout le courrier reçu par le comité, une demande pour endosser une pétition en faveur des femmes de l'Afghanistan a été déposée sur la table. Une femme s'est exclamé qu'on ne pouvait la signer parce que cela ne les concernait pas, qu'on avait assez de causes à défendre ici et que, de toute façon, ça ne servait à rien. Une discussion s'est alors engagée et certaines ont fait valoir à quel point la solidarité internationale était importante et que tout les gestes comptaient pour que les choses changent.

Lors d'une autre rencontre, on soulignait qu'il y aurait une vigile pour commémorer l'assassinat des 14 jeunes femmes de Polytechnique en décembre. Une membre s'est alors exclamée qu'elle en avait plus qu'assez des larmoiements et qu'«on en a entendu parler assez» et qu'il faudrait passer à autre chose, comme de conseiller des cours de karaté aux jeunes filles... À une autre occasion, un débat très animé a eu lieu sur les garderies publiques au Québec. Quelques femmes préféraient, et de loin, la garde en milieu familial, puisque la première formule à leurs yeux embrigadait les enfants, ouvrait la voie à la violence à l'école, au «taxage» et contribuait à écorcher les valeurs de discipline et de respect que l'on retrouve dans la famille. Des arguments contraires se faisaient alors entendre. Chacune restait sur ses positions, mais on savait que le débat n'était pas clos et qu'il faudrait y revenir. Une autre fois, à la suite d'une correspondance reçue sur le cancer du sein, des femmes ont soulevé la possibilité de tenir un café-rencontre sur ce thème. On leur a répondu que c'était tout à fait inapproprié puisque ça ne concernait pas la défense des droits et la mission d'Action Autonomie. Une femme a répliqué au contraire que ça concernait tout de même la santé mentale des femmes et qu'il faudrait considérer la question sous cet angle.

Ce ne sont là que de brèves illustrations indiquant que la rectitude politique n'avait pas sa place ici et que, pour comprendre les questions, il fallait d'abord avoir toute la latitude nécessaire pour s'exprimer, formuler des opinions, même si celles-ci traduisaient quelquefois un certain conformisme.

La démocratie dans les instances de direction

Nous avons pu, compte tenu de notre thème sur la démocratie, observer une assemblée générale annuelle et deux conseils d'administration, afin de tenter de saisir le rôle et la place des membres de la base d'Action Autonomie dans ces instances. Nos commentaires seront succincts, à l'image du peu de temps consacré à cette partie de la vie de l'organisme. Rappelons toutefois que le groupe est une association de défense de droits en santé mentale composée de personnes vivant ou ayant vécu des problèmes de santé mentale. Ces personnes étaient très souvent présentes et en majorité : dans les comités, au conseil d'administration, à la direction et à l'animation de l'assemblée générale annuelle. Les permanents du groupe étaient bien sûr très actifs, mais nous les avons surtout perçus comme étant très discrets, à l'arrière-plan, en soutien constant aux membres de la base. Leur façon d'agir semblait dictée par la nécessité que les membres développent toutes les connaissances et les habiletés nécessaires à la bonne marche du groupe. Nous avons pu constater, par exemple, la grande sollicitude d'une permanente dont la tâche était de soutenir le trésorier de l'association et son président. En ce qui concerne les finances, le rapport exceptionnel, complet, compréhensible, transmis verbalement par le trésorier à l'assemblée générale annuelle (qui avait été travaillé de longues heures avec cette permanente), fut suivi d'applaudissements bien sentis de la part de tous les membres présents. La fierté du trésorier était visible : ce n'était pas parce que cette information était lourde et complexe, et parfois ennuyeuse, qu'elle ne pouvait être transmise correctement et de façon pédagogique.

Dans le même ordre d'idée, le déroulement du conseil d'administration, conjointement avec le président, était remarquablement assuré. L'ordre du jour était étudié méticuleusement. Les différents points étaient minutés afin de savoir si le conseil, une fois le temps écoulé, voulait ou non poursuivre la discussion. À côté de chaque point de l'ordre du jour, était indiqué s'il était question d'information (I), de consultation (C) ou de décision à prendre (D). Ainsi, lors d'une des rencontres du conseil d'administration, il fallait qu'Action Autonomie se prononce pour ou contre l'avant-projet de loi intitulé *Loi sur la carte santé du Québec*. Une femme, membre du conseil d'administration et du comité, avait passé près de deux heures à lire le dossier puis avait exposé sa position en lisant un court texte qu'elle avait composé. Certains membres avaient déjà participé à des activités d'information auparavant.

Quant aux procédures, il faut rappeler que les réunions commençaient toujours par un dîner préparé par une des femmes du comité pour qui ce geste avait beaucoup de signification. Ce geste, tout en permettant à la cuisinière de manifester son attachement à ses collègues et de retirer beaucoup de plaisir et de satisfaction personnelle, permettait aussi aux membres de mieux se connaître et d'établir des relations sociales dans un climat accueillant et détendu. Deux pauses étaient prévues pour rompre le rythme de la réunion et une évaluation permettait de revenir sur certaines questions. Chaque membre du conseil d'administration était engagé dans au moins un comité de travail et était normalement responsable de la liaison entre ce comité et le conseil. Les personnes de la permanence avaient cependant tendance à être trop envahissantes lorsqu'elles devaient faire le rapport des activités du comité, alors qu'à d'autres moments la maîtrise du dossier par le membre et sa préparation à la transmission de l'information et à l'analyse des enjeux étaient notables. Nervosité et fierté étaient aussi de la partie. Toujours au sujet du rôle des membres dans les instances, nous avons été étonnées par leur compétence manifeste. Lors de l'assemblée générale annuelle, la présidente de même que quatre autres membres du conseil ont mené tambour battant les rapports des comités de travail et le bilan des activités, tout en insistant sur les dossiers collectifs. Il s'agissait en fait d'une reddition de comptes intelligente et sensible devant leurs pairs. Les permanents les soutenaient dans l'ombre.

Deux moments nous ont particulièrement touchées au cours de nos observations des pratiques démocratiques. Le premier s'est produit lors de l'assemblée générale, alors qu'un jeune membre du conseil d'administration, avant l'élection des administratrices et administrateurs, a fait un vibrant plaidoyer sur les enjeux de la démocratie à Action Autonomie. D'abord, sur le fait que c'est ensemble qu'on se défend parce que tous les membres, tous les individus sont également importants, ensuite, sur le rôle du conseil et de ses membres et, finalement, sur l'importance de saisir que «la démocratie consiste à écouter les membres, se renseigner, poser des questions en vue de comprendre, prendre des décisions et agir». L'exercice précieux de se choisir des représentantes pouvait alors commencer.

L'autre moment fort est survenu lors d'un conseil d'administration observé. Action Autonomie venait d'embaucher une nouvelle coordonnatrice. Un des membres s'exprimait longuement sur le fait que cette dernière devait bien comprendre la place et le rôle des membres dans ce groupe. Il incitait le conseil d'administration à l'accueillir, l'encadrer et la former, afin que son intégration soit harmonieuse. Il proposait même de l'accompagner durant les premiers jours de sa présence parmi eux. Une autre membre proposait d'organiser un «5 à 7» d'accueil après une réunion conjointe de l'équipe de travail et du conseil d'administration sur la planification des dossiers et les activités jusqu'à la prochaine assemblée générale. Le processus de prise en charge par les membres des instances du pouvoir officiel dans cet organisme était particulièrement intéressant à noter. C'était justement un de ces processus avec ses moments forts et ses contretemps. C'était laborieux et cela comportait des tensions, des maladresses et des inattentions à la dynamique entre les personnes C'était un apprentissage toujours stressant des règles du jeu, avec les petits rapports de pouvoir sournois, mais aussi avec l'écoute chaleureuse que les membres se manifestaient, le respect et la patience devant les hésitations et les difficultés personnelles. Dernière remarque : la plupart des membres du conseil avaient suivi une formation sur le rôle et le fonctionnement des conseils d'administration donnée par le Centre de formation populaire. Le souci d'appropriation de leur pouvoir était évident et… émouvant.

Aide et accompagnement

Comme l'expliquait avec humour l'une des membres fondatrices :

> *Je trouve qu'il y a quelquefois un manque d'accompagnement et de support à la participation des femmes. On tombe dans des absurdités extrêmes. Prise en charge par les animatrices dans le mauvais sens du terme et à l'autre bout : prends le pouvoir, participe ! Mais côté pratico-pratique, où sont les conditions de participation dans tout ça ? Qu'est-ce qui m'aide ? C'est un élément important. Pas juste oui, tout est possible. On veut que tu participes à ta manière… Mais c'est aussi toute la question des conditions en termes de support-accompagnement nécessaire des fois. […] C'est difficile. On accorde une place mais tu es tellement minoritaire que c'est difficile : ta parole ne passe pas malgré les belles intentions[38].*

Une autre fondatrice renchérissait :

> *Moi je suis effectivement très préoccupée par «comment accepte-t-on les différences ?». Quelle place donne-t-on à ce qui est hors norme, à ce qui ne se conforme pas au modèle ? Comment tient-on compte de ce qu'une personne peut apporter malgré les lacunes qu'elle a ? […] C'est épuisant pour une personne d'être toujours seule, à part, à contre-courant. On a besoin de se sentir épaulée, d'y être à trois, quatre ; qu'on reconnaisse nos habiletés propres, même si elles ne sont pas évidentes. […] La démocratie, ce n'est pas juste la règle de la majorité. Ce n'est pas juste la parole du monde. La démocratie, c'est l'espace que tu fais pour la différence[39].*

Nous ne croyons pas en l'existence d'un petit manuel, d'un petit « livre rouge » des bonnes pratiques démocratiques, de la recette à suivre quant au rôle et à la place des membres de la base dans les organisations citoyennes. Par contre, les femmes rencontrées y ont presque toutes ajouté leur grain de sel. Nous transmettons ici quelques-uns de leurs conseils, qui n'ont pas tous été mis en pratique, loin de là. La réalité est toujours plus complexe, paradoxale, faite d'essais et d'erreurs. Une femme remarquait en souriant : « Il en naîtrait des impliquées si on faisait ces pratiques...[40] »

Pour favoriser la participation des femmes, il faut avoir la démocratie toujours en tête. Essayer de la concrétiser le plus possible. D'avoir toujours un regard critique sur par qui et comment la place est occupée, comment on la donne aux autres.

Il faut être proche des femmes, [...] attentive à là où elles sont dans leur diversité. [...] Avoir une place, un espace pour... que leurs idées passent, [...] de décider, d'avoir son mot à dire.

Je crois que la coanimation, le fait que les membres doivent, par exemple, transmettre à d'autres des informations, des sujets de débat : ça aide à ce que le contenu d'une réunion, l'analyse politique, la représentation ne soient pas monopolisées par la travailleuse « animatrice » du comité.

L'atmosphère propice à la démocratie ? Le respect. Ici, je remarque : tout le monde parle. C'est rare que l'une va couper l'autre ou encore l'interrompre pour dire qu'elle est contre. [...] À partir du fait que le monde ont confiance en moi, je reprends moi-même confiance. Croire en soi, c'est nous remettre au monde.

Et puis pourquoi est-ce qu'il n'y a jamais personne qui coanime ? [...] Parce que c'est une manière d'aller prendre de l'expérience aussi. C'est comme un autre titre, un autre rôle où tu apprends d'autres choses. Pour moi, c'est un point important qui pourrait être amélioré.

La question d'avoir des règles pour débattre. [...] Ce n'est pas juste un respect superficiel. Il faut, lorsqu'on discute, lorsqu'on prend des décisions, il faut un minimum de procédures, de façons de faire. Cela s'apprend[41].

Il est arrivé que les femmes utilisent les expressions : « style gars », « façon femmes ». On ne faisait pas référence au sexe biologique, bien sûr, mais à la nécessaire articulation entre raison instrumentale et raison humanitaire, entre calcul de raison et espace de sens.

Appliquer des procédures à la manière d'une femme... avec son cœur. [...] Le code de procédure est utile, voire nécessaire, mais la personne qui anime ou préside doit être à l'écoute de son groupe. [...] Laisser le temps de parole à quelqu'un jusqu'au bout. [...] Ramener la personne dans le sujet doucement quand elle s'en écarte. Poser une question : si l'heure prévue est dépassée pour un sujet, est-ce qu'on prolonge ? Avoir l'assentiment du groupe. [...] Tout se passe dans toutes les qualités de l'animateur. [...] Le code est utile

mais il faudrait pas en faire un abus au niveau du pouvoir, de la dictature.
Ça prend donc les deux choses: quelqu'un qui a beaucoup de diplomatie et
qui connaît la diplomatie (c'est-à-dire le code de procédure), capable de
ramener quelqu'un qui se trompe de sujet doucement, capable de dire: toi,
qu'est-ce que tu en penses? Il s'agit pas d'être protocolaire jusqu'au bout[42].

Pour moi, c'est bien sûr le tour de table. Mais je reviens qu'il faut prendre
une décision. [...] Non pas rester sur des points d'interrogation au bout
des réunions. [...] Il faut des solutions. C'est cela que j'attends depuis
longtemps[43].

Conclusion

Tout au long de la présente étude, nous avons tenté de systématiser et
d'analyser le fruit de nos observations, conversations et entrevues collectives au comité des femmes d'Action Autonomie avec un recul critique.
Notre accompagnement du comité durant une année et demie ne s'est
fait ni dans l'optique d'une recherche évaluative ni dans le but d'encen-
ser des pratiques démocratiques exceptionnelles. Nous voulions plutôt
être attentives à une réalité que nous savions en perpétuelle mouvance
avec ses avancées, ses reculs et ses hésitations. Une réalité saisie à un
moment bien précis de la trajectoire d'un comité, de la conjoncture
générale d'un organisme, dans un contexte spécifique du mouvement
communautaire autonome de défense des droits en santé mentale. Une
réalité située et incarnée dans une dynamique singulière de rencontre
d'un petit groupe de femmes, dont certaines portaient la mémoire du
mouvement dans lequel elles étaient engagées alors que d'autres s'y joi-
gnaient pour faire un petit bout de chemin puis le quittaient. Ces
contraintes, qui vont de soi parce qu'elles reflètent le parcours sinueux et
paradoxal de la vie, font qu'il est bien difficile d'être catégorique, d'autant plus qu'au départ, notre propre regard n'était ni désincarné ni
neutre. Voilà donc pourquoi nous avons résolu d'être bien attentive à
repérer des espaces potentiels et réels de démocratie, des connotations
de subversion et de déplacement des relations de pouvoir, des stratégies
déployées par les femmes pour réintégrer le monde commun, celui du
groupe Action Autonomie, et l'autre plus global. Voilà pourquoi nos
conclusions ne peuvent qu'être partielles et partiales.

Une culture de la démocratie imprègne Action Autonomie. Nous
l'avons bien vu lors de l'assemblée générale annuelle et dans les conseils
d'administration auxquels nous avons assisté. Dans ces instances, la présence très majoritaire des membres actives, où tous et toutes sont des

personnes ayant vécu ou vivant des problèmes de santé mentale, est effective et significative. Les membres ont une réelle emprise sur les orientations, l'organisation et la conduite des principaux dossiers du groupe. L'équipe dévouée de la permanence les accompagne et les soutient avec constance et discrétion dans le processus toujours en marche d'affirmation, d'appropriation de leur pouvoir collectif. L'idée que les comités de travail représentent «le pouvoir réparti en collectifs» n'est pas qu'une vaine et belle formule. Des dizaines de membres y sont engagés et tous les membres du conseil d'administration s'y investissent selon leurs intérêts et assument, aidés de la membre responsable, la liaison et la reddition de comptes au conseil d'administration. Il y a dans ce groupe de réels débats auxquels les membres non seulement participent mais qu'ils ou elles lancent et alimentent de leurs divers points de vue. S'il y a tant de discussion, c'est largement en raison des dossiers problématiques menés sur la place publique par les groupes de défense des droits en santé mentale et leur regroupement national. Pour les membres actifs, Action Autonomie est davantage un lieu d'appartenance, d'apprentissage et de protestation qu'un groupe de services, bien que cette fonction existe, qu'elle soit non négligeable, qu'elle soit souvent la porte d'entrée à l'engagement futur d'une personne aux prises avec des difficultés émotionnelles. Nous ne pouvons en dire plus, compte tenu que notre étude ne portait pas sur l'ensemble des représentations et pratiques d'Action Autonomie.

Pour ce qui est du comité des femmes, il est important de noter que ce n'est pas la majorité des femmes d'Action Autonomie qui y participent. On y trouve aussi des femmes ayant accédé au conseil d'administration, ou encore engagées dans des dossiers importants du groupe, sans avoir jamais été membres de l'instance. Le comité des femmes d'Action Autonomie n'est donc pas un passage obligé pour que les femmes occupent des fonctions ou soient très actives. Néanmoins, et c'est la conclusion à laquelle nous arrivons, la création et la pérennité du comité des femmes d'Action Autonomie interpellent directement et profondément la démocratie, le rapport au politique et la place et le rôle des femmes, membres de la base.

Reprenons en la synthétisant l'argumentation qui se trouve en filigrane de l'exploration faite dans les pages précédentes. Le féminisme des membres du comité des femmes (entendu comme «une pensée politique se caractérisant par la reconnaissance de l'identité individuelle des femmes et la revendication d'un statut social, politique et juridique non discriminatoire pour elles[44]») remet en question la démocratie de trois façons. D'abord, en mettant en cause une démocratie sans les femmes et en leur assurant l'accès, à part égale, à tous les pôles décisionnels. Ensuite, en redéfinissant la démocratie par l'ouverture, en pratique, de nouveaux espaces de débats. Enfin, en faisant la promotion d'une société commune, d'une «maison commune où elles soient chez elles tant dans l'espace privé que public[45]». La stratégie retenue sera ce que Phillips appelle la «*politics of presence*[46]», la politique de l'appropriation de l'espace, faire apparaître dans l'espace public le corps des femmes, leurs visions, le sens qu'elles donnent à leur propre expérience, leurs propositions, leurs revendications.

Quand on parle du rapport du comité des femmes d'Action Autonomie à la démocratie, on fait référence (mais ce ne sont que des préalables) au fait d'émerger par la parole, de prendre une place, de prendre sa place. C'est ce que nous voulons signifier en disant que les femmes deviennent «audibles et visibles». Pour certaines auteures[47], devenir sujet-actrice, être en mesure individuellement et collectivement de devenir maîtresse de l'orientation de sa vie et de celle de sa collectivité, remet profondément en question la démocratie, puisqu'elle permet de réfléchir à l'inclusion, l'enjeu principal de la démocratie étant de toujours accueillir plus de monde dans ses cadres.

Or, il ne s'agit pas simplement de faire une place aux femmes, de la place dans un espace déjà balisé, mais, comme le dit si bien Collin, «de leur permettre de donner lieu à du nouveau[48]». Quel est donc ce nouveau qui transforme les paramètres de la démocratie et que le comité des femmes œuvre à mettre en place? D'abord, voilà de nouvelles actrices qui veulent faire autorité, c'est-à-dire affirmer et illustrer leurs capacités à penser, à proposer, à définir et à agir pour l'intérêt général. On sait à quel point dans l'histoire, jusqu'à tout récemment, ceux et celles qui étaient exclus de la citoyenneté étaient, entre autres, les personnes aliénées, les femmes, les mineurs et, bien sûr, les «autres» – Autochtones, immigrants et réfugiés.

Au Québec, depuis le cri de désespoir de Jean-Charles Pagé en 1961, *Les fous crient au secours*[49], les personnes psychiatrisées et ex-psychiatrisées se sont organisées dans les ressources alternatives, les groupes d'entraide et les groupes de défense des droits. Elles ont fait une critique radicale de la normalité, du conformisme, des statuts prescrits et ont stimulé une réflexion salutaire sur la diversité et le pluralisme. Or, avec la naissance de comités de femmes comme celui d'Action Autonomie, celui de l'AGIDD-SMQ, celui du Regroupement des ressources alternatives, c'est une nouvelle voix qui s'impose. Fini donc le postulat d'une mêmeté ou d'une homogénéité. L'appel à une réflexion sur l'égalité et les différences repousse les frontières de la démocratie et du discours sur les droits. L'élargissement vient, entre autres, d'une conception du politique qui doit tenir compte des rapports sociaux de sexes. Comme toujours, les femmes, pour atteindre l'horizon de l'égalité, sont obligées de se constituer en collectif autonome sur la base de leur spécificité. Pour que cesse la stigmatisation et la discrimination, elles doivent s'organiser comme femmes, en tant que femmes. Ce paradoxe, égalité-différence, les femmes du comité le prennent à bras le corps en mettant de l'avant une conception plus différenciée de l'égalité – permettant ainsi qu'elles n'aient pas à se renier, à ne plus se reconnaître, tout en ne s'enfermant pas dans le ghetto du «nous les femmes». Ce fragile équilibre, elles le travailleront d'abord sur le fil d'une égalité qu'elles ne veulent pas comptable, mécanique, dogmatique, mais plutôt sur le mode de l'équité. Ensuite, en insistant pour qu'Action Autonomie reprenne à son compte, dans ses positions globales, dans son travail de base de critiques et de propositions, l'analyse et les revendications des femmes de son comité. Qu'il soit par exemple tout aussi important que le groupe se mobilise pour la Marche des femmes, que pour la marche des peuples au Sommet de Québec. Un dernier point, les femmes ne doivent pas être confinées aux «affaires de femmes» et plusieurs continueront avant, pendant, après ou hors du comité, à travailler sur des dossiers globaux comme l'évaluation des services en santé mentale, l'appropriation du pouvoir, les dossiers médicaux, etc.

Pour réintégrer le cadre et le changer, nous avons observé toutes sortes de moyens pour établir un climat chaleureux où la parole peut librement s'élever de gorges trop souvent nouées, activer systématiquement les goûts et compétences des femmes, aussi divers et «éloignés» soient-ils : faire des repas, naviguer dans Internet, rédiger des procès-verbaux, bricoler des cartes de souhaits, organiser une soirée, partager ses connaissances dans les procédures d'assemblées, appeler et converser avec la femme qu'on n'a pas vue depuis quelque temps et dont on s'inquiète. Il peut aussi s'agir de se donner un minimum de savoir-faire pour apprivoiser un fonctionnement collectif, faire en sorte que la plus petite suggestion puisse être prise au sérieux, discutée et, si possible, réalisée, puisqu'on doit sentir que l'on compte. Comme on ne nous a pas d'ordinaire appris à discuter sans s'emporter ou sans «le prendre personnellement», l'initiation à la quête et la mise en forme d'information, à la délibération où il faut écouter, tenter de formuler sa propre opinion, se mettre en position de changer de son point de vue initial, est incontournable.

Ces pratiques ont été observées au comité des femmes, mais par à-coups, non systématiquement durant la durée de notre séjour à Action Autonomie. Les cafés-rencontre nous sont apparus plus propices à l'échange de points de vue, à la discussion, à la transmission d'information de façon vivante, à la proposition de moyens d'action. C'est ici que la soif de connaissance des femmes, leur aplomb, leur opinion souvent bien étayée, leur capacité d'écoute et de sympathie se sont surtout illustrés. En revanche, les réunions mensuelles, surtout lorsque plus de quatre femmes se retrouvaient autour de la table, ont donné lieu à l'expression de plus de commentaires critiques, de suggestions de redressement et à des discussions plus animées et plus contradictoires.

Ce qu'il faut retenir toutefois, c'est que les processus, avec avancées et reculs, conduisant à des pratiques démocratiques plus novatrices, à la mise en place d'un réel pouvoir des membres de la base, se produisent lentement, de façon intermittente et paradoxale. À certains moments de l'observation, nous avions l'impression d'une grande fragilité et d'un éparpillement du comité, d'une cohésion interne bien ténue et d'un rôle très relatif dans l'ensemble de la dynamique d'Action Autonomie. Nous avons assisté à des moments troubles où l'attention laissait plus qu'à désirer autour de la table : on copiait des notes, on était très distraite, on mangeait des biscuits, on ne participait pas à la rencontre, on semblait obsédée par « être dans le temps » pour que la réunion se termine à l'heure, comme si le comité était un simple comité de tâches.

Pourtant, à d'autres moments, l'énergie circulait bien dans le comité, les propositions jaillissaient, on voulait que ça bouge, on voulait s'engager davantage, on voulait que certaines habitudes changent. Le haut niveau de lucidité et de conscience de certaines femmes et leur attitude profondément radicale éclairaient le groupe et ouvraient des pistes. La réunion atteignait un haut niveau d'intérêt pour toutes. Comment canaliser cette force, ce bouillonnement de bonne volonté, d'idées, de propositions à décortiquer ? Comment rejoindre d'autres femmes, faire des dossiers prioritaires qui semblent toutes les stimuler ? Comment aussi mieux partager le pouvoir, la responsabilité de certaines représentations régulières, l'animation des réunions, le partage des séances de formation à donner à l'extérieur ?

Il est normal de rester avec des questions non résolues, il est plus sage de saisir la complexité des phénomènes plutôt que de ne retenir que les bons coups. Il importe cependant de dire et redire combien l'existence au sein du groupe mixte Action Autonomie d'un comité des femmes a été plein de dynamisme. L'expérience singulière des femmes en tant que groupe social et leurs expériences multiples et individuelles sont maintenant de notoriété publique; des voix de femmes ayant connu la souffrance sociale de la folie s'élèvent en chœur et résonnent. Terminons avec la très belle définition du politique, et par extension de la démocratie, que donne Rancière. C'est ce «qui déplace un corps d'un lieu qui lui était assigné [...] fait voir ce qui n'avait pas lieu d'être vu [...] fait entendre comme discours ce qui n'était entendu que comme bruit[50]».

Oui, à Action Autonomie, il y a des femmes «qui sont debout et qui inventent leur vie».

Notes

1. Titre inspiré de Collin (1992).

2. Épigraphe empruntée à un dépliant du comité des femmes d'Action Autonomie.

3. Nous avons été accueillie chaleureusement au sein du groupe en janvier 2001 et avons eu le privilège d'accompagner le comité des femmes d'Action Autonomie jusqu'à mai 2002. Nous y avons effectué des observations participantes au cours de huit réunions mensuelles et de deux cafés-rencontre organisés par le comité des femmes. Le conseil d'administration nous a autorisées à être présentes à deux de ses assemblées régulières. Nous avons eu le plaisir de participer à deux fêtes populaires: à l'occasion du départ d'un coordonnateur et lors des célébrations du dixième anniversaire, à Noël 2001. Enfin, nous avons manifesté avec le groupe mobilisé par Action Autonomie lors du Sommet des peuples contre la ZLEA, à Québec, en avril 2001. En outre, nous avons conduit deux entrevues collectives avec une dizaine de femmes du comité des femmes: l'une rassemblait des membres de la base et l'autre des membres fondatrices (conseillères et membres).

4. Action Autonomie. «Comité des femmes», dépliant.

5. Membre fondatrice.

6. Conseillère.

7. Action Autonomie. «Comité des femmes», dépliant.

8. Les expressions «démocratie homogène», «êtres inaugurales plutôt qu'accessoires» et «cosujets du monde commun» sont empruntées à Collin (1992).

9. L'expression est de Roger Boisvert, membre de plusieurs groupes alternatifs en santé mentale.

10. Regroupement des ressources alternatives en santé mentale du Québec (RRASMQ). Comité des femmes, *signé Femme*, Montréal, Éditions Saint-Martin, 2002, p. 7.

11. Membre du conseil d'administration.

12. Membre.

13. Membre fondateur.

14. Citation des membres du comité « Femmes et santé mentale » du Regroupement des ressources alternatives en santé mentale du Québec (RRASMQ), dans *signé Femme*, Montréal, Éditions Saint-Martin, 2002, p. 8.

15. Membre.

16. Membre.

17. Titre d'un article de Denise Brouillard dans le journal du comité des femmes « Droits vers Elles », *Le Périodique*, mai 2002, p. 7.

18. *idem.*

19. Membre.

20. *La Renaissance* est le bulletin d'information d'Action Autonomie, paraissant trois fois par année. Le dessin et l'article de Jocelyne Hamel paraissent dans le vol. 9, n° 1, avril 2002.

21. Membre.

22. Encore récemment, des médias rapportaient la renaissance fulgurante de l'électro-convulso-thérapie au Québec dans les cas de dépressions graves, les femmes étant deux fois plus affectées par cette maladie chronique. Isabelle Paré. « Retour en force des électro-chocs », *Le Devoir*, 20 février 2003, p. A1 et A10.

23. Cette partie de notre réflexion est inspirée des travaux de Lamoureux sur le féminisme et l'espace politique. Voir particulièrement Lamoureux (2002).

24. Participante.

25. Une femme.

26. Une femme.

27. Une femme.

28. Observation de l'assemblée générale annuelle du 8 juin 2001.

29. Membre fondateur.

30. Membre.

31. Membre.

32. Membre.

33. Membre.

34. RRASMQ. *signé Femme*, Montréal, Éditions Saint-Martin, 2002.

35. Observations.

36. Observations.

37. Collin,

38. Membre.

39. Membre.

40. Une femme.

41. Participante.

42. Commentaires de plusieurs participantes.

43. Membre.

44. Lamoureux, 1992, p. 694.

45. Collin, 1992, p. 128.

46. Phillips, 1995.

47. Young, 2000; Lamoureux, 2002.

48. Collin, 1992, p. 128.

49. Pagé, Jean-Charles, *Les fous crient au secours*. Montréal, Les Éditions du Jour.

50. Rancière, *La Mésentente*, Paris, Galilée, 1995, p. 51, cité dans Lamoureux (2002), p. 191.

LES PRATIQUES DÉMOCRATIQUES À L'R DES CENTRES DE FEMMES DU QUÉBEC : SENS ET MISES EN PRATIQUES AU QUOTIDIEN

Marcelle Dubé

Sous un horizon large et panoramique, je souhaite faire état, dans ce chapitre, des résultats d'une recherche qui a été menée dans le cadre d'un mémoire au programme de maîtrise en Intervention sociale à l'Université du Québec à Montréal[1]. Cette recherche visait à saisir la dynamique des pratiques démocratiques internes telles que préconisées, vécues et pratiquées à l'R des centres de femmes du Québec. Cette étude s'est intéressée plus particulièrement à comprendre comment, dans sa vie associative, l'R des centres de femmes du Québec construit au quotidien, avec l'ensemble de ses membres, la démocratie.

Pour reprendre l'essentiel de cette démonstration, mon propos s'articulera autour de trois grands axes. Premièrement, je situerai l'origine de ce projet, puis les éléments épistémologiques, théoriques et méthodologiques qui ont constitué la toile de fond de cette recherche. Dans un deuxième temps, je présenterai les résultats de la recherche en mettant l'accent principalement sur les écueils et les difficultés que pose la pratique démocratique dans le groupe étudié[2]. Et, troisièmement, j'aborderai l'analyse qui a été faite de ces écueils en présentant la métaphore des « artisanes de la démocratie » travaillant à « démocra-tisser » au féminin singulier « pluri-elles ».

La toile de fond tapissant la démarche de recherche

Origine du projet

L'origine de mon intérêt pour les pratiques démocratiques remonte à plusieurs années déjà. Bien avant que cette idée s'inscrive dans le cadre de ma démarche au programme de maîtrise, j'ai été interpellée, au cours de ma pratique à titre de travailleuse dans le milieu communautaire, par la question de la démocratie. Les structures dans lesquelles j'ai œuvré, les formes de gestion développées, les questions liées aux droits des jeunes, à leur citoyenneté et, par la suite, les expériences de concertation, de partenariat et le travail de représentation qu'elles exigent, sont quelques-uns des exemples qui m'invitaient à faire une réflexion en profondeur sur les pratiques démocratiques.

Le constat que je faisais, au moment où j'entamais ma maîtrise, me portait à croire que les pratiques démocratiques des groupes communautaires étaient particulièrement en danger, compte tenu de la conjoncture dans laquelle ils s'inscrivaient. Depuis, j'ai eu tendance à relativiser mon propos et à souligner que les pratiques démocratiques des groupes communautaires sont finalement toujours «en danger» et en renouvellement puisqu'elles se butent constamment à de nouvelles impasses et à de nouveaux défis. La conjoncture que ces groupes traversent actuellement les amène d'ailleurs à considérer un certain nombre de facteurs qui n'étaient pas présents il y a dix ou vingt ans. L'idée n'était donc pas tant de savoir s'il y avait effectivement danger ou pas, puisque toute démocratie est toujours en danger relatif. Mon attention s'est plutôt portée sur la façon dont les groupes se représentaient la démocratie, l'idée qu'ils s'en faisaient, les pratiques qu'ils avaient et comment cette vision des choses et ces pratiques s'articulaient, se désarticulaient et se réarticulaient au quotidien dans leur vie associative. En somme, mon intérêt pour la question de la démocratie n'était pas le fruit du hasard. Il s'agissait plutôt du prolongement de ce travail d'essais à faire vivre la démocratie dans les groupes et de la poursuite de cette action-réflexion qui s'inscrivait dans la continuité d'une compréhension renouvelée.

Considérations épistémologiques et cadre théorique

Souscrivant à l'idée et au fait que la réalité n'est pas simple mais qu'elle est plutôt mouvante et complexe, ma démarche s'est inscrite dans cet univers à la fois mouvant et complexe. Éclairée plus particulièrement par les travaux que Morin a réalisés autour de la complexité, j'ai été à plusieurs reprises, dans la conduite de cette recherche, interpellée et questionnée par ce qu'il nous donne à penser sur cette question. Rappelons que, pour Morin, la complexité se définit comme suit :

Au premier abord, la complexité est un tissu (complexus: ce qui est tissé ensemble) de constituants hétérogènes inséparablement associés: elle pose le paradoxe de l'un et du multiple. Au second abord, la complexité est effectivement le tissu d'événements, actions interactions, rétroactions, déterminations, aléas qui constituent notre monde phénoménal. Mais alors la complexité se présente avec les traits inquiétants du fouillis, de l'inextricable, du désordre, de l'ambiguïté, de l'incertitude... D'où la nécessité, pour la connaissance, de mettre de l'ordre dans les phénomènes en refoulant le désordre, d'écarter l'incertain, c'est-à-dire de sélectionner les éléments d'ordre et de certitude, de désambiguïser, clarifier, distinguer, hiérarchiser... Mais de telles opérations, nécessaires à l'intelligibilité, risquent de rendre aveugle si elles éliminent les autres caractères du complexus [...][3]

À cet effet et comme le souligne Lesemann[4], c'est seulement en considérant cette complexité que nous pourrons instituer une démarche de connaissance qui repose effectivement sur l'abandon de toute quête de repérage d'une présumée positivité des phénomènes sociaux, qui présuppose qu'il y a quelque part une objectivité atteignable, une vérité universelle et identifiable. Et si la connaissance pouvait permettre de découvrir qu'il n'y a pas qu'une vérité, promue par certains, occultée par d'autres, mais plusieurs vérités qui coexistent? D'où l'importance d'envisager le rapport à la connaissance non comme un savoir encyclopédique qu'on emmagasine, mais plutôt comme un travail incessant d'autoformation permettant de porter un regard autre, un regard critique et sensible sur sa pratique.

Cette recherche se situe donc dans le domaine de l'intervention sociale et plus particulièrement dans le champ théorique de la sociologie politique en favorisant la pensée d'auteures qui touchent de plus près les mouvements sociaux, la démocratie et les luttes des femmes. Elle se situe également dans le champ théorique de la sociologie des organisations en privilégiant particulièrement un de ses aspects, celui de la vie associative[5]. Plus spécifiquement, la définition du concept de démocratie a été développée sous quatre angles distincts: la démocratie pensée comme un processus et un mouvement[6]; la démocratie liée à l'idée de «sujet»[7]; la démocratie vue comme espace-lieu de délibération[8] et, enfin, la démocratie définie comme la participation[9]. Finalement, puisque cette recherche s'inscrivait dans une perspective féministe, il s'est avéré important et nécessaire de considérer le regard que posent certaines féministes[10] sur la question afin de mieux saisir ce qu'elles entendent par démocratie au «pays des femmes».

Aspects méthodologiques

La méthodologie empruntée pour réaliser cette recherche doit être comprise au préalable par l'éclairage du cadre et de l'esprit particulier qui l'ont guidée. La recherche se voulait une recherche qualitative, praxéologique et exploratoire sur la démocratie. Une recherche qualitative parce qu'elle a, comme le souligne Deslauriers[11], la particularité de se concentrer sur l'analyse des processus sociaux, sur le sens que les personnes et les collectivités donnent à l'action, sur la vie quotidienne, sur la construction de la réalité sociale. Une recherche praxéologique aussi parce que cette notion permet d'aller sans cesse entre la pratique et la théorie. La praxis ne nie pas le savoir et la théorie, au contraire, selon Castoriadis « elle s'appuie sur un savoir mais celui-ci est toujours fragmentaire et provisoire. Il est fragmentaire car il ne peut y avoir de théorie exhaustive de l'homme et de l'histoire; il est provisoire car la praxis elle-même fait surgir constamment un nouveau savoir[12] ». De plus, pour Gillet, cette praxis se définit comme « une pratique consciente d'elle-même, cherchant avec raison mesurée à faire traverser les frontières de la théorie et de la pratique dans un processus dialectique et circulaire, dans une mise en tension permanente, supposée créatrice[13] ». Il s'agit donc d'une recherche praxéologique, à la fois par la prise en compte de la théorie et de la pratique qui traversent l'expérience de la chercheure, et par la mise en résonance du cadre théorique proposé ici et des données recueillies et analysées faisant état de la pratique démocratique sur le terrain. Enfin, il s'agit évidemment d'une recherche exploratoire, puisque peu de recherches et d'études spécifiques avaient été menées auparavant, ici au Québec, en regard de ce que je cherchais à comprendre.

La stratégie mise au point et privilégiée

La stratégie qui a été privilégiée tout au long de cette recherche a permis de rencontrer plusieurs femmes engagées à divers degrés et dans plusieurs instances à l'R des centres de femmes du Québec. Dans un premier temps, la lecture de l'ensemble de la documentation produite depuis 1992 par l'R des centres de femmes du Québec (textes politiques, administratifs, organisationnels, procès-verbaux, bulletins d'information, etc.) m'a permis de me familiariser avec le discours de l'organisme, d'orienter le travail d'élaboration des outils de cueillette et de donner l'occasion de clarifier ultérieurement, avec certaines informatrices clés, des éléments qui apparaissaient obscurs. Sans procéder à une analyse documentaire systématique, cet exercice s'est avéré utile puisqu'il m'a permis d'en tirer des éléments clés qui ont également servi à l'analyse subséquente des données.

D'autre part, l'observation de certaines activités de l'organisme[14] (m'offrant une intégration graduelle à la vie du groupe) a permis, là aussi, de mieux comprendre la réalité de celui-ci et de procéder à la réalisation du canevas d'entrevue et à la constitution de l'échantillonnage de manière à la fois réflexive et interactive. La stratégie principale retenue fut la réalisation d'entrevues. Il est important de préciser qu'il s'agissait d'entrevues à questions ouvertes ayant comme principales caractéristiques d'être semi-dirigées, indirectes et extensives. Onze entrevues ont été réalisées en tout, ce qui a permis de pousser plus loin la réflexion autour des pratiques démocratiques avec seize interlocutrices[15]. La moitié de ce groupe a été vue en entrevue individuelle alors que l'autre moitié a été rencontrée en entrevue de groupe. Au total, on compte huit entrevues individuelles et trois entrevues de groupes. Le but de ces entrevues consistait à couvrir l'ensemble des lieux où ces femmes agissaient et de diversifier les types de répondantes afin de mettre en évidence, dans la mesure du possible, les ressemblances et dissemblances au sein du groupe étudié.

Les résultats de la recherche :
les écueils et les difficultés de la pratique démocratique

La démocratie ne doit pas se voir comme une attente passive mais comme plutôt une responsabilité quotidienne de tenir ouverts les espaces qui révèlent le côté obscur de la lune.

Alberto Melucci[16]

Dans cette deuxième partie, je présenterai l'ensemble des thèmes qui révèlent certains côtés plus obscurs de la pratique démocratique de l'R des centres de femmes. Ces thèmes, au nombre de sept, sont : le jeu entre la démocratie et le féminisme, la participation à la définition de l'intérêt général, le rapport égalitaire et l'expression de la différence, la prise de décision, la prise de parole, les lieux et le lien manquant. M'inspirant de l'idée de praxis[17], je chercherai donc ici à jumeler la pratique et la réflexion sur cette pratique démocratique dans un processus dialectique et circulaire afin de jeter un peu de lumière sur ce qui a surgi dans cette recherche et mettre ainsi à jour, sous l'invitation de Melucci, les « clairs-obscurs » de la pratique démocratique.

Le jeu entre la démocratie et le féminisme

Si la démocratie ne se réduit pas à une forme institutionnelle et, comme le disent plusieurs auteures féministes[18], si le projet féministe permet de revitaliser et de renouveler la démocratie, il y a chez les femmes rencontrées et actives à l'R des centres de femmes du Québec ce sentiment très fort que le féminisme a contribué et contribue encore à donner un sens à la démocratie. Plusieurs femmes ont en effet souligné à quel point ces deux concepts se recoupaient, se confondaient et se complétaient. Le féminisme remet en question l'idée qu'on se fait de la démocratie, il en étend le sens de telle sorte qu'il permet de développer de nouveaux modèles de pratiques démocratiques. Comme l'indique une des répondantes :

> *Le féminisme questionne le modèle ou l'idée qu'on se fait de la démocratie, de comment ça marche parce que de façon traditionnelle, la démocratie est inspirée des grandes institutions politiques qu'on a pu voir, dites démocratiques, de délibération, de débat puis politico-juridique, c'est-à-dire les arguments, la raison, pourquoi on fait ci, pourquoi on fait ça? Les espaces où les gens peuvent participer à la fois au débat pour dire oui, non, voter! Le féminisme apporte par rapport à tout ça une préoccupation de ramener ça sur des considérations qu'il y a du monde qui veulent bien mais ils n'ont pas les outils pour être là, ils ne se sentent pas bien dans cette joute oratoire.*

Pour certaines, l'approche féministe se reflète tout simplement dans leur façon d'être démocratique, pour d'autres, les valeurs attribuées à la démocratie sont les mêmes qui fondent et traversent le projet féministe mis de l'avant par l'R et les centres. L'apport du féminisme dans la démocratie se situe donc surtout au niveau de la prise de conscience des femmes concernant la place qu'elles occupent dans la société. À cet effet, l'interrelation entre le féminisme et la démocratie permettrait ainsi l'émergence des «sujets» femmes. D'autre part, les mises en garde faites par certaines femmes rappellent qu'être féministe n'est pas une garantie de démocratie et que, par ailleurs, la socialisation des femmes fait en sorte qu'elles ne sont pas des démocrates nées. En fait, la compréhension et l'utilisation du concept de démocratie est, comme l'a souligné une répondante, quelque chose de relativement récent dans l'univers des femmes.

> *Ça ne fait pas si longtemps qu'on parle de démocratie, qu'on est à l'œuvre là-dedans, qu'on se préoccupe de ça, qu'on en parle, qu'on se questionne. Fait que c'est normal aussi que, des fois, il y ait des friction ou des tensions. Ça prend beaucoup d'heures de pratique avant de réussir le gâteau : ça c'est sûr !*

Le temps devient un élément incontournable pour que ces femmes s'y exercent. Comme le disait Simone de Beauvoir, «on ne naît pas femmes, on le devient». Pourrions-nous penser que les femmes ne naissent ni féministes, ni démocrates mais qu'elles le deviennent? Cette recherche permet en fait de constater qu'il règne ici une certaine confusion entre la définition qu'on donne à la démocratie et celle qu'on donne du féminisme. Pour certaines répondantes, on a pu remarquer que l'un est l'autre et que l'autre est l'un. Cette équivalence ne semble pas leur causer de problèmes lorsqu'elles en parlent mais, lorsqu'on y regarde de plus près, cette confusion ne facilite pas toujours les pratiques démocratiques. La finalité et les moyens des actions menées révèlent cette confusion, faisant en sorte que démocratie et féminisme deviennent simultanément des objectifs et des moyens pour les atteindre.

Pourtant, historiquement, le féminisme a été à la fois un fondement et une grille qui a permis aux femmes de marquer une avancée démocratique dans la société. À l'R, les femmes sont animées, traversées par un projet[19], une orientation féministe[20] ayant comme finalité de modifier les conditions de vie des femmes et de faire advenir une société plus démocratique. Les pratiques démocratiques sont donc utilisées pour mettre de l'avant et actualiser le projet féministe des centres de femmes. En revanche, quelques répondantes ont fait remarquer qu'il n'y avait pas unanimité entre les femmes sur ce qu'elles entendaient par féminisme.

> *C'est assez compliqué la question d'être féministe je vais te dire. [...] On n'a pas toutes la même définition. [...] La perception qu'on peut avoir des rôles, des responsabilités, du pouvoir, en lien avec le féminisme, et ce qui ne l'est pas, ça c'est assez complexe. Puis parce que tu es féministe, tu devrais dire oui à peu près à n'importe quoi à partir quasiment du moment que c'est une demande de femme.*

> *J'ai l'impression qu'on a un kit de la parfaite féministe, puis tu y fais référence tu te dis, j'suis-tu démocratique? j'suis-tu féministe? [...] ça revient un peu au nom du consensus, au nom de tout ça on n'ose pas nécessairement nommer.*

> *Régulièrement on devrait redéfinir c'est quoi le féminisme, le réalimenter. [...] Où est-ce qu'on est rendu dans le féminisme? Où est-ce qu'on est rendu dans la pratique reliée au féminisme, la pratique de la démocratie: ça il faut le faire régulièrement, parce qu'on évolue, pas sur l'essence même, ça c'est certain, mais où est-ce qu'on est rendu avec?*

On peut penser que plusieurs d'entre elles éprouvent de la difficulté, comme l'a déjà noté Lamoureux[21], à faire la distinction entre le mouvement des femmes et le féminisme. Pour certaines, le féminisme donne-rait une ligne d'orientation qui aurait tendance à clôturer l'espace de conduite des femmes et des groupes de femmes plutôt que de le laisser ouvert. Cet espace n'assurerait pas non plus une réelle pratique démo-cratique. À ce propos, une répondante souligne qu'«être féministe n'est pas une garantie de la démocratie, faisant en sorte que certaines femmes pourraient aller jusqu'à se servir des principes féministes pour aller contre la démocratie». Malgré les bémols essentiels, comme le résume une des représentantes régionales, ce qui caractérise les pratiques démocratiques dans un projet féministe c'est «la proximité des per-sonnes et le souci de leur bien-être, un souci et un réflexe du partage du pouvoir, la parole à toutes, le consensus, et une organisation du travail moins hiérarchique amenant les femmes à jouer moins au *boss*».

En somme, ce que ce premier thème soulève, c'est que le jeu entre féminisme et démocratie est important mais pas nécessairement contradictoire. Toutefois, il donne aussi à penser qu'il est nécessaire d'exercer une certaine vigilance afin de mieux définir ce qu'on entend par féminisme et démocratie. Comment peut-on demeurer sensible au fait que les systèmes d'action et les pratiques démocratiques de l'R per-mettent l'interpénétration de ces deux concepts? Il ne faut surtout pas perdre de vue que les femmes sont tributaires des conditionnements sociaux auxquels elles ont été soumises. Elles ne sont pas nées démo-crates, comme l'a dit une des répondantes. Un travail est nécessaire pour leur fournir les clés de la démocratie et c'est bien ce que l'R, par son projet féministe, tente de faire.

La participation à la définition de l'intérêt général

Pour plusieurs auteures féministes[22], les femmes n'ont pas vraiment participé à la définition de la démocratie dans les sociétés modernes, puisque l'intérêt général ou encore la volonté de tous a été établi du point de vue des hommes. Outre ce constat, comment arrivent-elles à dévelop-per cette participation à la définition de l'intérêt général lorsqu'elles sont sur leur propre terrain, entre femmes au sein de leur Regroupement? On entend évidemment ici, par participation à la définition de l'intérêt géné-ral, la façon dont les centres membres sont invités à alimenter le projet que porte l'R. Comment sont-ils engagés dans le renouvellement du sens de ce projet (la base d'unité)? Quelle place occupent-ils dans le choix des priorités de travail du Regroupement? Une des permanentes inter-viewées signale que le regroupement doit exercer une certaine vigilance et «trouver un équilibre entre son rôle de promoteur d'idées et demeurer à l'affût des besoins des membres». On se rappellera d'ailleurs que dès la mise sur pied de l'R, comme l'ont mentionné quelques-unes des répondantes, cette volonté d'inclure l'ensemble des femmes, de les amener à participer, de faire des allers-retours entre les membres et les structures mises en place était présente.

> *L'exercice de la démocratie là ça s'est fait dès le départ! On allait constamment vérifier ce qu'on voulait faire de notre Regroupement là dans nos tables régionales [...] constamment on allait vérifier, ce qu'on travaillait en Coco, avec la permanence, on allait vérifier dans les régions comment ça se vivait, ce qu'on voulait en faire. Alors le processus démocratique a été mis en branle dès le tout, tout, tout début, au premier comité de mise en place. [...] C'était le prérequis à la culture des centres de femmes, le processus démocratique.*

Aujourd'hui, plusieurs femmes interrogées ont à faire face à certaines difficultés relatives à cette réciprocité qui a été développée et pratiquée antérieurement. On a le sentiment que l'ensemble des membres participe difficilement ou même ne participe plus à cette définition de l'intérêt général. Plusieurs exemples font état de cette situation: le peu de participation des membres au moment de l'établissement des priorités annuelles dans le plan de travail du Regroupement; l'éloignement du Regroupement de sa base et la difficulté à prendre en compte les besoins des membres, d'entendre leurs demandes et de répondre à leurs besoins; l'existence ou non d'une réelle possibilité pour les membres de proposer des projets d'action et de mobilisation qu'ils aimeraient mettre en œuvre avec l'ensemble des centres. On remarque d'ailleurs que ces quelques exemples sont un signe de l'écart qui s'est creusé entre le Regroupement et ses membres.

Il nous semble toutefois important de relever ici le rôle de la table régionale et de la place qu'elle prend dans cette définition de l'intérêt général. Cette instance offre un filon, une piste à explorer puisque plusieurs répondantes ont rappelé à quel point cet espace a toujours représenté le lien entre l'R et ses membres. Des membres de comités de travail soulignent que «la table régionale c'est le lieu où se vit la vie associative de façon la plus quotidienne parce que c'est le lieu où l'on travaille les dossiers de l'R, où l'on prend conscience de ce qu'est l'R, de ce qu'on fait avec l'R et de ce que l'R fait pour les centres». La régionalisation a par contre eu pour effet d'ébranler les assises mêmes de cet espace démocratique que sont les tables régionales des centres de femmes. D'ailleurs, il est important de rappeler que l'R s'était donné cette structure bien avant que ce phénomène de régionalisation soit à la mode. C'est ce que critique une des représentantes régionales lorsqu'elle constate les effets de la conjoncture actuelle.

> *Je n'ai pas l'impression que ce qui se passe dans ma région au niveau associatif en tant que tel, que ça intéresse l'R, [...] ce qui l'intéresse c'est de savoir, bon Régie régionale, bon ça. Mais au niveau de la vie là, je n'ai pas l'impression que ça l'intéresse, je dois t'avouer.*

Il faut donc régénérer les lieux, les espaces et les moyens qui ont déjà permis et qui permettraient de développer un sentiment d'appartenance commun à un regroupement comme celui de l'R.

En écho à la définition de la participation que donne Godbout[23], on pourrait avancer que le degré de pouvoir et de mobilisation n'est pas aussi grand que souhaité, tant du point de vue des membres que de celui des instances du Regroupement. Un plus grand équilibre entre les deux engendrerait forcément un plus grand enthousiasme et amènerait probablement aussi un plus grand engagement. D'autre part, cette participation ne doit d'aucune façon remplacer un mécanisme électif. Il faut voir à bien faire fonctionner l'ensemble des rouages et à ne pas enrayer leur mécanisme.

Comme l'indique Castoriadis, participer au pouvoir signifie que «j'ai la possibilité effective et la possibilité réelle, d'influer sur ce qui se passe[24]». Il rappelle également qu'une des conditions essentielles de la démocratie directe suppose que, participer, c'est avoir intérêt à considérer et évaluer tant les affaires communes que celles qu'on pourrait qualifier de plus individuelles. Car ces affaires communes sont après tout aussi importantes que les affaires personnelles. En travaillant aux affaires générales et communes, les femmes améliorent tant leurs situations individuelles que celles de plusieurs centres de femmes et de plusieurs femmes. À leur façon, c'est aussi ce que disent quelques répondantes:

> *[...] ça fait partie de leur projet de centres de femmes, mais moi c'est ça que je pense aussi, que dans ton projet de centres de femmes, il y a une partie où il faut que les femmes fassent plein d'apprentissages à être membre d'un C.A. de centre de femmes, d'une collective de centre de femmes, c'est plein d'apprentissages mais il y a aussi la participation au congrès de l'R, parce que c'est de voir que travailler à changer des choses dans notre localité, ben ça se fait partout ailleurs puis on peut prendre des idées ailleurs, puis rencontrer d'autres bénévoles, d'autres militantes. Puis tout ça c'est très riche.*
>
> *C'est important de voir plus large, de travailler pour l'ensemble du Québec, au niveau local, régional, provincial, qu'il y ait un niveau de réflexion lié à chacun de ces paliers.*

La participation à la définition de l'intérêt général demeure cependant une question entière, ouverte et importante à considérer si l'on veut s'assurer d'une plus grande souscription à la pratique démocratique. Cette participation est quelque chose qui s'apprend et se pratique. Il faut en avoir l'occasion et y être invitée. D'ailleurs, cet exercice pourrait être vu comme une forme de garantie, une prémisse à une participation plus large et plus assidue, à d'autres activités et actions mises sur pied, par la suite, au cours de l'année. La participation à la définition de l'intérêt général s'inscrit en fait dans ce que Thériault[25] entend par la démocratie délibérative qu'il définit comme étant l'opinion qui subit le test de la discussion publique, qui permet l'affrontement et la délibération. À l'R des centres de femmes, le développement de ce type d'opinion passe cependant encore difficilement la rampe. Les femmes sont invitées à donner leur opinion, mais la délibération de ces opinions se fait trop rarement. À cet effet, deux femmes interrogées disent :

> *On est quelques-unes à l'R puis dans l'équipe de travail à remettre en question ces fonctionnements qui tendent toujours vers des consensus et qui doivent faire taire beaucoup de divergences... Puis moi je pense que c'est dangereux ça. Fait qu'il faut débattre, va falloir forcer plus les débats.*

> *Puis quand on a des positions un peu différentes, c'est quelque chose... [rires] Puis moi je trouve qu'il faut se permettre d'arriver puis de questionner des affaires... de nommer des malaises. [...] L'idée ce n'est pas de défaire les personnes mais de faire avancer un peu le débat, plutôt que de ramener des affaires de façon un peu plus passive là.*

Réactiver la dimension politique de la démocratie, permettant d'avoir une vue et une pensée d'ensemble de la société à laquelle on participe, est quelque chose de fondamental, et surtout activer le débat, la discussion, l'opinion, même minoritaire s'impose.

Le rapport égalitaire et l'expression de la différence

Le rapport égalitaire et l'expression de la différence ne logent pas toujours aisément à la même enseigne à l'R des centres de femmes, comme nous l'expliquent plusieurs répondantes. Bien que pour la majorité des femmes les valeurs premières liées à la démocratie soient l'égalité et la tolérance, dans la pratique il est frappant de constater qu'égalité correspond encore trop souvent au fait d'être identique. Pourtant, l'R vise à regrouper les centres de femmes en réseau, invoquant que chacun de ces centres est différent. On cherche ainsi à préserver l'autonomie de chacune de ces entités tout en visant un traitement équivalent.

Les rapports égalitaires entre les régions, essayer d'appliquer les rapports égalitaires entre nous, essayer de travailler ça c'est pas évident. Il y a des rapports de force, des chicanes de régions, le respect de l'autonomie.

Comme le rappelle Lamoureux, le féminisme a légué aux femmes un héritage traversé par cette question de l'égalité les amenant toutefois à vivre cette égalité sous le mode de la «communalité», plutôt que sur celui de la distinction. Les répercussions se font d'ailleurs encore sentir dans le fonctionnement interne du mouvement féministe : «disparition de l'individue derrière la collective, célébration des retrouvailles, peur du débat et des divergences[26]». L'R n'est pas différent des autres, sur ce plan, et les répondantes l'ont elles-mêmes soulevé quand il s'agissait de signifier sa divergence d'opinion au moment de la prise de parole et de la prise de décision et ce, dans plusieurs lieux où elles sont invitées à le faire. À ce titre, une travailleuse d'un centre fait remarquer qu'«il y a une absence de discussion en profondeur sur les pratiques. On procède plutôt à la vérification de la programmation des centres par les dépliants». Plusieurs femmes auraient «peurs d'être critiquées, peurs de dire ce qu'elles font». Il y a de «la rigidité dans l'application de la base d'unité» et cela condamne finalement les femmes au silence sur les pratiques plutôt que de favoriser une mise en commun ouverte.

Pourtant, en démocratie, l'égalité n'est pas incompatible avec les différences. Arendt et Varikas[27] rappellent que si l'égalité est le principe organisateur de la démocratie, il n'en demeure pas moins que la démocratie est le régime de la pluralité et qu'elle reconnaît que ce n'est pas «l'homme», mais des êtres humains qui habitent le monde. On se doit donc d'être attentif au fait que ces êtres humains sont à la fois différents les uns des autres et qu'ils sont appelés à vivre et à agir ensemble. Sur ce versant de l'expression des différences et de la pluralité, les femmes ont encore des points à marquer, comme l'ensemble de la société d'ailleurs. Malgré les nouvelles formes de démocratie qu'elles ont pu expérimenter, ici comme ailleurs, le thème de la riche tension entre égalité et différences saura sûrement alimenter leurs réflexions, leurs expérimentations et leurs actions dans la prochaine décennie. Le féminisme appelle l'émergence et la reconnaissance du pluralisme de chacune des femmes, entre les femmes et dans la société où elles vivent.

La prise de décision

Au dire des femmes rencontrées, le consensus est la forme la plus utilisée au moment de la prise de décision. Cette façon de faire serait empreinte de ce qu'on appelle la culture des groupes de femmes ainsi que du féminisme. Quelques-unes des répondantes posent un regard critique sur son usage :

> *C'est pas toujours pour moi un synonyme de démocratie. Par contre, je dirais que c'est une culture très féminine ! Parce que les femmes au Québec on n'est pas socialisées à confronter nos idées puis à débattre. [...] Il y a des forces là-dedans, mais il y a des grandes faiblesses.*

Elles soulèvent à la fois la difficulté pour les femmes d'utiliser d'autres modes de prise de décision, ainsi que le fait que les femmes ne sont pas habituées à confronter leurs idées et à en débattre. Selon ces répondantes, cette façon de faire représente un risque pour la démocratie puisqu'elle ne favorise pas la liberté d'opinion et condamne encore une fois les femmes au silence. Le consensus éloignerait du débat d'idées et de l'élaboration d'un point de vue éclairé par la libre expression et l'affirmation des différences que favoriserait celui-ci. Le fonctionnement en « collective » a pour sa part grandement favorisé ce type de prise de décision. Pour Lamoureux[28], la collective, en privilégiant ainsi la pratique du consensus plutôt que le débat, a fait qu'on a conçu celui-ci comme un *a priori* et non pas comme un résultat qui ne peut être que provisoire. C'est donc avec cet héritage que les femmes pratiquent la démocratie. Une répondante relève, à cet effet, que « les idéaux de fonctionnement sont décidés par consensus et on a l'impression qu'il nous faut le consensus à tout prix car si on a pas le consensus, il y a quelque chose qui cloche ».

Comme le soulignait Tap[29], en parlant de la vie associative, le plus important est-il le plaisir de décider ensemble ou la réalisation instrumentale du processus de décision ? Il semble bien ici que cette notion de plaisir, que certaines répondantes ont aussi qualifié de recherche d'harmonie, prend le pas à l'R des centres de femmes sur le fait de mettre en place ce qu'il faut pour décider. Sans nier cette notion de plaisir intéressante à retrouver dans le travail qu'elles souhaitent faire ensemble, il y a un certain équilibre à rétablir permettant aussi de prendre en compte l'autre versant, celui lié au processus de décision.

D'un autre côté, Poujol[30] fait remarquer que cette pratique du consensus peut masquer les différences évidentes dans un groupe, évitant ainsi de mettre au grand jour les conflits. D'ailleurs une des femmes interrogées a mentionné que très souvent « les difficultés nous amènent à laisser tomber nos principes de vie démocratique, [...] l'attitude qui est développée est de taire le conflit, puisqu'il y a un malaise à parler ouvertement de ce qui ne va pas, des conflits ». De Sève[31] rappelle que la force d'un mouvement est effectivement trop souvent évaluée dans sa capacité de niveler les différences entre ses membres au profit d'une homogénéité de pensée parfois plus apparente que réelle.

Si dans la pratique liée à la prise de décision, la circularité du pouvoir est recherchée, cette recherche de la pratique du consensus coupera parfois les ailes à la dynamique d'« autonomisation », d'appropriation du pouvoir, au développement d'êtres de parole et à l'émergence des « sujets » femmes. Permettre et favoriser les débats dans les espaces déjà existants est une façon d'offrir une nouvelle expérimentation dans la prise de décision et de mettre le cap en direction du travail lié au devenir « sujet ».

La prise de parole

Déjà, en explorant les deux thèmes précédents (le rapport égalitaire et l'expression de la différence, ainsi que la prise de décision), on a vu surgir cette difficulté liée à la prise de parole des femmes. Condition essentielle de la mise en pratique de la démocratie et moyen privilégié mis de l'avant par le féminisme, la parole des femmes demeure pourtant fragile et partielle même à l'intérieur des structures de l'R. Il semble parfois difficile d'exprimer librement son opinion. Le lieu où se prend cette parole, le statut qu'on occupe, l'idée ou l'opinion qu'on souhaite exprimer, la qualité d'écoute, sa personnalité et l'expression de sa dissidence, sont autant de facteurs qui contribuent à cette difficulté.

> *La démocratie en principe c'est le droit de donner son opinion, mais... [...] Pour l'R des centres de femmes, c'est plus : c'est le droit de parole, le droit d'écoute, mais l'obligation d'écoute.*

Cette épineuse question de la parole des femmes nous conduit en fait directement sur le chemin du « devenir sujet ». Ce désir de l'individu d'être un acteur, ce qui est en soi la définition même du sujet, passe, entre autres, par la parole. Rappelant que c'est à travers le féminisme que les femmes ont accédé à la parole et qu'elles ont cessé d'être ces êtres privés de parole dont parlait Aristote, Lamoureux[32] évoque la nécessité actuelle que les femmes nomment, en leur nom et de façon singulière, pour pouvoir ainsi entreprendre une action commune. C'est d'ailleurs ce que certaines femmes interrogées soulignent :

> *D'avoir autre chose que des femmes qui font oui, oui, oui; qui vont un peu plus loin, qui poussent la réflexion, c'est ressourçant, des fois. Sur le coup, tu te dis, ah! mon Dieu! je ne sais pas ce qu'elle voulait dire! Mais finale-*

ment c'est souvent sain dans le sens que c'est ressourçant. Ça t'amène des nouvelles pistes, tout ça.

Les filles ont beaucoup de difficulté à assumer le fait d'exprimer des points de vue différents, d'entendre des points de vue différents [à l'assemblée]... Je pense qu'on a du chemin à faire là-dedans puis dans les centres aussi! Beaucoup mélangent féministe et puis consensus. Puis c'est pas antiféministe d'exprimer des points de vue différents, puis d'utiliser des règles de procédure qui vont favoriser l'émergence des points de vue différents, au contraire!

L'espace où peut se déployer ce travail du sujet sur lui-même c'est, comme l'indique Touraine[33], la démocratie. À l'image de cette démocratie, «devenir sujet» est un travail incessant qui ne parvient jamais à quelque chose de définitif. Cherchant à relier ce qui souvent se délie, cette idée du sujet demande de combiner sans cesse, selon Touraine, trois éléments fondamentaux: la résistance à la domination, l'amour de soi et la reconnaissance des autres comme sujets. Le défi de la combinaison des tensions existant tant dans la démocratie que dans le «devenir sujet» est donc à relever, à la fois dans la pratique quotidienne de nos vies et dans notre engagement comme acteur et actrice sociale. C'est d'ailleurs ce à quoi invite Touraine[34] lorsqu'il rappelle que «c'est du Sujet personnel, qu'il faut partir», et que «c'est à la démocratie qu'il faut arriver».

Comment la pratique démocratique de l'R des centres de femmes permet-elle l'émergence de sujets individuels et collectifs? Cette question est ouverte au débat. Plusieurs expériences font signe de cette avancée, mais d'autres laissent transparaître des difficultés.

Les lieux

Dans cet avant-dernier thème, il est primordial d'aborder la pratique démocratique la plus concluante dont les femmes de l'R ont parlé dans le cadre de cette recherche. Cette pratique est mise de l'avant dans l'espace que constituent les comités de travail. Le regard posé ici veut prendre acte de ce qui rend cette pratique plus claire qu'obscure tout en cherchant les ombres pouvant mettre en relief cette grande lumière.

Pour les répondantes, les comités de travail représentent effectivement un espace et un lieu où s'exerce une pratique démocratique des plus satisfaisantes à l'R. Pourquoi est-ce ainsi? Ce qui apparaît le plus significatif dans ce que racontent les femmes interviewées, c'est que tous les éléments qui présentent ailleurs certaines difficultés sont ici réunis et mis en relation de façon à créer une chimie différente et plutôt positive. D'une part, les comités de travail répondent à ces nouveaux modèles de fonctionnement démocratique que le féminisme cherche à créer et à développer. Leur mise en place est une façon de démocratiser le Regroupement en dehors des structures officielles. Ces comités de travail permettent en effet de multiplier les lieux de décision et d'influence et d'alimenter plus largement le travail du comité de coordination en fournissant un autre regard que celui de la permanence de l'R. Ils permettent en fait un élargissement du pouvoir au sein du Regroupement. Les femmes qui y participent ne sont pas des femmes élues à une instance. Leur intérêt pour le thème abordé les amène à s'engager dans ces lieux de travail. Parce qu'elles se posent des questions sur le sujet, parce qu'elles veulent développer une réflexion autour de cette question, parce qu'elles voient l'importance d'une mise en commun et qu'elles veulent que ce travail soit fait pour la majorité des centres de femmes, le travail en comité permet donc de dégager des propositions qui collent aux préoccupations des membres du Regroupement.

La forme de travail qu'on y développe permet le brassage d'idées. Dans cet espace, on n'a pas peur d'avancer et d'émettre des idées. Le climat permet un niveau de confiance entre les membres, où l'on peut sentir et vivre plus l'égalité dans le travail. Le point de vue de chacune des membres est entendu puis considéré en termes d'analyse. Dans les comités, on sent un respect mutuel, ce qui favorise une plus grande liberté et une large contribution de la part de celles qui y participent. Égalité, prise de parole, participation à la définition de l'intérêt général, liberté d'expression, écoute sont au rendez-vous et mis à contribution dans ce lieu d'exercice démocratique. Cet espace exprime donc à la fois la jonction des principes et d'une pratique unifiée en vue de la réalisation d'un projet commun. Les conditions permettant aux femmes de «devenir sujet» sont également fournies et sont à l'œuvre pour celles qui participent à ces comités.

Faut-il conclure pour autant, à partir de cet exemple, que tous les autres lieux formels devraient devenir plutôt informels pour recréer la chimie existante dans les comités de travail? Là serait l'erreur, car ces autres lieux sont décisionnels et doivent le demeurer alors que les comités de travail ne sont pas par définition des espaces décisionnels. Ils sont mis en place pour faciliter le travail de ces instances. À la lumière de cette mise en garde, ces espaces délibératifs et décisionnels de l'R pourraient tout de même, en conservant leur statut, être remis en question en s'inspirant de cette expérience présentée et commentée par les femmes interviewées.

Par ailleurs, il est intéressant de rappeler ici, comme le soulignait Tap[35], que la dynamique associative exige nécessairement l'articulation du collectif et de l'individuel, du militantisme et de l'organisation de structures, de l'expressif et de l'instrumental, de l'identité et de la différence. De plus, il est important que toutes les instances, tous les lieux s'ouvrent plus à la rencontre de la différence, de la libre parole et de l'écoute. N'oublions pas toutefois, comme nous le rappelle la longue réflexion de Godbout[36] à ce sujet, que la participation à des comités n'équivaut pas à la démocratie. Cette participation contribue même à réduire l'exercice de la démocratie chaque fois qu'elle cherche à remplacer un mécanisme électif.

Le lien manquant

Faisant suite à cette idée de l'émergence du sujet individuel et collectif qui a été énoncée précédemment, il semble quelque peu problématique de constater qu'au sein des pratiques démocratiques internes de l'R des centres de femmes du Québec il y a un lien manquant. Ce lien manquant symbolise l'absence des femmes de la base. Tout au long de cette enquête, nous avons effectivement observé et rencontré, dans l'ensemble des lieux et au moment des entrevues, des femmes qui sont des « productrices de services », puisqu'elles sont essentiellement des travailleuses salariées de leur centre ou encore de la permanence de l'R. Les femmes de la base, qui sont membres des centres de femmes, qui participent aux instances et à la vie associative de leur centre, sont en effet peu présentes pour ne pas dire absentes de plusieurs lieux où se vit et s'exerce la démocratie de l'R. Quelques répondantes ont d'ailleurs soulevé ce fait au moment où elles ont souligné la nécessité selon elles de mettre en commun les pratiques des centres de femmes. Elles constataient à quel point plusieurs centres de femmes se sont éloignés de leur projet initial, celui de faire participer les femmes de la base aux différents lieux et espaces démocratiques des centres de femmes et du Regroupement auxquels ils appartiennent.

Du côté de la permanence du Regroupement, quelques questions se posent également quant à l'absence de ces actrices essentielles. On se demande comment ces femmes pourraient être davantage présentes au sein de la vie associative et des pratiques démocratiques de l'R. Il est important de noter que ces interrogations ne traversent cependant que de façon très minoritaire le discours de l'ensemble des répondantes rencontrées. Quant aux femmes de la base, qui constituaient un des groupes interviewés au cours de cette recherche, la situation leur semblait pourtant très claire. Elles se considéraient parties prenantes de l'R puisque leurs centres de femmes en sont membres. Elles reconnaissaient l'importance de participer à certaines activités de l'R comme l'assemblée générale, les formations et les journées de réflexion thématiques. En étant présentes dans ces lieux, elles peuvent, d'une part, s'inscrire de manière plus concrète dans cette grande mouvance et, d'autre part, elles peuvent y développer des habilités et des apprentissages, comme prendre la parole en public, émettre son opinion et tisser des liens avec les femmes des autres centres. Ainsi, l'adhésion à un projet commun porté par l'ensemble des centres de femmes et le développement d'un sentiment d'appartenance peuvent s'établir et devenir beaucoup plus concrets et tangibles. Pour ces femmes de la base, l'R devrait leur permettre de développer davantage un certain intérêt et la capacité de défendre, auprès des centres, des idées de projets collectifs qui favoriseraient la participation et la mobilisation de l'ensemble des centres et donc des femmes de la base. Cette voie leur semble en tout cas plus porteuse que celle qui consisterait à créer de nouvelles structures de type comité, qui viseraient à rejoindre essentiellement les participantes des centres.

En somme, il apparaît que ce «lien manquant» forme une béance dans la pratique démocratique de l'R et creuse un fossé entre les actrices qu'il devrait réunir. Ce maillon demeure essentiel pour développer une plus grande démocratisation au sein des centres de femmes et de leur Regroupement. À ce titre, il est intéressant de remarquer que d'autres regroupements provinciaux ont aussi ce souci et ont même réussi à mettre en place des moyens et une pratique qui favorisent la participation de l'ensemble des acteurs et des actrices qui forment ces regroupements. L'R doit sérieusement réfléchir à cette question. Il pourrait s'inspirer des pratiques et des modèles mis au point par d'autres et évaluer comment ces femmes de la base pourraient être plus présentes et actives au moment de l'assemblée générale annuelle, dans les comités de travail et en d'autres lieux.

Les «artisanes de la démocratie»

Ce qu'on fait pour les autres sans les autres est contre les autres.

Proverbe Touareg[37]

À partir du regard singulier que les informatrices ont posé sur leur Regroupement, je m'autorise à y porter, comme chercheure, un regard subjectif et créatif. Cette idée que les femmes interrogées dans le cadre de cette recherche soient comparées à des artisanes de la démocratie a été en partie inspirée par la notion de complexité développée par Edgar Morin. En rappelant que le sens premier de la complexité fait référence au tissu, à ce qui est tissé ensemble, ces propos de Morin m'ont mise sur la piste de l'artisane qui travaille à tisser la démocratie avec plusieurs fils de couleurs différentes mais tous aussi nécessaires pour fabriquer la trame de la tapisserie et de l'œuvre souhaitées.

L'allégorie développée à travers la métaphore de «l'artisane de la démocratie» ne prétend nullement faire état d'une représentation généralisée et généralisable de l'R. Elle n'a pas non plus pour but de développer une définition figée de l'exercice et de la pratique de la démocratie. Elle ne cherche pas à être normative, ni à niveler la riche et foisonnante pratique démocratique de l'R des centres de femmes. Au contraire, il s'agit plutôt de créer et d'imaginer un regard métaphorique et analytique à partir de ce que les femmes nous ont donné à penser.

L'atelier

L'R des centres de femmes du Québec est le grand atelier où se tissent ces pratiques démocratiques. Les femmes qui composent cet atelier sont toutes des ouvrières artisanes qui possèdent des savoirs et des pouvoirs multiples, différents et complémentaires. Malgré la volonté de travailler en collectif, un ordre de savoirs est tout de même installé faisant cohabiter ensemble des ouvrières artisanes qui apprennent (les apprenties), d'autres qui accompagnent les dernières arrivées, et quelques-unes passées maîtresses de leur art en raison de leurs connaissances, leurs années de travail, leurs expériences et qui cherchent à transmettre leurs savoirs et leurs pouvoirs aux autres.

Les outils

Les outils du grand atelier sont rangés dans un coffre appelé le projet féministe (la base d'unité politique). Ce coffre et surtout les outils qu'on y retrouve sont essentiels pour travailler à l'œuvre maîtresse qu'on veut créer à l'atelier, soit une société plus égalitaire et plus démocratique. Les différents outils qui se trouvent dans le coffre sont les suivants : la parole, la liberté, l'égalité, la tolérance, les instances décisionnelles, les lieux informels, la participation, le partage de l'information, des savoirs et des pouvoirs, et la prise de décision. Tous ces outils, nécessaires à l'exercice démocratique, sont présents dans le coffre de chacune des ouvrières. Concrètement toutefois, ils ne sont pas tous utilisés en même temps, de la même façon et de manière équivalente par toutes les ouvrières-artisanes. Certaines d'entre elles n'auront peut-être jamais utilisé aucun de ces outils. Quelques-unes vont déjà savoir manier certains d'entre eux. D'autres vont à l'occasion mieux travailler avec certains des outils. D'autres encore vont avoir développé une expertise particulière. Certaines, en utilisant toujours le même outil, vont également limiter leur savoir et leur expertise à cet usage restrictif, négligeant ainsi l'apprentissage des autres outils mis à leur disposition dans le coffre. Finalement, rares seront celles qui manieront avec aisance, souplesse et dextérité l'ensemble de ces outils.

En se référant à la pratique démocratique qui a été décrite et présentée dans la partie précédente, il apparaît évident que dans l'atelier de l'R, certains outils posent problème quant à leur usage. On peut penser en particulier à l'égalité, la parole et la prise de décision. Chacun de ces outils peut être utilisé séparément, mais les fils ténus qui les relient dans la construction de la démocratie nous font croire qu'il n'est pas anodin s'ils émergent de manière plus pointue, au chapitre des difficultés, dans leur utilisation et dans la pratique démocratique des femmes.

L'égalité

L'égalité est la valeur la plus fondamentale des artisanes de la démocratie. Cette quête d'égalité traduit toutefois une confusion entre le fait que ce qui serait égal serait identique. Si on vise, dans le grand atelier de l'R, à ce que chaque artisane puisse travailler à faire avancer la démocratie, il demeure important de prendre acte que chacune d'entre elles n'occupe pas la même position. Les apprenties artisanes sont invitées à apprendre à tisser les fils de la démocratie. L'apprentissage de certaines règles et de certaines connaissances sont indispensables. L'observation des autres ouvrières est essentielle. Le regard, le mimétisme, la pratique seront les éléments clés nécessaires pour que les ouvrières s'exercent et deviennent par la suite celles qui accompagneront les nouvelles en guidant leurs apprentissages. Les maîtresses d'œuvre (celles qui ont une plus grande connaissance et une plus grande expérience) doivent reconnaître leurs savoirs et instruire celles qui sont nouvelles à tous les postes des structures mises en place. Elles ont le devoir de le faire pour s'assurer ainsi que le pouvoir sera plus circulaire et que les femmes pourront se qualifier pour occuper un de ces postes. La tendance toutefois à nier les différences et à niveler en donnant à toutes l'accessibilité à la parole et à la prise de décision de façon égale (identique) ainsi que la pluralité des ouvrières ne facilitent pas l'exercice de la démocratie entre les femmes de l'atelier de l'R, ni au sein d'une communauté plus large.

La parole

La parole a été l'un des premiers outils à avoir été utilisé dans le coffre à outils du féminisme. En fait, si les ouvrières ne devaient avoir en main qu'un seul outil pour tisser la démocratie, ce serait celui-ci puisqu'il peut à lui seul permettre de monter l'ouvrage. À l'image du fil qui a permis aux premiers tisserands de tisser, la démocratie n'est possible que, dans la mesure où il y a prise de parole et que celle-ci permet la délibération. Cette parole ouvre les portes de la démocratie et permet ainsi d'accéder aux autres outils. Cette parole, tout en étant donnée de façon libre et consentie, offre aux femmes l'occasion d'émettre des points de vue différents. Cette parole n'est toutefois pas toujours celle de l'unanimité et les différences qu'elle fait émerger sont difficilement prises en compte. Même si les femmes sont traversées par ce désir que toutes parlent, que chacune émette son opinion, les opinions contraires à la leur viennent rompre l'harmonie souvent très recherchée dans les groupes des femmes. Les attitudes développées devant cette parole posent à nouveau la question de la tolérance entre les femmes. Écouter ce qui se dit et entendre la différence. La parole est aussi un des éléments du débat. Pour qu'il y ait débat, la parole libre et l'écoute attentive de cette parole sont nécessaires. Le débat est une des conditions, sinon la condition essentielle à l'exercice démocratique. À l'image du fil qui est l'élément essentiel permettant de tisser, la parole devient aussi l'élément premier, le fil essentiel sur lequel se tisse la démocratie.

La prise de décision

Ce troisième outil qu'est la prise de décision présente aussi quelques difficultés dans son maniement, puisqu'il est essentiellement utilisé d'une manière consensuelle. D'autres usages sont pourtant possibles, comme la prise de décision par vote. Ce type d'utilisation n'est toutefois fait que de manière épisodique et apparaît limité à des espaces comme celui de l'assemblée générale annuelle. Or, certaines femmes interrogées croient que le consensus ne permet pas toujours d'aller vers la démocratie. Il irait même jusqu'à créer un semblant de démocratie et même un semblant d'égalité.

Par ailleurs, on constate que même si le consensus vise à permettre une prise de parole large et ouverte à l'ensemble des femmes, il contribue plutôt à condamner les femmes au silence et ne permet pas de véritable débat contradictoire. Les femmes auraient intérêt à s'exercer et à utiliser les autres facettes du maniement de l'outil « prise de décision » lorsqu'elles veulent monter la trame et tisser de la démocratie. Ici, il n'y a pas que la prise de décision par vote qui soit en cause, mais les divers lieux où peuvent se prendre des décisions, les différents niveaux et paliers pour s'exercer et les modalités nouvelles à expérimenter.

La pratique des ouvrières

L'« appren-tissage » d'un nouveau métier se fait en l'exerçant. La démocratie ne sera possible et effective que si on essaie de la mettre en pratique, que si les anciennes transmettent leurs savoirs aux plus jeunes, que si les jeunes et surtout les femmes à la base ont un espace pour l'expérimenter, en leur permettant ainsi d'avoir les clés de la maîtrise du métier. Ainsi, en plus d'outiller et d'apprendre aux artisanes à tisser la démocratie, les anciennes leur fourniront aussi la possibilité de proposer et de composer de nouvelles variantes, de nouveaux motifs qui s'intégreront à la trame de fond et à l'œuvre qui est en train de s'exécuter.

Cette trame, c'est le projet féministe, et l'œuvre, c'est la démocratie, qui requiert un travail constant, continu et sans fin, comme un idéal vers lequel on tend. Le temps et la patience sont les ingrédients essentiels dans chacune des étapes de cette pratique. Ainsi, toutes les ouvrières, peu importe leur âge et leur expérience, auront la possibilité de travailler à une grande œuvre donnant une occasion unique aux femmes de l'R de « démocra-tisser ».

Si, comme le souligne le proverbe, « c'est en forgeant qu'on devient forgeron », l'ouvrière deviendra artisane si, et seulement si, elle pratique son métier, en l'occurrence ici, si elle tisse les fils de la démocratie. Ce qui est intéressant à retenir dans cette métaphore, c'est l'idée de la pratique ou de l'exercice, pratique d'ailleurs qui est déjà effective à l'atelier de l'R des centres de femmes.

Conclusion

Au départ de cette recherche, la question formulée était: comment dans sa vie associative l'R des centres de femmes du Québec construit-il au quotidien, avec l'ensemble de ses membres, la démocratie et comment réussit-il à traverser les questions que posent les transformations majeures vécues depuis le début des années 1990, sans mettre en péril l'espace démocratique qu'il avait bâti ?

Le parcours qui a été suivi et l'exploration qui a été faite dans l'univers des pratiques démocratiques de l'R des centres de femmes donnent à voir un horizon plutôt métissé laissant percer à la fois des zones d'ombre et de lumière. La complexité des pratiques démocratiques, on le voit bien, s'inscrit dans une conjoncture tout comme cette mouvance influence la démocratie qui se développe dans les centres de femmes et leur Regroupement. En effet, même si nous avons vu, tout au cours de cette enquête, que l'R est encore un creuset où tente de s'exprimer et de se vivre la démocratie, certaines difficultés y sont aussi présentes. Elles ont d'ailleurs été abondamment soulevées par les répondantes.

Comme l'indiquait Collin[38], toute démocratie concrète porte en elle la possibilité même de sa mise en question. Nous pouvons effectivement dire que cette recherche en témoigne et conduit directement à cette remise en question et à cette distance nécessaire pour mieux comprendre ce qui se joue dans la pratique. Plus spécifiquement, la multiplication des chantiers auxquels l'R a travaillé les dernières années en témoigne. Les répondantes le soulèvent également.

Entretenir des espaces ouverts où les femmes peuvent apprendre à « démocra-tisser » est un rempart contre l'invasion et la prolifération du professionnalisme, des systèmes experts, des risques de la complémentarité et de la transformation des groupes en services « paratechnocratiques ». Le temps investi dans la réflexion sur la pratique, sur les choix qu'on opère et le sens qui les guide est aussi un garde-fou qui protège des risques de fragmentation des pratiques et de régression de la réflexion analytique globale qui sont toujours présents tant dans le mouvement des femmes que chez les groupes qui le forment[39]. En fait, si cette recherche contribue et permet à l'R des centres de femmes du Québec de revenir à une pratique plus praxéologique, plus réflexive et circulaire, un des objectifs fixés au départ aura été atteint.

À l'image de la démocratie et du « devenir sujet », la praxis commande un travail incessant d'allers-retours, et de regards réflexifs sur une pratique et sur les idées qu'on s'en fait, cherchant ainsi à trouver une manière d'inscrire la pratique et la réflexion sur cette pratique de façon à ce qu'elle soit un peu moins mutilante, un peu plus consciente et créatrice. « Tenir ouverts les espaces qui révèlent le côté obscur de la lune », comme Melucci nous y invite, rejoint l'idée de Morin nous proposant, à travers la complexité, de s'exercer à développer une pensée de moins en moins parcellaire et unidimensionnelle. Mettre au jour les « clairs-obscurs » de la démocratie est donc possible en faisant sien ce travail d'action-réflexion que propose la praxis. Il est également important de revenir à une démocratie plus délibérative, comme Thériault invite à le faire, et de travailler à aménager dans ce sens les espaces, les lieux et les structures où les femmes de l'R des centres de femmes œuvrent, c'est-à-dire travaillent à « démocra-tisser » au féminin singulier « pluri-elles ».

Travailler à la démocratie en permettant aux femmes qui y participent de le faire en développant leur singularité et l'expression de leurs différences. Voilà un autre défi qui s'offre à l'R des centres de femmes. Comme le soulignait Lamoureux, c'est dans la mesure où les femmes s'assumeront comme singulières qu'elles pourront entreprendre une action commune. L'R assurément doit continuer son œuvre en donnant à ses membres l'occasion de « démocra-tisser » au féminin singulier « pluri-elles ». Dans quel creuset et dans quels sillons s'inscrit la pratique actuelle ? Une partie de la réponse nous a été livrée au cours de cette recherche. Dans quel creuset et dans quels sillons voudra s'inscrire la pratique de demain ? Seuls l'R et ses membres peuvent et vont y répondre.

Notes

1. Cette recherche, d'une durée d'un an, s'est déroulée sur le terrain entre juin 1998 et juin 1999. L'analyse des données et la rédaction du mémoire se sont réalisées durant l'été et l'automne 1999 et le mémoire a été déposé en janvier 2000.

2. Ce groupe est L'R des centres de femmes du Québec. Créé en 1985, il regroupe aujourd'hui près de 90 centres de femmes dans l'ensemble des régions du Québec et a pour objectifs de « développer et soutenir le réseau des centres de femmes et de promouvoir la justice sociale, l'autonomie, l'égalité en droit et l'équité pour les femmes » (L'R des centres de femmes, 1995, p. 1).

3. Morin, 1990, p. 21.

4. Lesemann, 1992.

5. Laville, 1997, 1995 ; Kaltenbach, 1996 ; Poujol, 1983, 1998, Tap, 1996.

6. Collin, 1996 ; Touraine, 1994 ; Rancière, 1996 ; Saul, 1997, 1996a, 1996b ; Dion, 1990.

7. Touraine, 1994, 1995, 1997.

8. Thériault, 1997a, 1997b ; Castoriadis, 1986 ; Lamoureux, 1989.

9. de Tocqueville, 1981 ; Godbout, 1983, 1991.

10. Collin, 1983-1984, 1992a, 1992b, 1996; Descarries, 1998; De Sève, 1994; Rowbotham, 1986; Varikas, 1998; Lamoureux, 1986, 1989, 1992, 1996; Mansbridge, 1991; Leidner, 1991; Fraisse, 1998.

11. Deslauriers, 1991, p. 6.

12. Castoriadis, 1975, p. 25.

13. Gillet, 1995, p. 66.

14. Ces observations se sont faites dans des lieux où un grand nombre de femmes participaient, tels l'assemblée générale annuelle, deux tables régionales de centres de femmes, le comité de coordination communément appelé Coco, le comité exécutif, un comité de travail et une session de formation sur la gestion féministe.

15. Les répondantes étaient engagées dans l'R soit à titre de travailleuses de la permanence, de représentantes régionales au sein du Coco, de membres d'un comité de travail de l'R, de travailleuses dans un centre membre de l'R, et finalement de participantes dans un centre de femmes qui siègent au conseil d'administration de leur centre. Elles provenaient de cinq régions du Québec : Abitibi-Témiscamingue, Chaudière-Appalaches, Côte-Nord, Laurentides et Montréal. Les répondantes travaillent donc dans des centres de femmes qui sont situés dans un grand centre urbain, dans de petites et de moyennes villes de la province ainsi qu'en milieu rural, à l'exception de celles qui sont travailleuses à la permanence du Regroupement.

16. Cette phrase est extraite des notes prises lors d'une conférence prononcée par Alberto Melucci, à l'UQÀM en octobre 1996, qui avait pour titre « Vers la fin de l'action collective ».

17. Gillet, 1995.

18. Colin, 1996; Lamoureux, 1996; Rowbotham, 1986; Leidner, 1991; Descarries, 1998; De Sève, 1994.

19. Ce projet est défini dans ce qu'on appelle la « Base d'unité ». Cette base d'unité politique est le guide qui situe le projet qui relie l'ensemble des centres de femmes membres de l'R et qui alimente leurs pratiques. Elle est à la fois le ciment qui situe les valeurs et la base idéologique à laquelle les membres doivent souscrire. Ces valeurs sont la justice sociale, l'autonomie, l'égalité en droit et l'équité pour toutes les femmes. Sous cinq aspects distincts, on y retrouve défini, ce qu'on entend par l'orientation et le projet féministe des centres de femmes c'est-à-dire : l'orientation féministe, l'approche globale et non compartimentée des problèmes des femmes, l'approche d'éducation populaire, la lutte contre les préjugés sous toutes leurs formes et le développement d'une solidarité autour de problèmes communs ou de projets collectifs. Les trois mandats des centres y sont également décrits. Ce sont les services, les activités éducatives et l'action collective.

20. Cette orientation est définie par les éléments suivants : la confiance dans le potentiel des femmes, la déculpabilisation des femmes, la valorisation de leurs connaissances et de leurs expériences, le développement d'une prise de conscience des stéréotypes sexistes, la promotion de démarches d'autonomie permettant aux femmes d'acquérir plus de pouvoir sur leur vie, le respect de leur cheminement et la liberté de choix, l'entraide, le soutien entre les femmes et la solidarité, la recherche de solutions collectives, la participation à la vie démocratique et sociale, le développement de rapports égalitaires et équitables entre les animatrices et les participantes, une intervention globale et non compartimentée des problèmes et un regard critique sur les causes sociales, culturelles, économiques et politiques des problèmes vécus par les femmes (L'R des centres de femmes du Québec, 1995, p. 1).

21. Lamoureux, 1992.

22. Collin, 1996; Varikas, 1998; Fraisse, 1998.

23. Godbout, 1983.

24. Castoriadis, 1986.

25. Thériault, 1997b.

26. Lamoureux, 1996, p. 280.

27. Arendt, 1983; Varikas, 1998.

28. Lamoureux, 1996.

29. Tap, 1996.

30. Poujol, 1983, 1998.

31. de Sève, 1994, p. 34.

32. Lamoureux, 1989.

33. Touraine, 1994.

34. Touraine, 1997.

35. Tap, 1996.

36. Godbout, 1983, 1991.

37. Ce proverbe est cité dans l'ouvrage d'Edgar Morin, *Pleurer, aimer, rire, comprendre*, Arléa, 1996, p. 20.

38. Collin, 1996.

39. Guberman et Fournier, 1988.

ÉPILOGUE

Ce livre clôt une démarche qui a débuté il y a quinze ans lorsque le Centre de formation populaire a fait un constat intriguant : le taux de satisfaction chez les travailleuses et travailleurs des groupes communautaires était élevé malgré leurs conditions de travail difficiles et précaires. Notre volonté de comprendre ce phénomène nous a amenées à nous embarquer dans une aventure avec des groupes de femmes et des groupes communautaires au Québec qui se poursuit toujours. Pourquoi avons-nous continué si longtemps à nous passionner pour des questions concernant la culture organisationnelle des groupes, et notamment leurs pratiques démocratiques ?

Deux réponses principales nous viennent à l'esprit. La première est liée à l'équipe elle-même : formée de femmes qui ont à cœur la revitalisation de la démocratie comme lieux et espaces de débat citoyen, de femmes qui se situent à la frontière de la recherche et du militantisme, notre équipe était un lieu riche de débats et d'expérimentation de nouvelles formes de démocratie. Et c'est sans mentionner l'immense satisfaction et plaisir que nous avions à travailler ensemble. Même si nous n'avons pas toujours réussi à relever les défis de la démocratie (forte inclusion, égalité de parole et d'influence, circulation et accessibilité de l'information), nous avons eu un souci particulier de pratiquer les valeurs découlant de notre identification en tant que collective féministe et démocratique. À un autre niveau, l'apport riche et diversifié des contributions de chacune, à partir de ses sensibilités et expériences propres, a nourri une démarche plus que stimulante.

Une deuxième raison pour expliquer notre passion pour les questions liées aux pratiques organisationnelles et démocratiques des groupes réside dans l'objet même de notre recherche, c'est-à-dire les groupes de femmes et les groupes communautaires au Québec. Le mouvement des femmes et le mouvement communautaire constituent un terrain tellement riche et fertile. L'interaction avec les actrices des groupes a aussi été une immense source de satisfaction et de stimulation.

Les groupes que nous avons côtoyés nous ont accueillies chaleureusement et ont généreusement contribué leurs temps. Ils nous ont laissées pénétrer dans l'intimité de leurs relations internes, de leurs ambiguïtés, de leurs questionnements. On y a découvert des pratiques démocratiques diverses et une très grande capacité de remise en question. C'est cette capacité d'évolution et de renouvellement constants qui nous émerveillait. Les travailleuses, militantes ou participantes de ces groupes ne se positionnaient pas comme objets de nos recherches, mais bien comme sujets actifs désireuses d'instaurer un dialogue avec l'équipe afin de construire conjointement de nouvelles connaissances.

Afin de poursuivre ce dialogue, nous contribuons maintenant à notre manière en offrant des sessions de formation qui découlent des résultats de nos recherches. Ouvertes à tous les groupes de femmes et les groupes communautaires au Québec, ces sessions portent en grande partie sur les éléments contenus dans cet ouvrage. L'idée que nous souhaitons transmettre tout au long de la formation est que la démocratie doit perpétuellement se transformer et se construire afin d'être le plus inclusive possible et d'offrir un véritable accès à des espaces de débat, de délibération et de prise de décisions où chacun et chacune s'avèrent véritablement sur un pied d'égalité, peu importe leurs différences. La démocratie devient ainsi une culture qui traverse toute la vie du groupe. Elle n'est pas un ajout, un lieu, un moment, une activité, mais bien une valeur profonde, une façon de faire, qui fait partie du savoir-être du groupe.

La réponse des groupes aux sessions de formation a été extraordinaire, tant du point de vue du nombre de groupes qui y ont assisté que de celui de leur contribution lors des sessions. La plupart des participants et participantes partageaient avec nous de nombreuses expériences de pratiques démocratiques qui nous permettaient de remettre en question et d'enrichir les concepts et les questions que nous soulevions. Parfois, la formation confirme certaines pratiques, amène un nouveau questionnement ou soulève des enjeux nouveaux associés aux différents éléments essentiels à la démocratie. Ainsi, les participants et participantes constataient que leur processus d'adhésion à titre de membre du groupe n'était pas explicite; que ils et elles conceptualisaient la démocratie comme étant limitée aux structures formelles; ou que ils et elles distinguaient les processus de délibération et de prise de décision.

Ces sessions de formation demeurent enrichissantes pour nous, mais notre collective de recherche s'est dissoute et ce livre représente donc notre dernier projet collectif. À cette fin, nous profitons de l'occasion pour remercier tous ceux et celles qui ont collaboré de près ou de loin pendant ces nombreuses années. Nous avons vécu une expérience tellement extraordinaire que nous aurions pu facilement continuer pour une autre décennie. C'est avec un pincement au cœur que nous mettons fin à notre aventure collective.

BIBLIOGRAPHIE GÉNÉRALE

ACKER, Joan. 1990. «Hierarchies, Jobs, and Bodies: A Theory of Gendered Organizations», *Gender and Society*, vol. 4, n° 2, p. 139-158.

ACKER, Joan. 1995. «Feminist Goals and Organizing Processes» dans *Feminist Organizations: Harvest of the New Women's Movement*, M. Marx Ferree et P. Yancey Martin (dirs), Philadelphie, Temple University Press, p. 137-144.

Action Autonomie. «Comité des femmes», dépliant, non daté.

Action Autonomie. Brochures, dépliants, mémoires au gouvernement, rapports d'assemblée générale annuelle.

Action Autonomie. *La Renaissance*, bulletin d'information trimestriel.

ADLER, Patricia A. et Peter ADLER. 1994. «Observational Techniques» dans *Handbook of Qualitative Research*, N.K. Denzin et Y.S. Lincoln (dirs), Thousand Oaks (Cal.), Sage Publications, p. 377-392.

ARENDT, Hanna. 1983. *Condition de l'homme moderne*, Paris, Calmann-Lévy, 406 p.

AHRENS, Lois. 1980. «Battered Women's Refuges: Feminist Cooperatives vs. Social Service Institutions», *Radical Americation*, vol. 14, n° 3, p. 41-47.

AKTOUF, Omar. 1990. «Le symbolisme et la "culture d'entreprise": Des abus conceptuels aux leçons du terrain» dans *L'individu dans l'organisation: Les dimensions oubliées*, J.-F. Chanlat (dir.), Québec, Presses de l'Université Laval et Éditions ESKA, p. 553-588.

ANADÒN, Marta, Dominique MASSON, Marielle TREMBLAY et Pierre-André TREMBLAY. 1990. «Les collectives de femmes: Une démocratie sororale», *Nouvelles pratiques sociales*, dossier «Pratiques féministes», vol. 3, n° 2, p. 57-70.

ARENDT, Hannah. 1983 [1961]. *Condition de l'homme moderne*, Paris, Calmann-Lévy, 406 p.

Association des groupes d'intervention en défense de droits en santé mentale du Québec (ag-SMQ), Comité des femmes «Droits vers elles». *Le Périodique*, bulletin d'information.

BACHRACH, Peter. 1975. «Interest, Participation and Democratic Theory» dans *Participation in Politics*, J.R. Pennock et J.W. Chapman (dirs), New York, Lieber-Atherton, coll. Nomos, n° XVI, 300 p.

BADINTER, Elisabeth. 1992. *L'Un est l'autre: Des relations entre hommes et femmes*, Paris, Odile Jacob, Coll. Points, 361 p.

BARBER, Benjamin. 1984. *Strong Democracy: Participatory Politics for a New Age*, Berkeley, University of California Press, 320 p.

BAXTER, Theresa. 1996. «Organizational Democracy in Women's Service Organisations: Perceptions and Realities», *Canadian Journal of Urban Research*, juin, vol. 5, n° 1, p. 72-95.

BEAUVOIR, Simone de. 2001 [1949]. *Le Deuxième sexe*, Paris, Gallimard, Coll. Folio/Essais, 2 vol.

BEEMAN, Jennifer, Nancy GUBERMAN *et al.* À paraître. «Democracy in Women's Groups: Where are the Participants?», *Ressources et documentation féministes*.

BENHABIB, Seyla et Fred DALLMAYR (dirs). 1990. *The Communicative Ethics Controversy: Studies in Contemporary German Social Thought*, Cambridge, MIT Press, 390 p.

BENHABIB, Seyla. 1992. *Situating the Self: Gender, Community and Postmodernism in Contemporary Ethics*, New York, Routledge, 266 p.

BOUDREAULT, Michèle. 2001. «La citoyenneté des femmes et le dilemme de l'égalité/différence, l'amorce d'une solution», mémoire de maîtrise, Montréal, Université du Québec, Département de science politique, 105 p.

BROUILLARD, Denise. 2002. «L'appropriation du pouvoir en santé mentale se conjugue désormais au féminin pluriel», *Le Périodique*, journal du comité des femmes «Droits vers Elles» de l'AGIDD-SMQ, mai, p. 7.

BUTLER, Judith. 1990. *Gender Trouble: Feminism and the Subversion of Identity*, New York, Routledge, 172 p.

BYSTYDZIENSKI, Jill M. et Joti SEKHON. 1999. *Democratization and Women's Grassroots Movements,* Bloomington, Indiana University Press.

CAREY, Martha Ann. 1994. «The Group Effect in Focus Groups: Planning, Implementing and Interpreting Focus Group Research» dans *Critical Issues in Qualitative Research Methods*, J.M. Morse (dir.). Thousand Oaks (Cal.), Sage.

CASTORIADIS, Cornélius. 1975. *L'Institution imaginaire de la société*, Paris, Seuil, 497 p.

CASTORIADIS, Cornélius. 1986. «Les enjeux actuels de la démocratie», *Possibles*, vol. 19, n° 3-4, printemps-été, p. 313-329.

CNAAN, Ram A. 1991. «Neighborhood-representing Organizations: How Democratic are They?», *Social Service Review*, déc., p. 614-634.

COLLIN, Françoise. 1983-1984, «La même et les différences», *Les cahiers du GRIF*, n° 28, hiver, p. 7-16.

COLLIN, Françoise. 1992a. «Démocratie homogène, démocratie hétérogène», *Conjonctures*, n° 17, automne, p. 127-136.

COLLIN, Françoise. 1992b. «La démocratie est-elle démocratique?» dans *La société des femmes*, textes extraits des *Cahiers du GRIF* parus de 1977 à 1991, Bruxelles, Éditions Complexe, coll. «Les cahiers du GRIF», n° 14, p. 43-50.

COLLIN, Françoise. 1992c. «Praxis de la différence», *Les cahiers du GRIF*, n° 46, print., p. 125-141.

COLLIN, Françoise. 1996. «Mythe et réalité de la démocratie» dans *La démocratie «à la française» ou Les femmes indésirables*, É. Viennot (dir.), Actes du colloque sous l'égide du CEDREF, 9-10-11 déc. 1993, Paris, Publications de l'Université Paris 7-Denis Diderot.

COOPER, Terry L. 1980. «Bureaucracy and Community Organization: The Metamorphosis of a Relationship», *Administration and Society*, vol. 11, n° 4. p. 411-444.

CRENSON, Matthew A. 1978. «Social Networks and Political Processes in Urban Neighborhoods», *American Journal of Political Science*, août, vol. 22, n° 3, p. 578-594.

DE SÈVE, Micheline. 1994. «Femmes, action politique et identité», *Cahiers de recherche sociologique*, n° 23, p. 25-39.

DE SÈVE, Micheline. 1999. «Les féministes québécoises et leur identité civique» dans *Malaises identitaires: Échanges féministes autour d'un Québec incertain*, D. Lamoureux, C. Maillé et M. de Sève (dirs), Montréal, Éditions du Remue-ménage, 204 p.

DESCARRIES, Francine. 1998. «Un féminisme en mouvement: Égalité, solidarité et survie» dans *Actes du colloque d'orientation*, Montréal, Fédération de ressources d'hébergement pour femmes violentées et en difficulté du Québec, mai, p. 3-21.

DESLAURIERS, Jean-Pierre. 1991. *Recherche qualitative: Guide pratique*, Montréal, McGraw-Hill, coll. «Thema», 142 p.

DIETZ, Mary. 1992. «Context is All: Feminism and Theories of Citizenship» dans *Dimensions of Radial Democracy: Pluralism, Citizenship, Community*, C. Mouffe (dir.), Londres et New York, Verso, 254 p.

DION, Léon. 1990. «Conflit, crise, violence», *Le Devoir*, 2 nov., p. B8.

EISENSTEIN, Zillah R. 1981. *The Radical Future of Liberal Feminism*, New York, Longman, 260 p.

ELSHTAIN, Jean Bethke. 1981. *Public Man, Private Woman: Women in Social and Political Thought*, Princeton (N. J.), Princeton University Press, 378 p.

EVANS, Judith. 1986. *Feminism and Political Theory*, Londres, Sage, 155 p.

FERGUSON, Kathy E. 1984. *The Feminist Case Against Bureaucracy*, Philadelphia, Temple University Press, 286 p.

FERGUSON, Kathy E. 1987. «Work, Text, and Act in Discourses of Organization», *Women and Politics*, vol. 7, n° 2, p. 1-21.

FORTIN, Andrée. 1991. «La participation: Des comités de citoyens au mouvement communautaire» dans *La participation politique*, J.T. Godbout (dir.), Québec, Institut québécois de recherche sur la culture (IRQC), coll. «Questions de culture», n° 17, p. 219-250.

FOUCAULT, Michel. 1972. «Les intellectuels et le pouvoir: Entretien», Michel Foucault et Gilles Deleuze, L'ARC, n° 49.

FOURNIER, Danièle et Nancy GUBERMAN. 1988. «Quelques défis pour le mouvement des femmes au Québec», *Revue internationale d'action communautaire*, n° 20, p. 183-187.

FOURNIER, Danièle, Nancy GUBERMAN *et al.* 1995, *Regard sur la culture organisationnelle communautaire: Deux études de cas*, Montréal, Service aux collectivités, Université du Québec à Montréal, 75 p.

FOURNIER, Danièle, Nancy GUBERMAN *et al.* 1998. «L'organisation du travail dans les groupes de femmes», *Nouvelles pratiques sociales*, vol. 10, n° 2, p. 83-98.

FRAISSE, Geneviève. 1998. *Les femmes et leur histoire*, Paris, Gallimard, 614 p.

FREEMAN, Jo. 1970. «The Tyranny of Structurelessness», allocution prononcée lors d'une conférence organisée en mai par la Southern Female Rights Union, à Beulah (Miss.). En ligne: http://www.jofreeman.com [juill. 2003].

GILLET, Jean-Claude. 1995. *Animation et animateurs: Le sens de l'action*, Paris, L'Harmattan, 326 p.

GILLIGAN, Carol. 1986. *Une si grande différence*, titre original: *In a Different Voice: Psychological Theory and Women's Development*, Paris, Flammarion, 269 p.

GLASER, Barney G. et Anselm L. STRAUSS. 1967. *The Discovery of Grounded Theory: Strategies for Qualitative Research*, Chicago, Aldine, 271 p.

GODBOUT, Jacques T. 1983. *La Participation contre la démocratie*, Montréal, Éditions coopératives Albert Saint-Martin, 190 p.

GODBOUT, Jacques T. 1987. *La démocratie des usagers*, Montréal, Boréal, 190 p.

GODBOUT, Jacques T. 1991. «La participation politique: Leçons des dernières décennies» dans *La participation politique: Leçons des dernières décennies*, J.T. Godbout (dir.), Québec, Institut québécois de recherche sur la culture (IQRC), p. 11-31.

GUBERMAN, Nancy, Danielle FOURNIER, Jennifer BEEMAN, Lise GERVAIS et Jocelyne LAMOUREUX. 1997. *Innovation et contraintes des pratiques organisationnelles féministes: Rapport de recherche*, Montréal, Centre de formation populaire et Relais femmes, 76 p.

GUBERMAN, Nancy, Danielle FOURNIER, Josée BELLEAU, Jennifer BEEMAN et Lise GERVAIS. 1994. «Des questions sur la culture organisationnelle des organismes communautaires», *Nouvelles pratiques sociales*, vol. 7, n° 1, p. 45-62.

HAMEL, Jocelyne. 2002. «M'approprier de mon pouvoir en coupant les cordes!», *Le Périodique*, journal du comité des femmes «Droits vers Elles», de l'AGIDD-SMQ, mai, p. 11.

HAMMERSLEY, Martyn et Paul ATKINSON. 1983. *Ethnography: Principles in Practice*, Londres et New York, Tavistock, 273 p.

IANNELLO, Kathleen P. 1992. *Decisions Without Hierarchy: Feminist Interventions in Organization Theory and Practice*, New York, Routledge, 136 p.

IRIGARAY, Luce. 1977. *Ce sexe qui n'en est pas un*, Paris, Éditions de Minuit, 217 p.

KALTENBACH, Pierre-Patrick. 1996. «La dérive associative», *Le Débat*, sept.-oct., n° 91, p. 100-113.

KAUFMAN, Arnold S. 1960. «Human Nature and Participatory Democracy» dans *Responsibility*, C.J. Friedrich (dir.), New York, The Liberal Arts Press, coll. «Nomos», n° III, p. 266-289.

KURODA, Yasumasa. 1967. «Psychological Aspects of Community Power Structure: Leaders and Rank-and-File Citizens in Reed Town, Japan», (*Southwestern*) *Social Science Quarterly*, déc., vol. 48, n° 3, p. 433-442.

LAMOUREUX, Diane, Chantal MAILLÉ et Micheline DE SÈVE (dir.). 1999. *Malaises identitaires: Échanges féministes autour d'un Québec incertain*, Montréal, Éditions du Remue-ménage, 204 p.

LAMOUREUX, Diane. 1986. *Fragments et collages: Essai sur le féminisme québécois des années 1970*, Montréal, Éditions du Remue-ménage, 168 p.

LAMOUREUX, Diane. 1989. *Citoyennes? Femmes, droit de vote et démocratie*, Montréal, Éditions du Remue-ménage, 194 p.

LAMOUREUX, Diane. 1992. «Nos luttes ont changé nos vies: L'impact du mouvement féministe» dans *Le Québec en jeu: Comprendre les grands défis*, G. Daigle et G. Rocher (dirs), Montréal, Presses de l'Université de Montréal, p. 693-711.

LAMOUREUX, Diane. 1996. «Féminin singulier et féminin pluriel» dans *Les frontières de l'identité: Modernité et postmodernisme au Québec*, M. Elbaz, A. Fortin et G. Laforest (dirs), Sainte-Foy, Presses de l'Université Laval et Paris, L'Harmattan, p. 270-286.

LAMOUREUX, Diane. 1997. «Féminisme et citoyenneté: Sortir de l'ornière du féminin» dans *Femmes et représentation politique au Québec et au Canada*, M. Tremblay et C. Andrew (dirs), Montréal, Éditions du Remue-ménage.

LAMOUREUX, Diane. 2001. *L'Amère patrie: Féminisme et nationalisme dans le Québec contemporain*, Montréal, Éditions du Remue-ménage, 181 p.

LAMOUREUX, Diane. 2002. «Le dilemme entre politiques et pouvoir», *Cahiers de recherches sociologiques*, n° 37, p. 183-201.

LAMOUREUX, Diane. 2003. «Et si le socialisme avait à apprendre du féminisme?», *Hebdo Solidaires*, avr., vol. 1, n° 5. En ligne: http://www.dabordsolidaires.ca [oct. 2003].

LAMOUREUX, Jocelyne. 1999. *Citoyenneté et pensée métisse: Pratiques réfléchies de quatre sites de citoyenneté au Québec*, rapport de recherche remis dans le cadre de la participation du ministère des Relations avec les citoyens et de l'Immigration, du Québec, au projet du Conseil de l'Europe «Éducation à la citoyenneté démocratique», Montréal.

LAMOUREUX, Jocelyne. 2001. «Marges et citoyenneté», *Sociologie et sociétés*, aut., vol. XXXIII, n° 2, p. 29-47.

LAVILLE, Jean-Louis. 1995. «L'association comme lien communautaire propre à la démocratie», *Économie et Humanisme*, mars, n° 332, p. 16-22.

LAVILLE, Jean-Louis. 1997. «L'association: une liberté propre à la démocratie» dans *Sociologie de l'association: Des organisations à l'épreuve du changement social*, J.-L. Laville et R. Sainsaulieu (dirs), Paris, Desclée de Brouwer, p. 35-73.

LEE, Judith A.B. 1994. *The Empowerment Approach to Social Work Practice*, New York, Columbia University Press, 343 p.

LEIDNER, Robin. 1991. «Stretching the Boundaries of Liberalism: Democratic Innovation in a Feminist Organization», *Signs*, hiv., vol. 16, n° 2, p. 263-289.

LESEMANN, Frédéric. 1992. «Réflexions sur la formation et l'intervention dans un contexte de pauvreté croissante», *Intervention*, n° 88, p. 83-88.

LORD, J. et P. HUTCHISON. 1997. «The Process of Empowerment: Implications for Theory and Practice», *Canadian Journal of Community Mental Health*, vol. 12, n° 1, p. 5-22.

MANSBRIDGE, Jane J. 1980. *Beyond Adversary Democracy*, New York, Basic Books, 398 p.

MANSBRIDGE, Jane J. 1991. «Democracy, Deliberation and the Experience of Women» dans *Higher Education and the Practice of Democratic Politics: A Politial Education Reader*, B. Murchland (dir.), Dayton (Ohio), Kettering Foundation.

MANSBRIDGE, Jane. 1995. «Does Participation Make Better Citizens?», communication présentée à la Political Economy of a Good Society Conference, 11-12 févr. En ligne: http://www.bsos.umd.edu/pegs/mansbrid.html [oct. 2003].

MARQUES-PEREIRA, Bérangère. 2003. *La Citoyenneté politique des femmes*, Paris, Armand Colin, 215 p.

MARSHALL, T.H. 1992 [1949]. *Citizenship and Social Class*, Londres, Pluto Press.

MARTIN, Patricia Yancey. 1990. «Rethinking Feminist Organizations», *Gender et Society*, vol. 4 n° 2, p. 182-206.

MELUCCI, Alberto. 1996. «Vers la fin de l'action collective», communication présentée dans le cadre d'un dîner causerie organisé par le Département de sociologie, oct., UQAM.

MILES, Matthew B. et A. Michæl Huberman. 1984. *Qualitative Data Analysis: A Sourcebook of New Methods*, Beverly Hills (Cal.), Sage Publications, 263 p.

MORIN, Edgar. 1990. *Introduction à la pensée complexe*, Paris, ESF, 158 p.

MORIN, Edgar. 1996. *Pleurer, aimer, rire, comprendre: 1er janvier 1995 – 31 janvier 1996*, Paris, Arléa, 358 p.

MOUFFE, Chantal (dir.). 1992. *Dimensions of Radical Democracy: Pluralism, Citizenship, Community*, Londres et New York, Verso, 254 p.

MOUFFE, Chantal. 1994. *Le Politique et ses enjeux: Pour une démocratie plurielle*, Paris, La Découverte, 175 p.

MOUFFE, Chantal. 2000. «Féminisme, citoyenneté et démocratie plurielle» dans *Genre et politique: Débats et perspectives*, T.-H. Balmer-Cao, V. Mottier et L. Sgier (dirs), Paris, Gallimard, Coll. Folio/Essais, p. 167-197.

PARÉ, Isabelle. 2003. «Retour en force des électrochocs», *Le Devoir*, 20 févr., p. A1 et A10.

PARSONS, Ruth J. 2001. «Specific Practice Strategies for Empowerment-Based Practice with Women: A Study of Two Groups», *Affilia*, vol. 16, n° 2, p. 159-179.

PATEMAN, Carole. 1970. *Participation and Democratic Theory*, Cambridge (G.-B.), Cambridge University Press, 122 p.

PATEMAN, Carole. 1988. *The Sexual Contract*, Cambridge (G.-B.) et Stanford (Cal.), Polity Press et Stanford University Press, 264 p.

PATEMAN, Carole. 1989. *The Disorder of Women: Democracy, Feminism and Political Theory*, Cambridge (G.-B.) et Stanford (Cal.), Polity Press et Stanford University Press, 228 p.

PATEMAN, Carole. 1991. «A New Democratic Theory: Political Science, the Public and the Private», conférence présentée au XVe Congrès mondial de l'Association internationale de science politique, Buenos Aires, texte polycopié.

PATEMAN, Carole. 2000. «Féminisme et démocratie» dans *Genre et politique: Débats et perspectives*, T.-H. Balmer-Cao, V. Mottier et L. Sgier (dirs), Paris, Gallimard, Coll. Folio/Essais, p. 88-121.

PENNEL, Joan. 1990. «Consensual Bargaining: Labor Negotiations in Battered-Women's Programs», *Journal of Progressive Human Services*, vol. 1, n° 1, p. 59-74.

PHILLIPS, Anne. 1991. *Engendering Democracy*, Cambridge (G.-B.) et University Park (Penns.), Polity Press et Pennsylvania State University Press, 183 p.

PHILLIPS, Anne. 1993. *Democracy and Difference*, University Park (Penns.), Pennsylvania State University Press, 175 p.

PHILLIPS, Anne. 1995. *The Politics of Presence: Issues in Democracy and Group Representation*, Oxford et New York, Oxford University Press et Clarendon Press, 209 p.

PHILLIPS, Anne. 2000. «Espaces publics, vies privées» dans *Genre et politique: Débats et perspectives*, T.-H. Balmer-Cao, V. Mottier et L. Sgier (dirs), Paris, Gallimard, Coll. Folio/Essais, p. 397-454.

POUJOL, Geneviève. 1983. «La dynamique sociale des associations», *Les cahiers de l'animation*, n° 39, p. 57-78.

POUJOL, Geneviève. 1998. «L'essoufflement de l'inventivité», *Le Monde de l'éducation*, n° 259, mai, p. 84.

L'R DES CENTRES DE FEMMES DU QUÉBEC. 1998. *Base d'unité politique*, Montréal, juillet, 11 p.

L'R DES CENTRES DE FEMMES DU QUÉBEC. 1995. *Dépliant de présentation*, Montréal, 4 p.

RANCIÈRE, Jacques. 1995. *La Mésentente: Politique et philosophie*, Paris, Galilée, 187 p.

RANCIÈRE, Jacques. 1996. «La déviation démocratique» dans *Les Transitions démocratiques*, actes du Colloque international de Port-au-Prince, Haïti, L. Hurbon (dir.), Paris, Syros, p. 379-384.

RAPPAPORT, Julian. 1981. «In Praise of Paradox: A Social Policy of Empowerment Over Prevention», *American Journal of Community Psychology*, vol. 9, n° 1, p. 1-25.

REGAB, Ibrahim A., Arthur BLUM et Michael J. MURPHY. 1981. «Representation in Neighborhood Organizations», *Social Development Issues*, vol. 5, n° 2-3, p. 62-73.

Regroupement des ressources alternatives en santé mentale du Québec (RRASMQ). 2002, *signé Femme*, recueil de cinq textes et de 20 tableaux, Montréal, Éditions Saint-Martin, 58 p.

REINELT, Claire. 1994. «Fostering Empowerment, Building Community: The Challenge for State-Funded Feminist Organizations», *Human Relations*, numéro thématique «Gender and Organizational Life (Texas Family Violence Program)», juin, vol. 47, n° 6, p. 685-705.

RIGER, Stephanie. 1984. «Vehicles for Empowerment: The Case of Feminist Movement Organizations», *Prevention in Human Services*, vol. 3, n° 2-3, p. 99-117.

RIGER, Stephanie. 1994. «Challenges of Success: Stages of Growth in Feminist Organizations», *Feminist Studies*, juill., vol. 20, n° 2, p. 275-300.

RODRIGUEZ, Nœlie Maria. 1988. «Transcending Bureaucracy: Feminist Politics at a Shelter for Battered Women», *Gender et Society*, juin, vol. 2, n° 2, p. 214-227.

ROTHSCHILD-WHITT, Joyce. 1979a. «Conditions for Democracy: Making Participatory Organizations Work» dans *Co-ops, Communes and Collectives: Experiments in Social Change in the 1960s and 1970s*, J. Case et R.C.R. Taylor (dirs), New York, Pantheon Books, p. 215-244.

ROTHSCHILD-WHITT, Joyce. 1979b. «The Collectivist Organization: An Alternative to Rational-Bureaucratic Models», *American Sociological Review*, août, n° 44, p. 509-521.

ROWBOTHAM, Sheila. 1986. «Feminism and Democracy» dans *New Forms of Democracy*, D. Held et C. Pollitt (dirs), Londres, Sage, p. 78-109.

RUDDICK, Sara. 1990. *Maternal Thinking: Towards a Politics of Peace*, Londres, The Women's Press, 297 p.

RYAN, Barbara. 1992. *Feminism and the Women's Movement: Dynamics of Change in Social Movement, Ideology and Activism (Perspectives on Gender)*, New York, Routledge, 203 p.

SAUL, John. 1996a. *Le Citoyen dans un cul-de-sac? Anatomie d'une société en crise*, Montréal et Québec, Fides et Musée de la civilisation, coll. «Les Grandes conférences», 43 p.

SAUL, John. 1996b. *Le Compagnon du doute*, Paris, Payot et Rivages, 330 p.

SAUL, John. 1997. *La Civilisation inconsciente*, Paris, Payot et Rivages, 217 p.

SCHWARTZ-SHEA, Peregrine et Debra D. BURRINGTON. 1990. «Free Riding, Alternative Organization and Cultural Feminism: The Case of Seneca Women's Peace Camp», *Women and Politics*, vol. 10, n° 3, p. 1-37.

SCOTT, Joan Wallach. 1998. *La Citoyenne paradoxale: Les féministes françaises et les droits de l'homme*, Paris, Albin Michel, 286 p.

SRINIVASAN, Meera et Liane V. DAVIS. 1991. «A Shelter: An Organization Like Any Other?», *Affilia*, print., vol. 6, n° 1, p. 38-57.

STRAUSS, Anselm L. et Juliet CORBIN. 1990. *Basics of Qualitative Research: Grounded Theory Procedures and Techniques*, Newbury Park (Cal.), Sage, 270 p.

TAP, Pierre. 1996. «Les jeunes dans la dynamique associative» dans *Des jeunes et des associations*, B. Roudet (dir.), Paris, L'Harmattan, p. 230-245.

TAYLOR, Charles. 1992. *Multiculturalism and "The Politics of Recognition": An Essay*, commentaires d'Amy Gutman (dir.) et collab., Princeton (N. J.), Princeton University Press, 112 p.

THÉRIAULT, Joseph-Yvon. 1991. «La démocratie comme politique? De la difficulté de penser politique… à gauche» dans *La Recomposition du politique*, L. Maheu et A. Sales (dirs), Montréal, L'Harmattan et Les Presses de l'Université de Montréal, p. 69-92.

THÉRIAULT, Joseph-Yvon. 1997a. «La crise du politique et alternatives», communication présentée dans le cadre de l'Université populaire d'été «Vers un nouveau contrat social», Le Centre de Formation Populaire, Chertsey (Québec), 7 p.

THÉRIAULT, Joseph-Yvon. 1997b. «Pour une démocratie délibérative», communication présentée dans le cadre du colloque «L'avenir de la social-démocratie dans le contexte de la mondialisation», Parti québécois, Québec, 11 p.

TOCQUEVILLE, Alexis de. 1986. *De la démocratie en Amérique*, Paris, Gallimard, Coll. Folio/Histoire, 2 vol.

TOM, Allison. 1995. «Children of Our Culture? Class, Power, and Learning in a Feminist Bank» dans *Feminist Organizations: Harvest of the New Women's Movement*, M. Marx Ferree et P. Yancey Martin (dirs), Philadelphie, Temple University Press, chap. 11.

TOURAINE, Alain. 1994. *Qu'est-ce que la démocratie?*, Paris, Fayard, 297 p.

TOURAINE, Alain. 1995. «La formation du sujet» dans *Penser le Sujet: Autour d'Alain Touraine: Colloque de Cerisy*, F. Dubet et M. Wieviorka (dirs), Paris, Fayard, p. 21-45.

TOURAINE, Alain. 1997. *Pourrons-nous vivre ensemble? Égaux et différents*, Paris, Fayard, 395 p.

VARIKAS, Eleni. 1998. «Le pouvoir et les femmes» dans *Démocratie*, R. Darnton et O. Duhamel (dirs), Paris, Éditions du Rocher, p. 258-264.

WHITTIER, Nancy. 1995. «Turning It Over: Personnel Changes in the Columbus, Ohio, Women's Movement, 1969-1984» dans *Feminist Organizations: Harvest of the New Women's Movement*, M. Marx Ferree et P. Yancey Martin (dirs), Philadelphie, Temple University Press, chap. 12.

YOUNG, Iris Marion. 1987. «Impartiality and the Civil Public: Some Implications of Feminist Critiques of Moral and Political Theory» dans *Feminism as Critique: On the Politics of Gender*, S. Benhabib et D. Cornell (dirs), Minneapolis, University of Minnesota Press, p. 56-76.

YOUNG, Iris Marion. 1994. «Gender as Seriality: Thinking about Women as a Social Collective», *Signs: Journal of Women in Culture and Society*, print., vol. 19, n° 3, p. 713-738.

YOUNG, Iris Marion. 2000. *Inclusion and Democracy*, Oxford et New York, Oxford University Press, 304 p.

ZEY-FERRELL, Mary et Michæl AIKEN (dirs). 1981. *Complex Organizations: Critical Perspectives*, Glenview (Ill.), Scott, Foresman, 410 p.